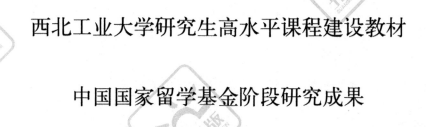

西北工业大学研究生高水平课程建设教材

中国国家留学基金阶段研究成果

西北工业大学研究生高水平课程建设教材

高等学校"十三五"规划教材

现代口译

理论与实践

赵 硕 著

Theory and Practice on Modern
Interpretation

光明日报出版社

图书在版编目（CIP）数据

现代口译理论与实践 / 赵硕著 . -- 北京：光明日
报出版社，2016.8
ISBN 978 - 7 - 5194 - 1524 - 2

Ⅰ.①现… Ⅱ.①赵… Ⅲ.①口译—翻译理论 Ⅳ.
①H059

中国版本图书馆 CIP 数据核字（2016）第 181362 号

现代口译理论与实践

著　　者：赵　硕

责任编辑：曹美娜　朱　然　　　　　责任校对：赵鸣鸣

封面设计：中联学林　　　　　　　　责任印制：曹　净

出版发行：光明日报出版社

地　　址：北京市东城区珠市口东大街 5 号，100062

电　　话：010 - 67078251（咨询），67078870（发行），67019571（邮购）

传　　真：010 - 67078227，67078255

网　　址：http：//book. gmw. cn

E - mail：gmcbs@ gmw. cn　　caomeina@ gmw. cn

法律顾问：北京德恒律师事务所龚柳方律师

印　　刷：北京天正元印务有限公司

装　　订：北京天正元印务有限公司

本书如有破损、缺页、装订错误，请与本社联系调换

开　　本：710 × 1000　1/16

字　　数：320 千字　　　　　　　　印　　张：14.5

版　　次：2017 年 1 月第 1 版　　　印　　次：2017 年 1 月第 1 次印刷

书　　号：ISBN 978 - 7 - 5194 - 1524 - 2

定　　价：43.00 元

序

赵硕副教授在他的新作《现代口译理论与实践》付梓之时，邀请我为该书作序，我欣然同意。

口译理论是译学理论体系中的一个重要方面，国内外翻译界的同行和学者从不同角度对翻译理论做过细致的研究和介绍。现在，作为西北工业大学研究生高水平课程建设教材的教学和科研成果，赵硕副教授的新著《现代口译理论与实践》是一项宝贵的有意义的研究工作，他从释意理论、关联理论、图式理论、顺应理论、功能理论、模因论、生态口译理论、认知理论等八个方面论述了口译研究与实践，是一项新的尝试，也是符合现代口译的发展与研究规律的。

就我的了解，目前国内学者对上述八个方面的研究主要是针对笔译研究的，从口译的角度诠释这八个理论还不多见。赵硕副教授的研究采用了译学中的八个基础理论作为研究方向，深入分析其对口译实践的应用与指导作用，意义深远。书中所选取的案例均是当代口译实践的经典案例，研究中作者运用了这八大理论既分析了口译实践中的语料，又是对这八大译学理论的检验，同时也丰富了口译基础理论的研究范畴。其次，考虑到口译理论与笔译理论的差异性，书中的口译理论与案例分析的完整结合将有效地丰富国内 MTI 口译理论课的课堂内容。因此，研究现代口译理论在当前国内高校 MTI 翻译硕士专业研究生教育蓬勃发展的背景下极具理论与实践价值，也关系到我国高校本科和研究生口译研究的发展方向。

　　该书系统介绍了译学中的八大理论:释意理论、关联理论、图式理论、顺应理论、功能理论、模因论、生态口译理论、认知理论,同时对这八大理论进行了有益的补充,提出了这八大理论在现代口译实践中的应用策略,分析了大量的口译案例和经典的口译译语,将口译的研究纳入到人类的交际性与合作法则中,以积极的态度诠释了口译语篇的理论价值,从而为口译的理论发展开辟了新的研究视域。赵硕副教授对口译基础理论的探索分析与研究是一种新的努力尝试,值得鼓励。

　　该书将口译实践应用于口译理论之后,同时也注意到了从实践来提高理论。如第三章的口译关联过程模式、第四章的文化图式重构模式、第五章的语境动态顺应模式等都是对口译理论的有效补充。在此基础上,作者细致审视了口译语境对口译理论与实践发展的作用,详细分析了口译语境下的口译译员的交际行为与译语评述。

　　通过大量的理论与实践的结合,该书阐明了口译理论是口译发展的基础研究方向,它综合了应用语言学、语言哲学、文化学、社会学和汉语语言学等多门学科的发展,同时还兼顾了心理语言学、认知语言学的基础理论,这对于提高口译理论的影响力,大力弘扬中国文化,促进跨文化传播中华文明有着积极的意义,该书对丰富现代口译的研究具有积极地作用。

　　多年来,我见证了赵硕副教授在翻译教学和研究领域的诸多成就,相信广大外语教师和翻译专业的本科生、研究生都能从该书中获得教益,分享赵硕副教授对口译理论和实践的睿智之见。我期待赵硕副教授不断有力作问世。

戴玮栋

2016 年 5 月

于　上海外国语大学

前　言

　　口译的历史源远流长，是人类最古老的职业之一。口译作为一种实践活动，在中国已有两千多年的历史。而真正意义上的专业口译活动发生在 1919 年，在"第一次世界大战"结束后的巴黎和会上，原本在外交场合作为国际语言使用的法语成了交流的障碍，英法交替口译被大规模采用。因此，1919 年巴黎和会的口译活动也被认为是会议口译的真正开始。随着各种国际组织的成立与发展，"二战"后的五十年内对快速有效的语言转换产生了巨大的需求，于是各种口译训练项目首先在欧洲大范围地开展起来，口译研究也开始起步。西方口译研究至今为止经历了近六十年的发展，形成了较为成熟的理论体系。

　　我国高校的口译教学和研究出现在 20 世纪 90 年代初，广东外语外贸大学和厦门大学相继开设了中英口译专业方向班，把口译专业的教学带进了大学本科阶段。2002 年成立的上海外国语大学高级翻译学院以及 2005 年成立的广东外语外贸大学高级翻译学院等均采用 AIIC（国际会议口译员协会）的标准培养会议口译人才，做到了与国际接轨。据不完全统计，中国目前有翻译学院（系）近三十所，另有多所高校开设了翻译方向的专业，均开设有口译方向或口译课程。中国口译事业进入了快速发展的时期。

　　在"一带一路"发展视域和全球化的口译教育背景下，随着国内外翻译类院校交流的深入发展，国内外高校之间强强联合、优势互补，共同培育高层次口译人才的局面将形成。随着口译市场的壮大、校企合作的加强,口译人才培养的针对性将进一步提高,口译教育机构将根据市场和企业需求定位人才培养方向、确立人才培养目标,从而实现人才培养与企业用人的紧密结合。我国高校如何在"一带一路"发展视域和全球化的口译教育背景下有效指导口译实践已经成为一项重要的教学和科研研究课题,其中对口译理论的重新诠释则较为迫切。

长期以来,口译理论的研究相对薄弱,与笔译理论相比较口译理论的研究还有较大的局限性,研究不够系统,主要是以介绍西方口译的理论与发展、口译实践的案例分析为主,口译理论对实践的指导针对性尚不够系统。本书研究将在承前启后的基础上对口译理论重新进行诠释,从释意理论、关联理论、图式理论、顺应理论、功能理论、模因论、生态口译理论、认知理论等八个方面论述口译研究与实践,以期从不同视域展开口译实践与应用的具体讨论。

多年前我在做笔译研究时就已经开始研究口译理论,2013 年我在给西北工业大学 MTI 研究生上《基础口译理论》课程时,做了一些口译理论的新探索。同时在授课时,充分倾听 MTI 研究生对口译理论的不同见解并加以采纳。在授课的三年中,我不断充实和完善这八个口译理论的基本内容,不断与实践相结合,同时吸收我校 2013 级、2014 级和 2015 级MTI 研究生选修《基础口译理论》的经典口译案例,在撰写中与这八个口译理论相结合,推陈出新,不断完善《基础口译理论》课程,这部书的出版凝结我本人和选修《基础口译理论》课程的 MTI 研究生的诸多心血。

同时我希望能够在此表达我对 2013 级、2014 级和 2015 级 MTI 研究生选修《基础口译理论》课程的在职和全日制研究生的衷心感谢,如张燕、张蓉、郭明雅、李若愚、袁霁雯、严萌萌、吴杨、张琳、杨艳卫、郭琪、侯俾雨⋯⋯等,这里我就不再一一列举。他们在课堂上对口译理论的个人见解不断丰富了本书的内容和口译案例,为本书增加了新颖的见解。还要感谢西班牙巴塞罗那自治大学翻译学院(UAB)就读的两位西班牙语翻译专业硕士生赵媛媛和武琬冰同学,她们对我的调研访谈给予了大力的支持,两位同学均来自于上海外国语大学,我在调研和访谈时了解了大量的 UAB 大学翻译人才培养模式的信息,对此我深表感谢。

最后我想借此机会感谢我尊敬的导师、上海外国语大学前任校长戴玮栋教授,他在百忙之中为本书作序,让我深感戴老师的平易近人,以及对我的一点进步所提出的勉励之词。作为我国知名的外语教育学家,戴教授的勉励让我受益终身。

考虑到口译实践和学习的需要,本书还配有相应的口译练习视频光盘和口译视频光盘练习参考答案,包括习近平主席、李克强总理、温家宝总理、奥巴马总统、希拉里国务卿、莫迪总理等官方讲话和演讲的同传、交传视频,也有娜塔莉·波特曼、施瓦辛格、史蒂夫·乔布斯、莱昂纳多、李娜和王力宏等的现场演讲口译视频,为口译学习者和口译从业人员提供了口译实践现场模拟练习的机会,希望广大口译爱好者能从中受益。

赵 硕

2016 年 8 月

于 西班牙巴塞罗那大学

目 录
CONTENTS

第一章

口译发展概况

第一节　口译的产生与发展

口译是一种通过口头表达形式,将听到的信息正确快速地由一种语言转换成另一种语言进而达到传递与交流信息之目的的交际行为,是人类在跨文化、跨民族交往活动中所依赖的一种基本的语言交际工具。

口译的历史源远流长,是人类最古老的职业之一。在人类社会发展中,社会群体的经济和文化活动属于不同性质的区域性社会活动。随着历史的发展,这种互不联系的社会形式显然阻碍了人类经济和文化活动的进一步发展,于是各个社会群体便产生了跨越地域、向外发展进行经济贸易和文化交流的愿望和需要。语言不通显然成了影响这种跨民族、跨文化交流的最大障碍,而口译作为中介语言的媒介可以使人们与外界进行经济和文化交流的愿望得以成为现实。

一、中外口译发展简介

口译作为一种实践活动,在中国已有两千多年的历史。古时,从事口译职业的人被称为"译""寄""象""狄银""通事"或"通译"。但史书记载的真正意义上的专业口译活动发生在 1919 年。在"第一次世界大战"结束后的巴黎和会上,因为有说英语的美国总统威尔逊和英国首相乔治参加,原本在外交场合作为国际语言使用的法语成了交流的障碍,英法交替口译被大规模采用。因此,1919 年巴黎和会的口译活动也被认为是会议口译(Conference Interpreting)的真正开始。随着各种国际组织的成立与发展,二战后的五十年内对快速有效的语言转换产生了巨大的需求,于是各种口笔译训练项目首先在欧洲大范围地开展起来,口译研究也开始起步。西方口译研究至今为止经历了七十年的发展,形成了较为成熟的理论体系。

中国使用交替传译已有很长的历史,但直到 20 世纪 90 年代才开始在一些大城市举行的国际会议上使用同声传译。中国的专业化口译教学工作起步也较晚。20 世纪 70 年代末,北京外国语学院(现北京外国语大学)承办的联合国译训班(中、英、法)被认为是当代中国专业化口译教育的开始。之后直到 90 年代初,广东外语外贸大学和厦门大学相继开设了中英口译专业方向班,把口译专业的教学带进了大学本科阶段。2002 年成立的上海外国语大学高级翻译学院以及 2005 年成立的广东外语外贸大学高级翻译学院等均采用 AIIC(国际会议口译员协会)的标准培养会议口译人才,做到了与国际接轨。据不完全统计,中国目前有翻译学院(系)近三十所,另有多所高校开设了翻译方向的专业,均开设有口译方向或口译课程。中国口译事业进入了空前繁荣的时期。

作为中国口译事业繁荣标志之一的口译研究也在近三十年取得了丰硕成果。展示这一丰硕成果之一的全国口译大会也随着其规模与影响的不断扩大,已发展成为中国口译界的代表性盛会,以及国际口译界的盛事,对推动我国口译教学与研究的发展具有重要意义。全国口译大会 1996 年由广东外语外贸大学与厦门大学共同发起主办,至今已连续举办七届。会议的主题也从最初的"口译教学研讨"扩大到口译研究的方方面面,参会的人数从最初的几十人发展到今天的几百人,会议也从国内的小型学术会议发展成为大型国际学术研讨会。

综上所述,口译的发展经历了一个漫长的从低级到高级,从不完善到日臻完善的过程,以后其仍将沿着其漫长的发展轨迹继续稳健地向前发展,其特点也将日益丰富、完善和相互融合。

二、口译理论发展简介

中国的口译教学开始的比较晚,但从 1979 年第一届联合国译训班在北京外国语学院开办,到 2008 年我国高校翻译专业硕士(MTI)正式招生,在短短三十年发展时间使原来属于外国语言学及应用语言学和英语语言文学等二级学科下面的"翻译学"成为我国高等教育体系内一个独立的二级学科,由此中国的口译教学获得迅猛发展,出现了很多新变化,国内的口译教学实践和研究在近年也受到越来越多的关注。

西方的专业化口译教学于 20 世纪 20 年代出现在国联和国际劳工组织的各种语言培训中,1930 年在德国的曼海姆出现了第一所译员培训学校。在 20 世纪 50 年代欧洲口译教学出现了"学院化"的专业发展趋势,日内瓦、巴黎、海德堡、特里亚斯特、维也纳等高级翻译学校纷纷成立,引发了口译教学实践和理论研究的热潮。

从 20 世纪 70 年代以来,西方的口译研究出现了蓬勃的发展,并先后形成了释意理论、神经语言学、认知口译等翻译学理论和口译话语互动等较有影响的研究范式。在西方口译研究的理论成果影响下,我国的口译教学实践也形成了针对具体教学训练目标的操作方法,如源语复述、口译笔记、无笔记交传、影子训练、倒写数字跟读、三角对话、角色扮演、主题演讲、口译工作坊、视频模仿口译等诸多训练手段。

总之,中国的口译发展呈现出一种国际化和专业化的趋势。全国口译研讨会的成功举办便是最好的例子,口译在国际上本来就是一门新兴职业,其研究历史也就六十年左右的时间,在我国口译的研究与发展起步就更晚了。直到 1996 年才由厦门大学发起了首届全国范围的"口译理论与教学研讨会",为中国的口译事业和其研究的发展提供了一个回顾与前瞻的平台。历届研讨会的发展方向反映了中国口译发展的趋势,其规模在不断地壮大。

1996 年厦门首届口译研讨会上有 23 人提交发言和论文共 21 篇,1998 年广东外语外贸大学主办的第二届研讨会共有 35 人提交论文 35 篇,到第四届共有 62 篇文章,68 人发言。第五届全国口译研讨会有一百六十多名代表报名,提交论文 89 篇。而 2014 年 10 月第十届全国口译大会暨国际口译研讨会在厦门大学举办时盛况空前,从与会代表的背景来看,本次会议打破了往届主要由高校口译教师参加的局面(首届会议代表全是高校教师),吸收了来自联合国和欧盟等国际机构、国际会议口译员协会(AIIC)等专业组织、政府部门和高校的不同代表,包括"第一线"的专业译员、口译研究者、口译教师以及口译需求单位的代表。因此,该届研讨会上听到了来自不同国家和地区的代表从不同角度对口译的研究和分析,并围绕口译"专业化"展开了对口译市场的规范要求、职业口译培训和认证模式、职业口译为适应供求双方需求所应具备的素质以及口译研究本身等诸多方面的讨论,这次全国口译大会第一次将中国手语设为大会工作语言之一,并且在国内学术会议上首次开创了聋人和听人译员搭档接力传译的方式,为口译研究学者们提供了便捷的学习交流平台。

三、口译教学发展概要

(一)口译教学理念

中国的专业化口译教学被认为是开始于1979年,1979年联合国恢复中华人民共和国在联合国合法席位,作为联合国五大常任理事国,当时联合国没有中文译员,因此,在1979年联合国译训班开始招生,培养专门的联合国汉语译员。在此之前虽然中国部分高校的英语专业课程中也有口译教学的成分,但却是将口译当做外语教学的一种手段,而非培养专业化"口译人才"的手段。

加拿大学者德利尔首先提出了"翻译教学"和"教学翻译"的概念,区分了以考核学员外语学习成果提高为目的的"代码转换"式翻译和以"出翻译自身成果"为目的的翻译教学。在中国国内,近几年来在仲伟合、穆雷、刘和平等学者的呼吁下,口译教学和研究领域也开始对"口译教学"和"教学口译"的概念进行区分,从而促发了口译教学总体理念的转变。例如,刘和平(2005)认为外语教学是帮助学生获得外语听说和读写的语言交际能力;口译教学应该是利用学生已经获得的语言交际能力帮助他们掌握双语思维的转换和交流技能。

从教学性质上来看,口译教学不同于语言训练,前者是一种技能训练,而后者是语言强化;从教学构成来看,口译教学也不同于单语的技能训练,因为前者所涉及的能力是将别人的思想转变为自己的思想后用另一语言表达给自己听众的能力,而后者仅仅是一种语言的理解和表达能力。

基于对口译教学理念的认识,多年来国内学者结合西方的传统和中国特色,对口译教学的原则进行了探索。仲伟合教授提出口译教学的四原则是其中比较有代表性的成果。

通过多年的研究和完善,仲伟合教授(2007)将国内口译教学的原则总结为:

(1)技能型原则:在口译训练与教学中应该以向学生传授"口译技能"为主要训练原则,以不同题材的语篇来强化口译技能作为辅助学习手段;

(2)实践性原则:口译技能获得的最基本原则;

(3)理论性原则:包括基础理论和基本技能训练两个方面。前者富有指导性,后者具有实践性;

(4)阶段性原则:技能训练的多项内容循序渐进,符合科学的规律。

仲伟合教授提出译员的知识结构应该由以下三大板块构成:语言知识版块、百科知识版块、技能版块,并提出公式 KI = KL + EK + S(P + AP)。根据上述公式,仲伟合教授提出专业口译教学体系应开设三大板块课程:语言技能与语言知识课程、百科知识课程和口译技能课程。课程的安排可以是以内容专题为主线,也可以是以口译技能为主线,最理想的是两种方式结合,以"技能主线"作为口译技能的训练,以"内容主线"作为口译技能的强化。

在口译教学的原则基础上,结合口译教学的内容,具体课程设计也呈现了完整的系列。目前我国各大外语院校都有各自的口译教学经验与特色,如:北京外国语大学、上海外国语大学、广东外语外贸大学、北京语言大学等。

我国国内口译课程的教学方法,也从最初授课教师的经验摸索,形成了一定的理论支撑和实践体系。针对不同层次和内容的口译教学方法能够得到逐渐完善,并在较大范围得以推广,这些都离不开国内近十年来对口译理论研究的不断推介和深入。

(二)口译教学发展趋势

就具体的教学过程来说,国内目前的口译课堂教学多采取三步骤教学,即:第一步,基础技巧训练;第二步,口译操练;第三步,口译观摩与实践。刘和半教授在考察国内高校的口译教学实践后,具体提出口译教学的各部分比例为:理论讲解和教师讲评30%、讲话人35%、翻译实践35%(詹成,2010)。

随着国内口译教学的大发展,对口译教学的研究和探索也呈现显著的增长,理论研究的深入和扩大也反过来促进口译教学的可持续发展。1979年以来我国的口译教学研究大致呈现出以下三个阶段:

第一阶段:实践和探索(1979～1989)。根据中文期刊数据库统计,该时期的口译主题文章共148篇,其中口译教学仅有六篇,占4%。此时国内刚开始对口译现象进行研究,论文内容多是如何做口译等经验介绍,至80年代末期开始出现了对口译教学的理论与实践探讨。

第二阶段:巩固与发展(1990～1999)。根据中文期刊数据库统计,该时期的口译主题文章共300篇,其中口译教学文章有49篇,仅占16%。该时期的口译教学研究已从技巧和方法扩大到同声传译教学、口译质量、口译教材等领域。

第三阶段:多层次跨学科发展(2000～2015)。根据中文期刊数据库统计,该时期的口译主题文章达到4790篇,其中口译教学文章有1706篇,占到36%。该时期的口译理论、实践与口译教学研究范围呈现大幅度扩大,不少学者开始使用其它学科,如心理学、生理学、社会学、生态学和认知科学等的理论来丰富和发展口译教学研究的成果。

近十年来,国内口译教学研究呈现了以下几个特点:

(1)口译教材不断出版。据刘和平教授统计,截止到2003年底,口译的论著和教材总数接近190本,除13本本外均为20世纪90年代以来出版的。而此后的十年时间,各类口译教材出版数量达到100种以上。

(2)教学研究跨学科。口译教学的研究已经从早期对教学方法和实践的经验式总结,到目前结合认知科学、关联理论、文化研究、翻译研究、信息技术等进行较有理论水平和跨学科的研究。

(3)对口译市场的关注和职业认证体系的建立。鲍川运教授(2003)认为,由于国内很长一段时间缺乏翻译行业的资格标准,直接导致了翻译培养的手段缺少明确共识。近十年来,以全国翻译专业资格(水平)考试、上海外语口译证书考试等为代表的口译资格认证体系形成和改进,对此的研究也促进了职业口译教学与培训的持续进步。

第二节 口译人才的培养

一、中国口译人才培养

（一）中国口译人才培养体系

中国作为一个历史悠久的多民族国家，翻译从人群往来、交通贸易伊始便应运而生，但最早比较有规模的翻译人才培养尝试还要追溯到成立于同治元年（即1862年）的京师同文馆。

同文馆的早期探索之后，国内也有过一些类似的翻译人才培训，但真正专业化的翻译人才培养高潮兴起于70年代。中国1971年加入联合国，国际上对中文翻译人才需求激增。1979年联合国在北京外国语学院（今北京外国语大学）建立译员训练班，以填补联合国中文译员的缺口，由此开始了中国国内最早的系统化、专业化口译教学。相较于同文馆的翻译人才培养，译训班的培养模式更加完善、更成体系。

1. 学生选拔

由于培训时间有限，译训班规定招生对象必须相当熟练掌握外语和汉语，并具有比较丰富的国际政治知识。所以，生源主要来自发展较快城市的外语院系及外事部门选拔的教师、干部和高等学校外语系的优秀学生。

入学考核流程非常复杂全面，分预试（笔试）、初试（口笔试）、复试（口笔试）、政审和体检，初试的笔试又分国际政治、外语、外译汉、汉译外和汉语五门，口试为外语对话、听述和视译。目的是要全面考核学生素质，选拔既具备双语或多语素质，又对联合国政治、经济、社会、法律、财政和其他领域的结构和活动有足够认识的人才。

2. 师资力量

译训班的主要教师团队由当时北京外国语学院有口笔译经验的专业教师组建。与此同时，联合国也会派出一些将退休的中文处译员为译训班学员进行短期授课。教师基本都既有口笔译的切身实践，又有一定的理论学习基础，这样确保教学既能紧密结合实际,又能从理论层面高屋建瓴。

(二)口译教学

1. 课程安排

译训班培训期间联合国不定期地提供训练所需要的文件和录音带、录像带等参考材料。主要的材料都与译员日后在联合国工作时接触的文件在内容风格体例上保持统一,甚至高度模拟未来真实工作内容。这样的教材安排有利于学生毕业后快速适应就业岗位的工作内容、职责环境,有很强的针对性。学员的具体训练计划由北外联合国译训班工作人员参考联合国秘书处会务部所拟定的《翻译教学计划建议草案》并主要依据北外历年培训口笔译人员的经验编写修订,集经验与理论为一体。最终目的是使学员结业时能胜任联合国口笔译工作。如口译学员应能在联合国会议上进行正确、畅通、连贯的中英同声传译工作。

为此,译训班规定学员用于笔译或口译实践训练的时间,不能少于整个训练时数的一半。为了掌握好汉英两种语言,并有充分能力做出顺达的笔译和口译,学员还应扩大其普通知识面,了解联合国组织及其专门机构所处理的事务。学员通过学习普通知识和术语、语言学习、口笔译三门平行课程来积累必要知识和技能。为避免重复和保证效率,三门课程在设计时注重互相配合,以尽可能在同一时间内处理题材相同、又符合各自训练目标的内容。三学期总课时 2400 学时,840 课时(35%)普通知识和术语,360 课时(15%)语言学习,1200 课时(50%)口笔译培训。

在课程安排上,前两个月的时间作为入门阶段之后,译训部会根据学员表现将其分为口译和笔译两组,以专项强化训练。值得注意的是,所有学员在普通知识、术语及语言学习之外,都需要了解国际形势、收听外文广播、阅读中英文报刊杂志、参加外事讨论会,并熟练掌握须翻译的文件或发言中常用的专门术语。所以语言学习与知识积累、翻译技能培养是并驾齐驱的。

普通知识和术语课主要包括几大话题:联合国(10 课时)、政治和安全(31 课时)、经济和社会(34 课时)、法律(10 课时)、行政和预算(5 课时)以及科学和技术(10 课时)。这些都与学生毕业后去往联合国接触的内容息息相关,所有专业知识的学习都是为今后的口笔译工作服务的,针对性很强。

2. 语言学习与评估

(1)汉语学习

语言学习主要包括汉语和英语(或其它语种)。汉语学习密切结合口笔译实践,对汉语结构和表达手段的讲授将依据对笔译和口译语言具体应用的分析。这样安排的目的在于帮助学员改进语言手段的运用,并使他们获得更为清楚、丰富、灵活的表达能力。

(2)英语学习

英语学习要阅读和研究现代作家的文学和非文学作品,以便让学员更好地了解词汇及其用法;英语的一般特点;词汇的扩大和缩小;隐喻、明喻及其它修辞手段:委婉法、夸张法、引语、寓言等。除口笔译课外,定期分配学员完成汉译英练习,练习应包括英语句法和词汇的主要特点。英语课讲授的主要内容为分析所读作家的寓言和讲评学员翻译中词句的使用。

(3)专业学习

口译方向学生平时英译中和中译英的课时比例为3:1,中译英的口译训练从第二学期开始,此外,口译学员每周须完成一次笔译作业(目的是让学员熟悉对比语言学的基础和特别适用于翻译各种不同类型联合国文件的主要原则和技巧)。随着相关工作旳开展,译训部后期还逐渐引入翻译理论、语义学、社会语言学等翻译理论课程。由专业课的安排可以看出:译训部注重由简入难、循序渐进的学习安排;更注重译入母语的口语练习——合格的毕业学员将来要从事中文处外译汉的工作,所以学习安排是与职业发展相挂钩的;即使是口译方向的学员,也要进行一定强度的笔译训练,表明译训部认同口笔译有一定的互促作用;后期引入理论学习也表明译训部认可理论学习的作用,注重在实践之外从理论高度为学员构建更加有系统、有深度的知识结构。

(4)评估审核

评估考核主要安排在一年半的学习训练之后,既是结业考核,也是联合国各部门的入职考核。由于笔译译员与口译译员的培训是分开进行的,所以考核也是对应进行。

面试阶段面试官会对考生的性格做出一定的评估,竞争性考核面试评估包括以下考察项:学员的反应速度、态度、情绪控制、表达、求知欲、整体表现、措辞、深度、思维、意志等,甚至包括容貌、仪表仪态。另外,考核还涉及学员的教育背景及工作经历,学员对联合国工作的认识、对国际事务的了解,以及工作动机是否强烈。所有评估项目都非常的明确具体,而且涵盖了优秀译员应当具备的素养,对学生做出了较为全面深入的评估。

在我国译训班1979年开始,1994年结束,共举办十三期,成功地为联合国培养输送了大批杰出的中文口笔译译员。虽因联合国中文译员数量充足而停止了相关培训工作,但其教学体系却得到了传承与发扬。1994年,译训班更名高级翻译学院,延续了之前的办学模式和培养理念,继续为国家培养口笔译人才,满足各行业发展的需求。

总之,从最早开始探索系统化口译教学的同文馆到成效显著、初批学员亮相即令联合国人员刮目的北外联合国译训班,中国国内的口译人才培养模式日渐成型。笔者以为,了解翻译教学行业先行者业已成型的培养模式,可以给新近涉足翻译教学、特别是口译教学的院校部门提供经验借鉴。

除此之外,进入21世纪以来,中国口译人才培养出现了专业化的趋势和发展方向。中国口译人才专业化培养具有很大的现实意义,首先中国对口译人才的需求是比较大的,一些领域是非常需要的。口译类型的研究也更为精细。随着口译服务在商务、媒体、法庭、医疗、体育、技术、生产或建设工地等领域得到越来越广泛的使用,各种专业领域的口译形式的研究也会愈加细致,包括不同口译类型的具体特点、行业规范要求、译员在不同类型口译中的角色复杂性和多维性,以及与此相关的更为精细化的译员培训都将会展开。这也就是口译人才市场的不同需求产生的。

对于培养出来的口译人才质量,如何进行评估与检测,这点也需要一个标准或是基准。通常来说质量标准便是准确、流畅地进行口译活动或口译任务。进入21世纪的今天,为了促进口译事业的蓬勃发展,我们应该有多项口译人才培养方案,这样更方便比较分析,分析利弊,在目前的中国高校中有一定知名度的口译研究方向有:上海外国语大学高级翻译学院(会议口译专业方向)、北京外国语大学高级翻译学院(外国语言学与应用语言学方向)、以及广东外语外贸大学高级翻译学院(国际会议传译方向),这些都是比较成功的培养模式。

为了培养口译人才也需要一些的专业技能训练,比如"魔鬼训练""影子训练"等这些都是很常见的方法,在口译课堂上,"影子训练"更是非常常见,效果也是比较明显的。

综上所述,中国的口译人才培养虽然起步比较晚,但随着许多热爱口译的人投身口译事业,也随着全国范围内翻译事业的发展,出现了许多的口译人才,但总体来说我国的市场上口译人才还是比较缺乏的,一些重大领域专业的口译人才更是少之又少。因此,这对我国的口译人才培养来说仍然是一项任重而道远的任务。

二、西方口译人才培养

相较于中国国内的口译人才培养,西方起步更早,且更主要集中于同声传译领域。

(一)国际劳工大会同传培训

据现有史料,1928 年的国际劳工大会是西方最早使用同传的会议,大会前的同传译员培训方式也是早期口译人才培养模式的雏形。根据国际劳工组织当年的档案,大会筹备阶段,相关单位共选拔了十一名熟练掌握多种语言的人开展集中培训,主要采用电话口译训练方式:一个人以平缓语速匀速念出大会前期的演讲,另一个人通过电话口译给第三人,第三人在电话另一端考察译文质量,提出批评意见。

在译员的语言流利度显著提高之后,他们会开始练习对大会期间要用的文稿进行口译,高度仿真现实会议场景。会前一周,熟知大会相关要求的专业人士对培训学员进行了严格考核,考核的重点为同传的准确度和清晰度。最终 9 名学员通过考核,成为最早的会议同传译员。

这些积累了丰富经验的口译员随后与国际联盟中同样通过自我培训积累了丰富口译经验的译员一同任教于 1941 年日内瓦成立的口译学校(L'ecole d'interpretes),开启了西方最早成型的口译培训项目,成为现代会议口译系统化教学的先驱。

（二）纽伦堡审判同传培训

遗憾的是，劳工大会同传之后，相关的口译教育、培训方法仍然没有得到足够关注，同传的影响也并不显著。直到1945年11月21日至1946年10月1日期间，第二次世界大战战胜国对欧洲轴心国的军事、政治和经济领袖进行纽伦堡审判，同声传译才迎来首次长时间、成体系的使用。Leon Dostert（战时艾森豪威尔的译员）把这种形式的口译描述为"即时、同步口译"，也即对发言人的即席讲话进行即时在线口译。其实当初 Dostert 提出用同传进行审判时，遭到不少资深交传译员的反对，理由是即时翻译的忠实性也无法得到保证，正是 Dostert 的不懈坚持和努力才集结了足够多的译员、开展了高强度高质量的培训，进而让同传得以应用并获得认可与普及的。

当时负责译员挑选的 Alfred Steer 表示，选择译员的标准是熟练掌握母语及一门以上外语，熟知众多领域的大量词汇。在每年测试的四百名译员里，只有约5%有资质参与同传。可见当时对受训译员的选拔要求是很高的。

通过考核的译员在训练时模拟庭审、阅读各方文件、还会与将来同传的同事一起进行即兴演讲。这样的训练会持续两周到两月不等。译员在培训过程中会不断得到有关翻译的准确性、音质和整体表现方面的反馈，以时时调整，不断进步。正是在这样的学习、评估的循环过程中，译员们最终掌握了同传技能，完成了使命，为战后审判的快速进程做出了巨大贡献。

（三）联合国大会同传培训

纽伦堡审判后期，Leon Dostert 便投入了同传译员的正式培训工作，为1947年的联大会议做准备。他的主要工作在乔治敦大学（Georgetown University）外事服务学院的附属单位语言及语言学研究所（Institute of Language and Linguistics）展开。该研究所是历史上第一所拥有自己的同传设备的学院。学院成立伊始，除三名纽伦堡审判时的译员之外，其他译员都得从零开始培训。大家在平时的训练过程中一面学习同传技巧，一面准备测试时候的口译素材。由于大多数人既没有同传，也没有交传经验，首先得适应口译的形式：发言人话出半句，译者就得开始边译边听。日常训练课程要求学员通过阅读会议实录文稿、举办模拟会议来熟悉议会程序;通过紧锣密鼓的学习训练和记背文献(如联合国章程)来快速提升译员的相关背景知识和口译技能。1947年第二届联合国大会开幕时,这些同传学员的表现受到了与会者的高度肯定。

从这三次大会会前的译员培训来看,优秀的双语语言能力和较为广阔的知识面、对相关领域术语的了解是译员们的基本功,也是初期选拔的重点考核因素。而流利的双语转换技能主要通过后期高强度的模拟会议(情景再现)练习来获得,而并非初期考核的重点。由此可以推测,主考官们认同:双语或多语能力是长期积累的习得,而语言转换能力则是可以通过大量的短期培训而补足的。师资方面,主要也是口译行业内交传经验丰富的译员组织培训,要求以学员同伴互评的方式监督译翻译的准确性。培训以真实的会议材料作为训练内容,保证了高度针对性、仿真性,也能帮助学员为真实的口译会议做好更充分的准备。

(四)西方口译研究中心

根据厦门大学肖晓燕老师(2002)的研究和笔者(2016)的调研,西方口译研究中心主要有以下五个地方:

(1)巴黎

法国巴黎曾经是而且至今仍然是欧洲最重要的口译研究中心之一。以巴黎高等翻译学校和塞莱斯科维奇为代表的巴黎学派创立的释意论是中国口译界最熟悉的口译学派,也曾一度成为口译界最有影响的口译理论。不过巴黎高等翻译学校在口译界的代表地位目前已经开始削弱,有影响的作品也不是很多。取而代之的是Gile教授,他所发表的论文数量及被引用次数都遥遥领先于其他人,是口译跨学科实证研究的代言人,他的专著《口笔译训练的基本概念与模式》(Basic Concepts and Models of Interpreter and Translator Training,1995)在口笔译界产生了很大影响,也是中国口译界可以参考的重要的口译专著之一。

(2)特里斯特

意大利的特里斯特大学翻译学院(SSLM)是近年来发展成为非常有影响的口译研究中心。SSLM于1986年主办的一个大型口译训练研讨会标志着口译研究进入一个新的历史时期。该学院以用科学实验方法研究口译而著称，其主办刊物《口译通讯》(Interpreters' Newsletter)是口译界第一本学术研究刊物。该学院最著名的代表人物 Gran 和 Fabbro 进行了跨学科合作，从神经科学（神经生理学、神经心理学和神经语言学）角度研究口译。

（3）维也纳

奥地利维也纳大学的翻译系(Department of Translator and Interpreter Training, University of Vienna)由于 Ingrid Kurz 教授的大量翻译研究成果而成为研究中心之一。Kurz 是西方口译研究的开拓者和领导者之一，是职业口译员及心理学家，并成为世界上第一个获得口译博士学位的人(1969)。她的研究涉及题材广泛，包括口译的历史、口译技术和从业问题、不同的客户对质量的不同要求、心理口译时人脑活动的神经生理测试等。

（4）乔治敦

美国乔治敦大学翻译学院(Interpretation and Translation School of Georgetown University)以 David & Margareta Bowen 为代表，所从事的研究主要围绕口译训练中的口译语言能力测试以及口译历史研究。

（5）巴塞罗那

以西班牙巴塞罗那自治大学(Universidad Autónoma de Barcelona, UAB)翻译学院(Traducció y Interpretació)为代表的多语种口笔译近几年来成为欧洲和世界的翻译教学和培训基地。UAB 大学翻译学院可以开设二十几种语言的口笔译培训，如西班牙语、意大利语、德语、法语、葡萄牙语、阿拉伯语等不同语种的交传和同传转换，每年接待来自世界各地近百所大学的教师和学生来此进行培训，其中不乏中国的高校，如上海外国语大学和北京外国语大学的西班牙语、意大利语等专业的学生和老师。该校翻译学院目前有本科、硕士和博士生(Grado/Posgrado/Doctorado)近一千名学生，为欧盟博洛尼亚进程输送了大量的多语种翻译人才，是名副其实的欧洲翻译教学和研究中心。

图1-1　巴塞罗那自治大学翻译学院（UAB）　图1-2　UAB大学多语种翻译实验室

总之,未来口译人才的培养将呈现国际化、多元化的趋势。在全球化的口译教育背景下,随着国内外翻译类院校交流的深入发展,国内外高校之间强强联合、优势互补,共同培育高层次口译人才的局面将形成。随着口译市场的壮大、校企合作的加强,口译人才的培养的针对性将进一步提高,口译教育机构将根据市场和企业需求定位人才培养方向、确立人才培养目标,从而实现人才培养与企业用人的紧密结合。

本书将在承前启后的基础上对口译理论重新进行诠释,从释意理论、关联理论、图式理论、顺应理论、功能理论、模因论、生态口译理论、认知理论等八个方面论述口译研究与实践,以期从不同视域展开对口译实践与应用的具体讨论,为口译实践者提供理论指导与借鉴。

参考文献

[1]鲍川运.关于翻译教学的一些思考[J].中国翻译,2003(2).

[2]刘和平、许明.探究全球化时代的口译人才培养模式[J].中国翻译,2012(5).

[3]刘和平.口译理论与教学[M].北京:中国对外翻译出版公司,2005.

[4]冉永红.新形势下的本科口译教学[J].中国翻译,2013(5).

[5]任文、杨平.迈向国际化:中国口译研究发展的现状与趋势[J].中国翻译,2011(1).

[6]王洪林.基于"翻转课堂"的口译教学行动研究[J].中国翻译,2015(1).

[7]肖晓燕.西方口译研究:历史与现状[J].外国语,2002(4).

[8]姚斌.西方口译史研究的历史与现状[J].外语与外语教学,2012(6).

[9]詹成. 中国口译教学三十年:发展及现状[J]. 广东外语外贸大学学报,2010(6).

[10]仲伟合. 口译课程设置与口译教学原则[J]. 中国翻译,2007(1).

[11]让·德利尔著,孙慧双译. 翻译理论与翻译教学法[M]. 北京:国际文化出版
公司,1988.

[12]口译导论. 百度文库,2012 - 05 - 12.

思考题:

1. 中西方口译发展过程有何特点?

2. 西方口译人才培养模式主要体现在哪几个方面? 与我国有何异同?

3. 中国口译人才的培养是否要沿用西方的口译培养模式?

第二章

释意论视域下的口译研究

第一节　释意理论的发展现状

释意学派（Le Théorie de L'interprétation/The Interpretive Theory 或 The Interpretative Approach）又称"达意理论"（Le Théorie de Sens/The Theory of Sense），是 20 世纪 60 年代末产生于法国的一个探讨口译与非文学文本笔译原理与教学的学派。该学派认为翻译即释意，是译者通过语言符号和自己的认知补充对原文意思所作的一种解释；译者应追求的不是语言单位的对等，而是原文意思或效果的等值，这种看法与语言学派（如 George Mounin 等人）的观点差别颇大。该派理论直接来源于口译实践，其观点对于翻译研究有着独特的启示。释意学派理论于 20 世纪 60 年代末产生于法国，以达妮卡·塞莱斯科维奇为代表，一度是口译界的主导理论，对世界范围的口译研究产生了巨大的影响。塞莱斯科维奇认为，翻译是一种交际行为而非交际结果。在交流中，语言的作用即传递信息和表达说话者意图，而不是语言符号。因而翻译不是字面意义的简单传达和逐字逐句的解码，而是运用自己的文化背景知识，生活积累，语言知识理解说话人试图表达的真实意义。因此，这是译者主动积极的理解、思考，有目的获取信息的过程，是译者与说话人进行双向言语交流的行为。译者既要正确理解说话人传递的信息，还要用恰当的目的语重新表达这一信息，脱离原语语言外壳，从而实现效果的等值。正如刘和平教授（2001）所言，口译转瞬即逝,音波很快不复存在,唯一得以保留的唯有所携带的意义。

一、释意理论视域下的口译发展现状与评述

(一)释意理论视域下的口译发展背景

释意学派的摇篮是巴黎高等翻译学院(ESIT)。该学院始建于 1957 年 10 月,1984 年 1 月成为巴黎第三大学下属高校,是全世界第一所有权授予翻译硕士学位和博士学位的高校。学院下设三个系:口语系、笔译系和研究生系。口译系学制两年,第一年学习即席翻译,第二年学习同声传译,每周总课时约二十四小时。笔译系学制三年,第一年开设基础翻译课,第二年开设经济翻译课,第三年开设科技翻译课。两系学生在修读本系核心课程之余,还要学习经济、法律、语言学、翻译理论、术语学等课程。此外,两系还同事开设母语及外事进修课(每门每周一个半小时)。通过毕业考试者获得"高等专科文凭"(DESS)。研究生系培养翻译学硕士生和博士生。从 1976 年第一位博士生毕业到 1995 年底,已有四十多篇博士论文通过答辩。该校教授、笔译系副主任、曾任国际译联主席的弗洛郎斯—埃尔比洛女士就是该校的毕业生。该校首任校长为达妮卡·塞莱丝柯维奇(Danica Seleskovitch),后任校长是玛丽亚娜·勒代雷(Marianne Lederer)。塞莱丝柯维奇女士曾多次来华访问,1997 年 11 月她与时任国际译联主席的弗洛郎斯—埃尔比洛女士一起来北京参加由北京外国语大学主办的国际翻译理论研讨会,并分别应邀作了大会发言。

塞莱丝柯维奇出身译员,曾为戴高乐总统等国家元首担任口译工作,是国际口译工作者协会的创始人之一,1973 年获得国家博士称号。丰富的翻译实践经历使她对言语科学与交际研究产生了极大的兴趣。1968 年她发表了自己的国家博士论文《国际会议译员——言语与交际问题。巴黎高等口译与笔译学校随后成为该派理论的研究中心。研究人员在会议口译实践基础上,借鉴神经心理学、实验心理学、皮亚杰的发生心理学(Genetic Psychology)和语言学等学科的研究成果,建立了一整套口译理论,随后又将其扩展用于非文学文本(或称实用性文本)的笔译研究,这就是被称为"释意学"或"释意模式"的翻译理论。

自 80 年代以来,释意派理论取得了一系列研究成果,十几本重要的翻译

著作相继问世,研究范围也从最初的口译逐步扩展到笔译、科技翻译教学和一般翻译理论等诸多方面的问题。塞莱丝柯维奇和勒代雷1984年合著的口译教程《释意翻译》,用语言学、逻辑学、心理学的成就来阐述翻译的理解和表达过程,对比口笔译的异同,揭示即席翻译及同步传译及同步传译的基本规律。

塞莱斯科维奇(1990)认为,她创建的释意派理论应该叫"交际与释意理论",它首先是一种"交际理论"。释意学派认为,语言有多少层次,释译就有多少层次。该理论建立在对口译现实的观察和分析基础上,其出发点和角度同当时的语言学派翻译理论完全不同,其研究对象不再停留在语言层次,而是解剖口译的意义传递现象。"进行口译"永远不要忘记其目的是传达意思,不要过分去迁就原文短语结构和短句字词,不要按照原文字词和结构去翻译,因为字词结构都只是些符号,这些符号指明了道路,但却不是道路本身。因此翻译的任务是转达交际意义,而语言只是理解意义必不可少的条件之一,若想正确理解意义,译者不仅要拥有语言知识,还应该有足够的主题知识和百科知识。释意理论将口译过程分为三个阶段,即"理解源语""脱离源语语言外壳""译语表达"。第一阶段的理解源语不仅要理解源语所表达的语言内意思,还要理解语言外的百科知识,这样才有助于译者在对下一句源语出现之前进行内容上的推测。因为口译的及时性强,且时间间隔很短,了解大量的言外百科知识,准确的推测出内容在口译过程中起到了重要的作用。第二阶段的"脱离源语语言外壳"是指在口译过程当中,由于口译的特殊性,口译员所接受到的源语都是转瞬即逝的,他不可能记住所有源语内容并进行现场翻译,所以在这时,口译员要准确的对源语内容进行理解,要自觉的忘掉源语的语言结构。语言是一种符号,译员在此时要将源语的语言符号所表达出主要情感意义传达给听众,这就做到了释意派理论的"脱离源语语言外壳"。

随后勒代雷编写的《翻译的释意模式》在1994年出版,在这本书中她全面总结了释意论的所有成果。之后,刘和平在2011年出版了该书的中文译本,更名为《释意学派口笔译理论》,该书分为理论部分与实践部分,该书的出版也标志着释意理论的成熟。释意学派的研究既包括基础理论研究,也包括应用研究,它提出的意义、意义单位、释意和认知补充等概念以及脱离源语语言外壳和口译三角模式等都属于理论,释意学派把理论很好的用于口语教学实践,很好地解决了理论脱离实践的问题,也成为现代口译办学的基础理论。至今巴黎释意学派理论也有了巨大的发展,很多奠基之作也不断问世。勒代雷、塞莱斯科维奇等人也相继发表了有关该理论的著作,并从最初的口译研究拓展到笔译研究。

释意理论早在 20 世纪 80 年代初期就被引入中国,但在十几年后才得到中国学者的系统介绍,成为高校口译实践和理论研究的基础。该理论经刘和平、鲍刚、蔡小红等学者系统介绍,并在国内进行了论证和发展。国内学者对该理论的发展和应用,对中国口译研究以及整个翻译理论研究起着举足轻重的作用,同时也是释意论发展不可或缺的一部分,释意论体现了世界口译研究的方向和趋势。

(二)释意派理论的成就

1. 脱离原语语言外壳

释意派理论认为口译还是笔译,翻译需要传播的不仅仅是语言意义的总和,还有在具体语境中的语言意义。为此,她们着力探讨翻译意义阐释的有效途径,指出翻译中不仅要注意把握语言意义,更要注意对意义传达内容起着积极作用的多中因素,如语言因素,文化背景因素,语言暗含因素,超语言知识因素。

以此为基础,释意派理论提出了自己独特的翻译程序:理解,脱离原语语言外壳和重新表达。塞莱丝柯维奇指出,我们可以把翻译过程假设为一个三角模型。"从三角形的顶端开始自发表达思想,因为表达思想的原语形式已不再有约束力。底部表示未经语境或情境更改的概念从语言到语言的直接翻译,这些概念只是知识的而不是理解的目标。"

释意派理论认为,如果语言是交际行为,翻译的对象必然是交际意义。那么,理解的内容也应该是交际意义,而不是语言。交际意义是语言知识同语言外知识交融的结果,理解的前提条件是语言知识,主题知识及百科知识和交际环境。

在理解和表达间加入脱离语言外壳这一程序是释意派理论对言语科学研究的结果,也是对该学科的贡献。根据释意派理论,职业翻译的理解记忆和转换有一脱离语言形式即思想形成的过程,语言只是信息因素形成的因素之一。

口笔译要求采用听众或读者能够接收的方式表达理解的思想。在翻译程序中加入脱离语言形式这一步骤,不一定意味着只翻译思想,而忽视表达思想的形式。译者不仅应该表达与原文一致的思想,还应采用能够产生同样效果的形式。原文作者寻找适当的方式表达自己的思想,译者也应用相应的方式加以表达。

2. 释意理论三角模型

巴黎释意派指出口译的过程是释意的过程。对原语的理解是对意义的感知,脱离原语语言外壳是对意义的提取,译语表达是对意义的传达。在这三个步骤中,原语和译语表达两个步骤是可以直观观察到的,而脱离原语语言外壳则是一种思维理解现象,不能被我们直接观察到。可以说,脱离原语外壳这个步骤在真正意义上体现了口译释意理论的特点和理念。脱离原语外壳这一过程体现了承上启下的作用,即是对原语理解的结果,又是译语表达的基础。因此在口译训练中,译者在听说话人的过程中抛掉语言条条框框,要抓住原语的整体信息,忽略语言符号,然后根据自己所处的场合,以及译前对所译方向的把握,学会对语言进行思维加工,然后译出基本思想。脱离语言外壳实际上是译者对讲话人信息的把握以及信息的吸收,然后经过对语言的转换,思想与内容重新组合,并表达的一种手段,展现在外人眼中的形式变了,但在被译人眼中可能更符合自己的口味,但无论如何内在的还一样,重点思想还在。如下图2-1和2-2所示:

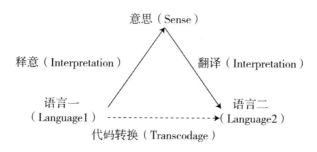

图 2-1 口译三角模型

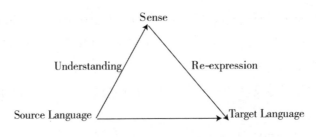

图 2 - 2　口译三角模型转换

　　塞莱斯科维奇(Seleskovitch)提出了一个口译过程的三分法,指出口译不是一种语言符号的转换活动,而是一个"意义"的理解与在表达过程,它包括理解、意义与语言形式分离、重新和表达三个步骤。后来 Seleskovitch 又明确指出:口译过程可大致划分为语音感知、迅速抛弃语言外壳保留信息的思维表征(Mental Representation)、用目的语表达三个程序;这不是一个简单的从一种语言到另一种语言的线性转换过程,而是一个三角形的过程(Triangular Process)。之后 Seleskovitch 又把口译过程分解为理解/阐释、脱离源语语言外壳(Deverbalizatio,一个发生在理解之后的隐形心理操作阶段)和重新表达三个步骤,并给出一个很直观的三角模型。根据该模型,口译是一个从源语(听辨)→意义欲说之言/Vouloir Dire(理解)→目的语(表达)的过程;来源语和目的语分居三角形底部的两侧;意义则位居顶端;虚线代表着从一种语言直接转化为另一种语言的代码转译(Transcoding),适用于对术语、数字、名称等语言项的传译;而把对源语讲话释意(Interpreting)后获得的意义用目的语重新表达出来的过程则是一个释意翻译(Interpretive Translation)的过程,也是口译的主要方式。塞莱斯科维奇(Seleskovitch & Lederer,1984)的口译三角模型实际上隐含着以下基本假设:第一,口译是一种有人的思维参与、受译者因素影响的心理活动;第二,口译的对象是讲话的意义,而非承载意义的语言外壳;第三,口译是一个意义的理解与在表达过程,同时伴有在语言组合(Language Pair)结构相似的情况下从一种语言符号直接转换为另一种语言符号的代码转译活动;第四,语言和思维是可以分离的,意义的理解与储存不需要语言符号的介入;在认知系统的参与下,译员对源语讲话进行解码,并将理解到的意义与源语讲话的语言符号和结构分离,以一种非语言的意识状态留存在大脑之中。

二、释意理论的发展评述

塞莱斯科维奇(Seleskovitch)从 20 世纪 60 年代开始从事口译研究,当时结构主义语言学范式的翻译研究刚刚兴起,人们认为翻译就是一种语言符号的转换活动,翻译研究只需要进行词汇和语法结构的双语对比。但长期的口译实践却使得 Seleskovitch 相信:口译不是一种语言符号的转换过程,而是一种交际活动,一个以意义的理解与表达为核心的动态心理过程,这个过程和口译活动的主体译员有关。为此,塞莱斯科维奇始终把译员和译员心理置于观察研究的中心位置、并通过对口译过程各个阶段程序的分析、把口译研究从语言结构的静态分析转为对意义传递过程的动态考察。塞莱斯科维奇的这一大胆举措使得口译研究摆脱了笔译研究重客体、轻主体的传统,走上了以译员为核心的研究道路,开启了口译动态心理研究之先河,对当代国际口译研究产生了深远影响。

释意理论对当代国际口译研究产生了深远影响,在释意学派诞生之初,口译研究主要由少数从事口译工作的心理(语言)学家承担,他们希望通过口译研究能够对有关信息加工和语言产生的心理学认知假说进行验证,从而满足本学科发展的需要。但由于他们并不从事口译实践,再加上研究项目不多、实验次数又少、受试者多为非职业译员,所以其研究成果并没有得到职业译员的认可,也没有向口译界产生太大影响,后者对他们的研究成果也不愿提及。这一点在同期出版的几本重要口译著作中反映得很清楚。但是,以释意学派为代表的职业译员群体性参与使得口译研究局面得到改善,并使得口译研究在国际口译界开始产生广泛影响力。

在 1986 年意大利的"特里斯特口译大会"之后,不少口译研究者开始质疑自 20 世纪 70 年代以来一直在该领域占主导地位的释意理论。主要的质疑以Daniel Gile 的观点为代表。Gile 指出,释意派的主要不足之处,一是研究方法,以主观推测和经验总结为主,理论缺乏科学的论证,尤其是缺乏实证性的检验;二是研究路径方面,缺乏与相关学科的互动交流,有闭关自守之嫌;三是术语界定过于模糊,精确性不够。其它质疑则集中于释意理论的核心概念"脱离原语外壳"。由于这一程序的提出缺乏实证基础,因而受到不少研究者的质疑。

刘和平教授也系统地回顾了释意理论所引发的争议。释意理论诞生和发展的背景要求我们以历史的眼光结合当时的学术背景来评价释意理论,她就释意理论被质疑的几个核心问题(包括"缺乏实证与认知研究"、"语言与翻译的关系"、"意义与翻译"等)进行了分析说明,在一定程度上回应了质疑释意理论的观点。

诚然释意论也有很多方面的不足。首先,释意论提出的翻译是一种交际行为,且在口译过程中,译员的"脱离源语语言外壳"属于译员大脑内认知层面的东西,无法做进一步的更细致的研究。我们只能通过像神经学、心理学、语言学等学科多层次的研究,才能进一步回答"脱离源语语言外壳"这一认知过程中口译员大脑的转换。其次,释意论还在口译思维过程中提出了"意义单位"这一概念,但是如何确定?却没有给出准确的定义。这些问题都需要口译研究者的不断深入研究和探讨,使释意理论在各方面进一步完善与发展。最后,释意论的出现基于口译实验的基础之上,如果想发展成为普遍意义上的口译认知理论,还有待于进一步的细化和本地化。

释意学派及其口译理论的诞生是 20 世纪国际口译研究史上的重大事件,作为国际口译界诞生的第一种系统的口译理论,释意理论对国际口译研究格局的形成和发展产生了深远影响,释意理论开启了口译动态心理研究之先河。今天,回顾和总结释意理论成就和功绩,有助于我们正确的认识理解国际口译研究现状,认清我国目前的翻译学术发展水平与国际翻译理论发展之间的差距,努力为口译实践和理论研究做出新的贡献。释意理论从提出至今,在翻译尤其是口译上仍具有指导意义。自提出该理论以来,不仅巴黎释意学派不断地完善改进该理论,世界上个许多学者都对其理论进行了研究,也提出了许多质疑。质疑主要就释意理论的研究方法、研究途径以及学术术语的精确性进行了探讨。

第二节 释意论视域下的口译翻译策略

释意论作为翻译理论和口译研究的重要组成部分,大部分学者在研究释意论角度下的口译发展现状方面做出了研究;虽然还有些许不足,但是随着研究的不断深入发展,释意论必将会进一步丰富和发展,为指导口译教学与实践做出重要的贡献。

一、适当解释

适当解释是翻译时最基本需要遵从的策略之一。根据释意论的解释,对源语的理解是翻译程序的第一环节,理解程序就是释意程序。译员在对目标语进行同传时,应该是以目标语为基础的,在此基础上,为了使听众更好的理解目标语所要表达的含义,某些时刻需要对听众不明白的内容进行解释。并且如果在目标语中有某些暗喻成分的话,译员在同传或交传时也应该表现出来。如果想要翻译成功,译员必须借助自己良好的语言功底和百科知识对源语加以理解,如果译员的理解仅限于字面的理解,那就不算成功的译员。

例1:Ruth was upsetting the other children, so I showed her door.

译语:鲁丝一直在捣乱其他的孩子,所以我就把他撵了出去。

例句中"so I showed her door"字面翻译是"于是我把他带到了门口"或"我把门指给他看",但是结合上下文可知,是因为鲁丝一直在捣乱才把他撵了出去,所以在这里应该翻译成"我就把她撵了出去"就可以将上下句的因果关系做出适当性的解释。由此在翻译这句话时,译员应该正确理解源语的背景含义才能正确地传达源语说话人隐含的意思。

例2:战争的达摩克里斯之剑依然悬在人类头上。(2015年9月3日习近平主席在纪念中国人民抗日战争暨世界反法西斯战争胜利七十周年大会的讲话)

译语:War is the sword of Damocles that still hangs over mankind.

首先,这句话中习近平主席引用了古希腊神话中的一个典故"达摩克里斯之剑"来比喻和平与发展已经成为时代主题,但世界仍很不太平,随时可能发生潜在的危机。同传译员在翻译时由于这个典故本身就符合译入语国家的文化,所以只要照常译出"sword of Damocles"就可以达到适当解释的目的了。

例3:中央财政"三农"投入累计近3万亿元,年均增幅超过23%。(2011年3月5日温家宝总理在第十一届全国人民代表大会第四次会议作政府工作报告的讲话)

译语：Central government spending on agriculture, rural areas, and famers totaled nearly 3 trillion yuan and grew at an average annual rate of more than 23%.

首先"三农"这个词是属于我国的一个"本土词",指的是"农村、农业和农民"在中国这是个人尽皆知的概念,但是这个句子的背景是温家宝总理作政府工作报告的讲话同传口译实例,面对众多的国外媒体和记者听众,他们并不知道中国的"三农"指的是什么,所以译员在翻译时将"agriculture, rural areas, and famers"翻译出来达到了适当解释的效果,便于外国媒体了解这句话的含义。

二、文化转换与传递

我们知道在一场同传中,译员经常会面对各种各样的观众。而口译,又是指通过译员个人对两种语言进行转换的过程。在这里,我们主要以英汉口译作为研究。我们中国人在进行演讲时总是会使用成语或者谚语来表达我们的意思,但是外国人对这些成语或谚语却知之甚少。比如温家宝总理在答记者招待会上回答问题时通常会引用诗词或者典故,如口译"行百里者半九十"这句时,译员就需要先了解这句话的意思,然后用自己的理解将这句话翻译出来传递给译入语听众,译为"For a journey of 100 miles, 90 miles is only halfway."。又如"针尖对麦芒"是中国的一个谚语,指双方都很厉害,但是在国外文化中,就要找出与针尖对麦芒相对应的谚语"diamond cutting diamond",这样一来目标语观众就能理解这个谚语要表达的意思。所以在翻译此类句子时,译员必须充分了解两国的文化,在国外的文化中找出相对应的谚语或成语进行解释,这样才能使目标语观众清楚明确地理解源语所要表达的意思。

例1:我深深爱着我的国家,没有一片土地让我这样深情和激动,没有一条河流让我这样沉思和起伏。亦余心之所善兮,虽九死其尤未悔。我将以此明志,做好今后三年的工作。(2010年3月14日温家宝总理在十一届全国人大三次会议中外记者见面会上的讲话)

译语：For the ideal that I hold dear to my heart, I will not regret thousand depth to die.

温家宝总理在2010两会记者招待会上答记者问时引用了屈原《离骚》中的这句话"亦余心之所善兮,虽九死其尤未悔。"这句话的汉语大意是"我将坚持我的理想和追求,纵然死一万次也决不后悔。"在翻译这句话时,首先口译员的翻译是建立在丰富的百科知识和传统文化功底的基础上,现场口译员张璐女士在理解了所说的这句词意之后,通过自己的理解和转换将其意义传递了出来。

例2:几百年来,这幅画辗转流失,但现在我知道,一半放在杭州博物馆,一半放在台湾故宫博物院,我希望两幅画什么时候能合成一幅画。画是如此,人何以堪。(2010 年 3 月 14 日温家宝总理在十一届全国人大三次会议中外记者见面会上的讲话)

译语:I cherish the same wish not only for the painting but also for people on both sides of the Strait.

温家宝总理这句话是对古语"木犹如此,人何以堪"的化用。原句是"桓公北征,经金城,见前为琅邪时种柳,皆已十围,慨然曰:"木犹如此,人何以堪!",意思是"树都这样(长这么大了),人就更不用说了。"温总理将这句话中的"木"改为"画",所以这句话的口译译语信息重于"达意"。在口译过程中发生意义的缺失是在所难免的,毕竟两种文化之间有着很多的差异,在某些情况下译员很难做到意义的完整传达,所以口译信息的"达意"表达同样能做到对源语文化的转换与传递。

三、意义对等

"对等"一词首先源于奈达,很早他就提出过"对等"这一概念。而我们知道,对等有两种不同概念,就是文字对等和意义对等。意义对等指的是源语与译入语的关系,根据释意论的概念,口译就是为了传递信息,所以为了能够便于沟通理解,在口译时我们应该更多地使用意义对等的翻译策略才能更好地将译入语表达清楚。

例1:中国的发展,离不开世界;中国的发展,不仅造福自身,也惠及世界。(2011 年 3 月 21 日杨洁篪外长在国务院发展研究中心举办的第十二届中国发展高层论坛年会上的讲话)

译语:China cannot develop in isolation from the world and China's development benefits not only itself but also the rest of the international community.

在中文语法中,这种句法十分常见,句中两次提到"中国的发展",但是这种句法的使用在英语却不常见。为了使译文尽量地符合国外听众的语法习惯,译员在翻译时使用了"develop"和"development"两个同源但却不同词性的单词来避免重复。而译员在翻译时也不是字面上字对字的翻译,而是在理解的基础上用自己的话语表达出源语的信息,同样达到了源语和译语信息的意义对等。这里就举例论证了释意学派理论中的理解、脱离源语外壳、表达这一过程在口译实践中的可用性和科学性。

第三节　基于释意理论的口译脱离语言外壳应用

释意论的诞生对中国乃至全世界口译理论的发展都有着举足轻重的作用,其脱离语言外壳这一过程,形象的诠释了口译的转换过程,揭开了口译理论研究的序幕。总之,脱离原语外壳,传递意义是口译的目的,释意是口译的实质。现就此提供以下口译案例分析。

一、米歇尔·奥巴马在北大发表演讲的案例分析

2014年3月22日奥巴马总统夫人米歇尔·奥巴马在北大斯坦福中心发表演讲,以下实例均选自这次演讲的口译录音。

例1:MRS. OBAMA:(Applause.)Thank you. Well,ni – hao.(Laughter)It is such a pleasure and an honor to be here with all of you at this great university,so thank you so much for having me.

译语:谢谢。你好。很高兴也很荣幸来到这里,在这所伟大的大学和你们共聚一堂。非常感谢你们邀请我。

在现场口译中译员加入了中西方不同的文化,将"It is such a pleasure and an honor to be here with all of you at this great university"译为"在这所伟大的大学和你们共聚一堂"。译员在翻译过程中并没有进行直译,而是脱离源语的语言外壳,翻译成"共聚一堂",跨越了中西方文化差异,传达了语言中所包含的潜在的信息,较好地体现了中国的文化和表达方式,更加易于现场听众的

理解。

例 2：That was a powerful symbol of everything that I want to talk with you about today.

译语：这绝佳地诠释了我今天要和大家聊的全部话题。

这里译员将"That was a powerful symbol of everything"译为"这绝佳的诠释"，体现了译员对源语中的内涵有透彻的理解，并采用了释意翻译的方式给出了流畅准确的译文。根据释意派理论，译员在口译过程中必须考虑两种语言和文化背景下双方的接受效果。

例 3：Through the wonders of modern technology, our world is more connected than ever before. Ideas can cross oceans with the click of a button. Companies can do business and compete with companies across the globe. And we can text, email, Skype with people on every continent.

译语：通过现代技术奇迹，世界各地之间的联系比以往任何时间都更加密切。思想可以通过点击按钮跨越海洋。全球各地的公司可以同台竞技。我们可以与各大洲的人们通过短信、电子邮件和 Skype 进行沟通。

这里译员结合汉语的表达方式和源语所传达的意思，对源语中的个别地方进行了合理的删减，虽然不是逐字逐句的翻译，但却准确地传达了说话人的意思，体现了释意论的指导思路。

例 4：But let's be clear, studying abroad is about so much more than improving your own future. It's also about shaping the future of your countries and of the world we all share. Because when it comes to the defining challenges of our time － whether it's climate change or economic opportunity or the spread of nuclear weapons —— these are shared challenges. And no one country can confront them alone. The only way forward is together.

译语：我想要说的是，出国留学绝不仅是改善你们自己的未来，它也关乎塑造你们的国家、关乎我们共有的世界的未来。因为我们这个时代的决定性挑战无论是气候变化、经济机遇，还是核武器扩散——这些都是我们共同的挑战。没有任何一个国家能够单独应对它们……，唯一的出路就是共同携手。

译员在上面的源语处理中将"But let's be clear,"译为"我想要说的是"，可见译者并没有按字面意思翻译,而是脱离源语外壳表达了讲话者所要传达的源语信息意义。

例5:Now, before I get started today, on behalf of myself and my husband, I just want to say a few very brief words about Malaysia Airlines Flight 370. As my husband has said, the United States is offering as many resources as possible to assist in the search. And please know that we are keeping all of the families and loved ones of those on this flight in our thoughts and prayers at this very difficult time.

译语:在我今天开始之前,代表我自己和我的丈夫,我想就马来西亚航空公司的MH370航班简短说两句。如我丈夫所说,美国正提供尽可能多的资源协助搜寻工作。请相信,在这个非常艰难的时刻,我们的心和航班上人员的家属和亲人在一起,我们为他们祈祷。

这里译员将"And please know that we are keeping all of the families and loved ones of those on this flight in our thoughts and prayers at this very difficult time."译为"请相信,在这个非常艰难的时刻,我们的心和航班上人员的家属和亲人在一起,我们为他们祈祷。"值得一提的是译员在现场口译中加入了"我们的心和航班上人员的家属和亲人在一起",这样的转换不仅符合汉语表达习惯,而且把源语暗含的意思体现得淋漓尽致。

二、电影字幕口译

随着科技发展和社会进步,电影成为了人们休闲生活的一部分,各国电影业的蓬勃发展,广大群众也越来越喜爱国外的电影,所以未来电影字幕的同传口译也变得非常重要。

(一)字幕翻译的特点

字幕翻译是一种特殊的语言转换类型,将原声口语浓缩为有声或无声的译文。马克·沙特尔沃思和莫伊拉·考伊将字幕翻译界定为"为影视剧对白提供同步说明的过程。"(李和庆、薄振杰,2005)从以上解释来看,字幕翻译的目的其实是让观众理解电影中的对话及旁白的意思,可以达到口译同传的效果,翻译的过程中也有特殊的策略。不仅要求译者要精通双语,也要求具有跨文化交际的能力。

字幕翻译有时间空间和语境的限制。一行字幕的停留时间大概在十秒左右,为了不影响视觉效果,字幕只能占屏幕下方非常小的一部分空间,这就意味着字幕翻译时需要简洁明了的语言和词汇,在短时间和小空间范围内准确表达对白的意义。非本土电影通常情况下会有当地的文化特色和语言特点,在翻译时不能逐字翻译,而是要基于当地的语言特点和文化风俗,以及电影的背景知识进行翻译,避免错译,这样才能不影响到观众对于电影的理解。

字幕翻译是用笔译的方式寻求口译的效果(李小艳、何影,2011),所以字幕翻译和口译有共同点。

首先,两者的目的都是交际。字幕翻译的目的是让观众理解电影内容,口译的目的是让听者理解原语的意义,两者都是沟通原语和译入语的桥梁,也都是交际性的翻译。但两者的翻译都不仅仅是词语或句子的对等,而是要翻译出原语所表达的意义,才能达到交际的目的,所以其中都会有释意理论中的翻译过程。

其次,两者都具有瞬时性。字幕翻译具有时间限制的特点,在短时间内出现在屏幕上。口译也具有瞬时性,译者需要在一定时间内译出原语。两者都具有时间限制,不同的只是一个是口头表达,另一个则是屏幕显示。所以两者在翻译的过程中,都要求词语的简洁、明晰、达意,这样才能起到短时间内让受众理解的效果。

最后,两者的翻译过程都要基于一定的认知补充。字幕翻译和口译都需要译者具备一定的相关文化背景知识及对于所译内容的多方位了解。字幕翻译需要对于电影所讲述的内容、背景、表达的主题以及电影所属国家有所了解;而口译需要掌握原语语言特色,也要求译员知晓所译内容的相关背景知识。

(二)释意理论在电影《东邪西毒》字幕中的应用

《东邪西毒》由金庸武侠小说《射雕英雄传》改编而来,它以中国古代为时代背景,由中国传统武侠元素贯穿,其中人物对话较少而旁白居多。由于这部电影里频繁出现具有中国文化的词语,也包含许多汉语语言表达习惯的词语和句子,电影里的人物语言表达很有特色,所以此电影的字幕翻译中大量运用了以"脱离原语外壳"为核心的释意理论,来对电影所要表达的真正的内容进行阐释。

1. 基于中国文化的释意

中国的黄历与普通日历不同,黄历所述的的不仅仅是年月日,还有中国的节气,以及当日内的"宜"和"忌"。"宜"表示适宜做的事情,而"忌"则是要避免做的事。这部电影以时间为线索,所以电影中出现了八次时间表示,其中有六次时间表述之后都有"宜"和"忌"。在翻译的过程中,英语中很少能找到相对应的表述,所以运用释意理论进行意义的同传翻译较为合适。以下为具体实例:

例1:初六日,惊蛰。

译语:Day 6,Insects awaken.

中国黄历上所说的"惊蛰"是指冬天过后万物复苏的日子,此时昆虫破茧。所以这里同传翻译脱离了源语外壳后进行释意,以此实现真正的意义输出。

例2:初四,立春。那天黄历上写着:东风解冻。

译语:Day 4. First day of spring. This is what the almanac says of that day, "The eastern breeze is no longer cold."

立春就是春天的开始,也就是春天的第一天。而"东风解冻"并不是真正的"解冻",而是东风不再像冬天那样寒冷。这两处都是基于源语的释意翻译。

例3:初十日,立秋,晴,凉风至,宜出行、会友,忌新船下水。

译语:Day 10. Autumn begins. Sunny. The breeze turns cool. Favorable for travel and socialising. Avoid going into the water.

此处将"宜"和"忌"分别翻译为"favorable"和"avoid",达到了对源语的释意效果。

但有一些汉语的表达并不能按照字词意思来翻译,而是要注意它真正的意义。汉语常有一词多意的情况,根据上下文或者说话人的语气,同样的词语会有意义上的差别,所以在翻译过程中,要结合故事的发展和人物的特点进行意义的阐明。

例4:慕容燕:"笑话! 如果他真的喜欢她,为什么又要离开她?"

译语:Bullshit! If Huang loves her,why did he leave her alone?

此处的"笑话"并不是"joke"的意思,而是汉语中对于之前内容的否定,并带有轻蔑和鄙视的色彩,所以此处翻译为"bullshit"很准确,也符合了两种语言的习惯表达。

例5:慕容嫣:"当日你作客姑苏。"

译语:You passed by Gusu City the other day.

此句中的"作客"不是"做客",而是路过。

例6:欧阳峰:你今晚这么有雅兴?

译语:You seem to be in a good mood tonight.

汉语中的"雅兴"大都意味着好的心情,或者是好兴致,此处译语做到了较好的释意与解释。

例7:欧阳峰(旁白):为了不想重蹈覆辙,我带洪七去了一个地方。

译语:To avoid making the same mistake,I brought Hong Qi to see something.

例8:欧阳峰:嘻,谁说不行啊,事在人为。

译语:Nothing's impossible. It's not a rule,is it?

例9:慕容燕:不要对她有非份之想,否则我连你都杀掉。

译语:If you so much as lay a hand on her. I'll kill you.

电影字幕中成语和四字格的翻译一直都是字幕翻译中的一个难点,上面例7、例8和例9的成语都无法在英语中找到对应词,在翻译过程中那么如若英语中没有表达意义相同的习语或俚语,那么脱离源语外壳的释意就是最好的选择。

　2. 基于电影内容或故事背景的释意

电影中出现的一些人名和物名都有其深层的意思,或来源于故事背景,或有电影本身赋予的意义。

例10:东邪;西毒;独孤求败。

译语:Evil East. Malicious West. Defeat-Seeking Loner.

这三个名词都是人名,是《射雕英雄传》里人物的绰号,这些绰号代表着这三个人物的特点。"东邪"是出没于东方、性格怪异并内心邪恶的人;"西毒"以心肠毒辣著称;"独孤求败"形单影只,对影练剑却找不到对手。译者在翻译时,并没有按照普通人名音译的方法来翻译,而是用释意的方法以"evil"、"malicious"以及组合词"defeat-seeking"来翻译这三个绰号,翻译出了人物的特点。

例11:欧阳峰(旁白):一个人受了挫折,或多或少总会找个借口来掩饰自己。其实慕容嫣、慕容燕,只不过是同一个人的两个身份,而在两个身份后面,藏着一个受了伤的人。

译语:One always finds an excuse for failure. I finally reckoned that Yin and Yang are actually two persons in one. Behind these two identities was hidden someone with a wounded soul.

上述这段字幕翻译得非常巧妙。据电影所述,慕容燕和慕容嫣并非兄妹,而是同一个人。汉语中"燕"和"嫣"在读音上没有区分,只有音调上的区别,从字形上来看,取名为"燕"的常为男子,而"嫣"则为女子。所以中国观众很容易理解电影内容,但是外国观众很难区别,因为英语中没有平仄的区分,所以译者在这里译为"Yin and Yang",虽在语音上稍有差别,但是据外国人对于中国文化的理解,他们对道家的"阴阳"大多了解一些,即女为"阴"男为"阳"。即便不能理解"阴阳"的意义,也能从读音上判别电影中的人物角色。译者在这里也是脱离了原语外壳,结合中国文化和电影背景,进行了释意翻译。

在字幕翻译中,最重要的是要翻译出电影中对白所要传达出的意思。脱离原语外壳的翻译,不仅符合了英语表达习惯,准确地表达出了电影要传达的意义,也符合了字幕同传翻译"简洁"的特点,这也为未来电影字幕翻译的有声发展提供了口译所需的借鉴。

参考文献

[1] Nedergarrd – Larsen, Brigit. Culture – bound Problems in subtitling[J]. Perspective, 1993(2).

[2] Seleskovitch, Danica&Lederer, Marianne. Interpréter pour traduire. Paris:Didier Erudition,1984. (中译本:汪家荣等译. 口译理论实践与教学. 北京:旅游教育出版社,1990).

[3] 鲍刚. 口译理论概述[M]. 北京:中国对外翻译出版公司,2011.

[4] 龚龙生. 从释意理论看口译研究[J]. 中国外语,2008(2).

[5] 柯平. 释意学派的翻译理论[J]. 中国翻译研究,2005(1).

[6] 李和庆、薄振杰. 规范与影视字幕翻译[J]. 中国科技翻译,2005(2).

[7]勒代雷.释意学派口译笔记理论[M].北京:中国对外翻译出版公司,2001.

[8]李小艳、何影.论电影字幕的释意翻译——以电影《建国大业》的字幕翻译为例[J].
　　电影文学,2011(14).

[9]李运兴.字幕翻译策略[J].中国翻译,2001(4).

[10]刘和平.口译技巧[M].北京:中国对外翻译出版公司,2001.

[11]刘和平.口译理论与教学研究现状及展望[J].中国翻译,2001(2).

[12]刘和平.法国释意理论:质疑与探讨[J].中国翻译,2006(4).

[13]王斌华.口译及释义?—关于释义论及有关争议的反思[J].外语研究,2008(5).

[14]许钧、袁筱一.当代法国翻译理论[M].南京:南京大学出版社,1998.

[15]许钧.翻译思考录[M].武汉:湖北教育出版社,1998.

[16]《东邪西毒》台词精华卷.博客大巴网,2005-01-12.

思考题:

1. 口译的释意过程是如何准确快速地做到脱离原语外壳、传达语言信
　息的?

2. 释意论在口译思维过程中提出了"意义单位"这一概念,应该如何确定
　"意义单位"?

3. 笔译和口译的释意过程有何异同?

第三章

基于关联理论的口译研究

第一节　关联理论概述

口译是一种跨文化的双语交际活动。它不是简单地从一种语言到另一种语言机械的转换过程,而是译员通过全方位的思维分析、判断和推理,将原语中的交际信息和文化信息恰当地转述到目的语的动态交际过程。在口译的过程中,译员既是原语言信息的接受者,又是信息的传播者。在传播的过程中,译员不仅要注意说话者的说话内容、要表达的意思、目的等,还要考虑如何翻译才能符合听众的语言特点、思维习惯和文化传统等,进行推理,最后选择合适的词语言进行翻译。这一过程与 D. Sperber 和 D. Wilson 在 20 世纪 80 年代初提出的关联理论中的言语交际是一种明示—推理交际以及明示和推理是交际过程的两个方面的说法存在异曲同工之处,所以从关联理论的角度研究口译具有一定意义。

一、关联理论的发展

(一)关联理论阐释

关联理论是在社会学、心理学、语言学、认知科学等基础上建立起来的理论,因而能对人类交际中的话语理解过程作出有力的分析和解释。关联理论的核心是关联性,因为关联是人类认知的基础,人类的认知是以关联为取向的。Sperber 和 Wilson 将关联定义为命题同一系列语境假设之间的关系。他们认为当且仅当一个假设在一定的语境中具有某一语境效果时,这个假设在这个语境中才具有关联性。关联性不仅取决于语境效果,还取决于处理话语时所付出的努力。在同等条件下,语境的效果越大,为进行加工处理而付出的努力越小,因而关联性就越强。在言语交际中,话语的内容、语境和各种暗含会使听话人对话语产生不同的理解,但听话人并不一定在任何场合下对话语所能表达的全部意义进行理解。他可以用一个单一的、十分笼统的标准去理解话语,这个标准就是关联性。根据关联原则,每一个明示的交际行为都应设想为本身具有最佳关联性,即认为在正常交际中,听话者总是力图以付出最小的努力来获得最大的认知效果。可见,听者需要的并不是最大关联,而是最佳关联。在翻译活动中,最佳关联也是译者力争达到的目标,译者的责任就是努力做到使原文作者的意图与译义读者的期盼相吻合。德国学者 Gutt(1991)认为制约翻译的基本原则就是关联。因此,译文语篇连贯的重构过程实际上就是一个寻找关联的过程。

翻译是一个推理过程,翻译研究的对象是人的大脑机制,它不仅涉及语码,更重要的是根据动态的语境进行动态的推理,而推理所依据的就是关联性。关联性是相对的,其强弱受两个因素影响:处理努力与语境效果。关联翻译理论认为,在同等条件下,处理努力越小,则关联性越强;语境效果越大,则关联性越强,即一大一小原则。然而,译入语读者/听众需要的不是最大关联,而是最佳关联性(Optimal Relevance),即以最低的加工成本产生足够的语境效果。要使译语达到最佳关联,译者必须做到源语的意图(Intention)与译语读者/听众的期盼和理解(Expectation)相吻合。为此,译者负有双重推理的责任:一是根据语境推导出源文作者/讲话人的真实意图;二是了解译语读者/听众的认知语境。换言之,源语作者/讲话人试图传达给译语读者/听众的的语境假设在翻译过程中是一种潜在的语境。最佳关联性是译者努力的目标,也是评价译语的标准。译者应尽量使源语的意图与译语读者/听众的期待相符。要做到这一点,译者必须先通过源语的语音、句法、语义、语用、文体等各层面的交际线索表现出作者/讲话人的交际意图,然后根据译语的潜在语境或认知环境进行关联,最后上升到意境的范畴,选取最佳关联。

(二)最佳关联

Sperb 和 Wilson 在 1986 年出版的《关联性：交际与认识》(Relevance：Communication and Cognition)一书中从认知的角度来阐释交际行为的内在机制,由此创立了关联理论。关联理论把语言交际看作是一个示意—推理过程之后,Sperb 和 Wilson 又进一步将关联原则归纳为认知原则和交际原则:即人类的认知以最大关联为取向;而语言交际则以最佳关联为取向。关联理论的中心观点是,在语言交际中参与者对关联性的认识是交际成功进行的基础。所谓关联就是指其中的认知与推理过程,语言交际的关键是建立最佳关联。关联性指人们理解话语时在新出现的信息与语境假设之间寻求最佳关联,关联理论的观点主要有如下几点:(1)交际活动的中心环节是推理。作为听众,仅仅凭借语音和语义的关系来理解一句话是相当困难的。例如"He is very nice."字面意思理解为:"他很善良! 或是:他很好。"但也有可能是反语,用来讽刺讥笑他人话语呢? (2)最佳关联原则。Sperber 和 Wilson(1986)是这样定义最佳关联性的:同等环境下,付出努力越大,关联性越弱;付出努力越小,则关联性越强。反之亦然,语境效果越大,关联性越强;语境效果越小,则关联性越弱。由此可见,关联性的大小取决于处理话语的所付出的努力大小和语境效果这两个因素。这两者之间成反比关系。经过推理,我们可以得到如下等式:关联性 = 语境效果/付出努力。通过这个公式,我们可以得出这样的结论,即想要得到最佳关联性,那么就需要译员在足够大的语境效果中付出最小的认知努力。

继 D. Sperber 和 D. Wilson 之后,德国学者 E. A. Gutt(1991)在《翻译和关联—认知和语境》一书中系统阐述了关联理论对翻译的解释,并提出了关联翻译理论。关联理论的翻译观认为翻译是一种认知推理交际行为,更加强调了翻译的明示—推理交际本质。翻译的全程涉及三方,原文作者、译者和译文读者。翻译的过程包括两个明示—推理阶段:翻译的理解阶段以及翻译的表达阶段。在第一个明示—推理阶段,相对于原文作者,译者是听话人。原文作者以原文作为明示,向译者示意其交际意图,译者则要从自己潜在的认知语境中选择正确的相关语境假设,根据原文的语境信息进行推理,寻找与原文的最佳关联,形成对原语的认知与理解;在第二个明示—推理过程中,译者的身份是发话人,为了能使译文读者准确推理原文作者的交际意图,找到译文与译文读者语境假设之间的最佳关联,译者要对译文读者的认知语境进行预判,遵循关联理论关于"阐释性相似的"原则处理意义的表达,最大限度地提供相关信息与认知语境。从以上两个过程可以得出,译者在翻译活动中既是原文本的读者,又是译文的交际者,翻译也可以说是译者在源语认知语境和目的语认知语境之间寻求最佳关联的过程。

1986 年 D. Sperber 和 D. Wilson 提出的关联理论是认知语用学的基础,它从语言哲学、认知心理学、交际学等多学科的角度对语言交际做出解释,它将认知与语用研究结合起来,将语用学研究的重点从话语的产出转移到话语的理解,指出语言交际是一个认知—推理的明示过程,对话语的理解就是一种认知活动。在我国何自然与冉永平提出了关联原则和最佳关联假设,如今关联理论已经走过了"成长期"、"成熟期"和"修订期"。无论是给认知语用学还是其它语言领域都带来了理论意义和实践意义。关联理论在我国的发展也开始了专家和学者百花齐放百家争鸣的激烈探讨。宏观上来看,我国学者已经提出较为完备的关联模式或理论。

二、关联理论与口译发展

（一）关联翻译理论

1991 年 Wilson 的学生恩斯特·奥古斯特·格特（Ernst-August Gutt）将关联理论引入到翻译研究中,Gutt 在其博士论文《翻译与关联—认知与语境》中提出了关联翻译理论。他提出翻译是一种语言交际行为,是语际间明示—推理的阐释活动。而推理的依据就是关联性,关联性是一个相对的概念,它的强弱取决于两个因素:付出的努力与语境效果。语境效果好,推理时付出的努力就小,关联性就强;语境效果差,推理时付出的努力就大,关联性就弱。用公式可以表示如下图 3 - 1:

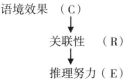

图 3 - 1 关联交际翻译

在翻译的交际活动中,涉及两个交际者,即原作者和译者,在第一个明示—推理过程中,原作者向译者示意其交际意图,而译者根据其固有的原语言环境、原作者提供的语言刺激以及关联原则进行推理,在此过程中,译者是听话人。而在完成这一过程后,译者进入到第二个明示—推理过程,这时译者的身份是说话人,他根据自己对原语篇、自己对原作者的交际意图的理解和把握和他对读者的期待,向读者传达信息。在这两个过程中,译者被看作是原作者和读者之间的桥梁,起着至关重要的作用,而关联原则则是稳固桥梁的混泥土。因此,关联理论对翻译活动的进行起到了很好的阐释作用。

根据关联理论,口译的过程被看作是一个认知加推理的交际过程。在这一过程中,作为口译人员,他身兼两职,既是听话人,又是说话人,在整个口译过程中,口译员的智力操作步骤、寻觅探究过程以及摸索推敲程式都离不开对语境假设的判断和选择。译者要充分利用自己认知语境中的各种知识信息,理解话语、建立相关语境、寻找源语信息与语境假设的最佳关联,从而获得相应的语境效果。这并不是一个被动的过程,而是一个复杂的、对话语信息进行重构的认识过程。当他根据相关语境建立了自己对原讲话人的最佳意义的理解后,就要充当说话人,利用自己掌握的知识,诸如原讲话人的观点、信念、态度、兴趣等,对语境进行审视夺度推断并做出选择,再根据对听众认知环境的预测和判断,对目的语进行最佳关联性的选择,选择恰当的语言形式,将源语的意图与信息尽可能忠实地传递给目的语听众,得到最佳的语境效果。

(二)口译中的明示—推理交际模式

根据 Sperber 和 Wilson 的明示—推理交际模式,明示行为提供两层理解话语的信息:第一层信息是被指出来的信息;第二层信息是有意指出第一层信息的信息,辨认出这种明示行为后面的意图就是推理的过程。根据对这两层信息的理解,交际模式可以分为代码模式(Code Model)和推理模式(Inferential Model),语言交际同时涉及这两种模式。交际者双方根据共有的认知环境用言辞和其它手段把自己的意图明示出来,旨在尽量降低听话人对其话语的加工努力程度,以达到成功交际的目的。交际双方之所以能配合实现成功交际,主要依赖于其中的最佳认知模式和关联性。

明示是对说话人而言的,是指说话人明确地向听话人表达意图的一种行为。而推理是对听话人而言的,听话人通过解码获得信息意图,并在此基础根据自己的认知语境对所听到的话语进行进一步推理。只有在接收的新信息和头脑中已有旧信息间寻找到最佳关联,构成语境,获得了足够的语境效果,听话人的推理才可能成功。口译过程中,从源语发出者到口译员,再从口译员到译语听众,在这三者的三元交际中,每两者之间都存在一个语内或语际间的明示—推理过程。而口译员在这个过程中不仅仅是其他两方交际的媒介,同时也是这个过程的特殊实践者,因为他承担了推理—明示的双重角色,决定了双方交际能否成功实现。

鉴于口译是一项跨文化的交际活动,目的是为了完成特定环境和特定条件下的特定交际,这项活动的时间、地点、文化与语言背景都会随时发生变化,所以在口译实践的过程中,口译员首先要做到全面、准确地理解说话人的意思,听懂源语发出者的明示。其次,要对所译内容进行分析,分析说话人的思维活动,更好地理解说话人的意思,以便能充分传递信息给译语听众,这个过程就是推理。经过这个跨文化交际的转换推理过程,就可以避免误译、错译以及粗制滥造的符号转换和文字搬家现象。最后,口译员要向译语听众传递说话人的意思,即信息的明示。口译活动中最重要的不是语言形式,而是语言之外的交际信息内容。口译员在这一轮的信息传递过程中,在明确充分地传达源语者的话语信息的同时,还要考虑到译语接受者的知识层次、认知水平,让接受者能听明白所传递的话语内容。

所以,在一个完整的口译过程中,口译员要经过信息的接收、解码、记忆、编码、表达过程,也就是上述的推理—明示过程。这就指导口译员接收源语发出者的明示信息,结合自己的认知语境,寻找最佳关联,再把关联性传递给译语听众,以达到能准确地传达源语发出者意图的同时,更好地实现译语听众的期待。

关联理论认为,交际者的明示行为后面一般都有意图,并区分了说话人的两种意图:信息意图(Informative Intention)和交际意图(Communicative Intention)。信息意图是话语的字面意义,指说话人欲向听话人传递某种信息的意图,而交际意图则是话语的真正含意,指说话人欲向听话人表明自己有传递该信息意图的意图。

口译过程中,为了理解并再现源语发出者的信息意图和交际意图,口译员先通过解码获得信息意图,然后结合自身的认知环境,推理出源语发出者的交际意图。在译语产出阶段兼顾译语听众的认知语境,以具有最佳关联性的译语表达源语发出者的意图。因此,口译员不仅要精通双语,掌握语言技巧,还要懂得交际中的基本文化常识、演讲技巧和交际策略,因为在交际过程中,不同文化会发生冲撞,这会给口译员构成语言转换和表达的障碍。

因此,在认知与交际意图的指导下,口译员要提高跨文化交际能力,明辨交际过程中说话人的认知意图和交际意图,合理地传递正确的信息和意图,达到交际双方互相理解交流的目的。

（三）口译最佳关联性

最佳关联原则指任何一个明示交际行为,必须保证自身的最大关联。要使话语交际达到最佳关联需要两个条件:(1)话语的语境效果足以引起听话人的注意;(2)听话人为获得语境效果付出了努力。话语的关联性,跟语境效果和处理话语时所做的努力这两个因素有关。在其他条件不变的情况下,语境效果好,推理时付出的努力就小,关联性就强;语境效果差,推理时付出的努力就大,关联性就弱。人类的认知以最大关联为取向,而实际的言语交际则只能以最佳关联为取向。最佳关联就是理解话语时付出有效的努力之后,获得足够使推理成功的语境效果。交际的成功依靠推理,而推理的成功则有赖于听话人寻找到最佳关联。它使交际双方能够理解对方话语的暗含内容,取得交际成功。

口译过程中存在两轮交际,第一轮交际中,源语发出者是交际者,口译员是受体;第二轮交际中,口译员是交际者,译语听众是受体。口译员充当受体时,他要在接收的新信息和头脑中已有旧信息间寻找到最佳关联,建立最好的语境效果,这样他的推理时付出的努力就小。口译员扮演交际者的角色时,他必须依据译语听众的认知环境和认知能力,尽力达到最佳关联,既保证译语听众能获得足够的语境效果,而不需要付出额外的处理努力。所以,口译的成功与否很大程度上取决于口译员对最佳关联的转换。

口译员是最佳关联性实现的关键因素。同时,最佳关联性也是口译员力争达到的目标。最佳关联性要求口译员扩大自己的认知语境,包括逻辑信息、百科信息、词汇信息,尽可能接触与源语发出者有共同认知的所有信息,这就需要口译员平时知识的积累和自身素质的提高。同时,也要求口译员在进行翻译活动前要做精心准备,熟悉要面对的源语发出者和译语听众,更好的推断源语发出者的交际意图,了解译语听众的期盼,成功实现信息的接收和传递。因此,我们可以将最佳关联性作为口译员进行口译活动的指导原则。

判断一种理论是否成功,我们认为主要看该理论自身的解释力、被人们的接受程度以及该理论的后续发展。鉴于关联理论在口译过程中的解释力、实用性和后续发展的潜力可以将关联理论应用在口译实践的研究中,建立一种关联口译理论,将其作为多元化口译理论体系的一部分,为口译学习者和从业者提供更好的埋论支持和指导。

第二节　关联理论视域下的口译信息处理

口译员在口译过程中既是说话人的交际意图的接受者,又是向听话人传递说话人意图的交际者。在关联理论看来,口译员的任务是对说话人和听话人的认知语境进行推测并结合自身的语境假设对译语进行整合重建,以此实现说话人、译员和听话人之间的最佳关联。

一、口译特点与口译信息处理

（一）口译交际特点

口译是一种由三方组成的语言交际活动,即源语说话人、译员和译语听众。它包括对源语的理解和译文的产出两个阶段,是两个相继发生的双明示—推理过程。第一个过程中,源语说话人通过明示行为传递意图,译员通过推理行为理解源语说话人的交际意图;第二个过程中,译员寻求最佳关联的语言通过明示行为向译语听众传递源语说话人的真实意图。关联理论认为,译员产出译语时需要寻求译语信息意图与译语听众语境假设之间的最佳关联,即力图使译语听众取得语境效果的同时付出最小的处理努力。

选择语境则是按照言语交际关联的原则进行的(Sperber&Wilson, 2001),

也就是说对于口译过程中信息的处理就要依赖语境进行选择。所谓语境就是言语交际所依赖的环境,通常包括认知环境、社交语境和文化语境三部分。口译话题千变万化,内容难以预计。译员有时可以通过事先确定的交谈主题来预测交谈各方的话题。但是,译员的任何估计都不可能是充分的,这就需要译员能够根据具体实际的情况变化进行言语解码信息处理,尽最大努力使交际双方互相获得最大信息量。口译过程的信息处理如图 3 - 2 所示:

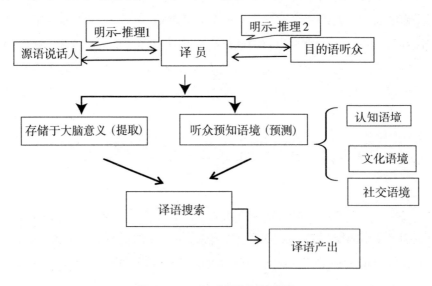

图 3 - 2　口译过程信息解码图

(二)认知语境与口译交际

1. 社交语境与明示推理

通常情况下人们之间的交流是建立在共同认知环境(Shared Cognitive Environment)之上,也就是说交际双方可能在某些领域上具有共同的经历、经验和知识。可以想象一下,倘若译员没有共同认知环境,那么口译理解的难度就增加很多。例如关于航空飞行器之类口译中,如果出现"The skin is clean and smooth."这句话,若翻译成"皮肤即干净又光滑。"这样就容易引起歧义,而且目的语听众难以理解,其实这句话意思应该是"飞机的外壳即干净又光滑";反之,双方对某一领域都很了解,口译过程中明示—推理过程就容易。社交语境对口译理解的最大帮助在于:(1)在口译的准备阶段引导译员预测谈判可能涉及的专业知识和专业词汇。例如,当议员参加医学类的慢性病研讨会时,就提前需要掌握涉及慢性病的专业术语,如疾病的表达方式、慢性病的发展、慢性病的现状、病情的种类、疾病的死亡伤残率等等。然后去准备相应的表达方式。这样就可以大大降低议员紧张感、鼓舞信心、提高翻译速度。(2)在口译的进行过程中,译员可以直接预测语句或语段的意思。译员都有这样的体会,当某一句话或某一段话还未说完时,听话的人就已经明白了整句话或整段话的含义了。

例1:Many varieties of medical food have been cooked for the prevention and cure of disease,or for health and recovery.

译语:人们烹调各种各样的"药用食品"来预防和治疗疾病,或用以保健和康复。

这里译员通过源语说话人已明示信息链中的"medical food"进行语音听辨、感知和识别,瞬间激活认知语境中的逻辑信息和词汇信息,进而联想到尚未出现的"prevention,cure,disease,health,recovery"等相关词汇进行语义预测和超前理解,推理出源语中的交际意图是药用食品可以起到预防、治疗疾病、保健和康复的作用。对源语的超前理解使译员有相对宽裕的时间来选择并利用最佳关联来推导目的语,并通畅地把源语说话人的交际意图明示给目的语听众。

2. 社交语境假设与信息处理

社交语境主要指说话人使用语言和听话人理解语言的客观共处环境,如交际场所、交际双方的身份、地位和彼此之间的关系以及双方的表情、语气、手势等传递出来的信息,社交语境在一定程度上影响了交际的理解和表达。在口译过程中,如果发话人、听话人和译员对双方当前共处的社交语境有足够的了解,对源语的理解有助于译员有相对宽余的时间来选择最佳关联的目的语,并通畅地把源语信息明示给目的语听众,使目的语听众减少了推理努力,获得足够的语境效果,最终实现了源语说话人与目的听众对意图的互明。这时就需要译员根据社交语境关联话语信息进行推理—明示,进行最大关联。比如,西方人喜欢赞美表扬,而中国人比较谦虚内敛。如我们常常听到的笑话,"您夫人真漂亮!""哪里哪里"等或者在招待客人时经常会说

"饭菜不好,不成敬意"。如果译员把这句话按字面翻译就闹出很大的笑话或者造成很深的误解。

例2:贵公司想与我公司建立长期合作的关系的想法与我不谋而合。

译语:Your wish to establish long-term cooperative relations coincides with ours.

此例中,说话人传递信息的意图为:贵公司与我公司都有建立长期合作关系的想法。其说话人的交际意图是:我们也有意同贵公司建立长期的合作关系。这种不谋而合的想法为进一步的磋商提供可能。说话人意图表明己方的诚意,达到传递交际意图的目的。这说明说话人既表现出向交际对象表达或进一步表达一组信息的行为,又表现出一种积极交流信息的态度。译员在翻译此话语时,须把这种积极交流的态度表达出来。此话语可译为:Your wish to establish long-term cooperative relations coincides with ours.

文化语境指与言语交际相关的社会文化背景与社会距离,其在跨文化交际中起着重要作用并以最深刻微妙的方式影响着人们的行为,常常极大影响句子的意义。因此口译过程中应充分考虑源语和目的语的文化语境,采用合适翻译方法,只有这样才能实现用一种语言把另一种语言所表达的思想内容准确而完整地重新表达出来。

例3:济公劫富济贫,深受穷苦人民爱戴。

译语:Jigong,Robinhood in China,robbed the rich and helped the poor.

济公在中国人民心中是劫富济贫的大好人,但西方人未必了解。译者通过与英美文学中的罗宾汉相比,使西方读者产生一种熟悉和亲切感,从而实现有效的交际。

例4:"去哪里,王叔?"

译语:Hi/Hello/Good morning.

这句话带有浓厚的中国文化色彩。我们人都知道,在中国,人们见面相互打招呼时。人们常用"某某,去哪里?",并不是真的想知道去哪里的具体位置,而只是一种寒暄,一种打招呼。因此译员可以向听话人明示这是一种问候语。因此,不能译成为"Where are you going, Uncle Wang?"而是"Hi/Hello/Good morning"等问候语。

例5:中国古代思想家孔子说过:"己所不欲,勿施于人。"

(摘自《促进共同发展共创美好未来》—2013年6月5日习近平主席在墨西哥参议院的演讲)

译语:The ancient Chinese thinker Confucius once said:"Do not do to others what you would not have them do to you."

"己所不欲,勿施于人"引自孔子的《论语》,是指自己所不愿意要的,不要强迫的加在别人身上。这个句子当中"欲"和"施"是关键字,如果译员对于孔子文化不了解,那么就不能找到恰当的动词来表达出源语者的信息意图。译者在理解弄通这句话的意思之后,采用了一个恰当的从句来表达。英语和汉语习语之间的转换是由于巨大的文化差异,由于文化的差异,找出相应的习语翻译对译员来说是非常困难的,因此日常文化积累成为一名合格的翻译所应具备的一个必要条件。

关联理论作为语用学发展中一个很新的理论,认知语境对理解、解释以及进行任何这两种语言的互译,特别是对这两种语言的口头互译,有极大的启示。译员在明确了源语者的信息意图后,利用其一定的文化积累、对于语境假设的建立及对源语者惯用的语言习惯的了解,对具体的语境进行推测,推导出源语者信息意图背后的交际意图。口译中译员对话语的理解过程是一个复杂的认知心理过程,这种复杂性表现在言语交际受制于交际场合和社会、文化因素,也表现在交际双方在特定交际环境中的语境假设能力及推理能力。因此,口译理解能力的提高实际上依赖于译员对交际环境中诸多因素的积累、掌握和利用的程度,译员如果善于调动和捕捉相关知识,善于创造和寻找关联性语境,便能迅速而准确地获得最佳语境效果,这正是关联理解给予口译信息处理的重要帮助。

二、口译的交际维

(一)口译三元动态

口译的过程分为三个阶段:从信息的感知开始,经过加工处理,再将信息表达出来。口译交际是一个明示推理过程,而口译则包括两个这样的过程。第一个过程中,译员与源语讲话人形成交际双方。源语讲话人将信息输入给口译员,译员感知信息后进行信息处理,从认知环境的所有假设中选出符合原交际者意向的假设,结合自己原有的图式进行瞬间的合成。第二个过程中,口译员和目的语听众又构成交际双方,口译员把经过推理合成的信息传递给受体。由此可见,译员、源语讲话人、目的语听众之间形成了三元交际关系。

从下图 3 - 2 就可以看到口译是一种动态的三元关系。A 方与 B 方要完成交际的目的必须通过 C 方的转换来实现的。A、B、C 三方构成了说话者、听话者和中介的系统工程,A、B 双方的沟通采用的是不同语言,C 方在转换中起着中介作用。首先,A 方与 C 方形成交际的主客体,A 方把要传递给 B 方的信息输入给 C 方,C 方根据语境假设进行理解后从认知假设中选出源语交际者意向的假设,结合自己原有的认知进行关联推理,并把这种关联性推理输出给 B 方;其次,C 方与 B 方又构成交际的主客体,B 方接受由 C 方转换的 A 方信息后,把自己的交际意图传递给 C 方,C 方再进行解译,又输出给源语交际者。A 方和 B 方各自的谈话是一种交际对等信息,而非针对 C 方的,C 方只是在言语交际的整个过程中不断进行输入与输出的中介,在整个交际过程中起着信息转化的作用。其三元动态系统见下图 3 - 2:

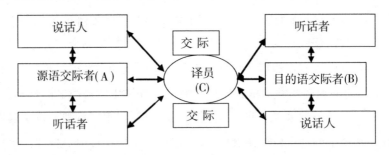

图 3 - 2　口译三元动态关系

(二)关联理论下的口译交际

按照关联理论和关联翻译理论,口译可被看作为一种明示—推理的交际过程或行为。在这个过程中,说话人、译者和听话人三者都存在着一定的交际,而这种交际是分为两种的,一种是说话人或听话人和译者的直接交际,另一种是说话人和听话人之间的间接交际。在第二种交际中,说话人与听话人之间的交际必须借助译者对两种语言的加工才能实现,这也是口译的交际维所体现的特点。关联翻译理论为交际的实现提供了多种翻译策略,例如语义关联翻译法、语法关联翻译法、语篇关联翻译法和文化关联翻译法,这对于译者实现说话人和听话人之间的交际有很大的帮助。下面我们就从 2015 年 9 月 22 日习近平主席在西雅图出席第三届中美省州长论坛上的讲话口译为例来进行说明:

例 1:过去 30 多年,中美关系发展得益于两国地方和人民支持,未来仍然要依靠地方、造福地方。

译语:Over the past 30 plus years, the growth of our relations has been achieved with support of local governments and their people. Going forward, it will continue to draw strength from and deliver benefits to them.

在例 1 中译员在翻译时就充分考虑到了交际性的需要,使译语符合目的语听众的习惯,此处将源语"中美关系发展得益于两国地方和人民支持"译为被动语态"the growth of our relations has been achieved with support of local governments and their people",并将汉语的一个句子翻译成了英语的两个句子。这样的处理较符合英文目的语听众的习惯,这一明示推理的过程中译员主要采用的是语法关联,符合了目的语听众习惯被动语态和不在同一句中过多使用谓语动词的习惯,是一次有效的口译交际。

例 2:双方应该因地制宜,"八仙过海,各显神通"。

译语:We need to make full use of these strengths in our cooperation. Just as a Chinese saying goes, "When eight immortals crossed the sea, each showed their own magic."

在例 2 中译员在翻译时将"八仙"翻译成"eight immortals"这一翻译就要比译为"eight fairies"更容易让目的语听众理解,实现了说话者与听话者之间的交际,而实现这一交际的策略主要是关联理论中的语义关联。当然,译员在该句中单位断句也很成功。

例 3:"亲戚越走越近,朋友越走越亲"。

译语:Relatives and friends become closer if they visit each other more. This is also true for Chinese and Americans.

在例3中译员将习主席说的中国成语按照直译的方法翻译出来后，又加上了"This is also true for Chinese and Americans."这样一个句子，符合英文听众们的思维习惯，加上解释性说明使听众们感觉到一种亲近感，这句的口译主要采用的是语义关联来实现交际目的的。

例4：就业是各位省州长高度关注的问题，我们要通过开展这些合作，促进增长，创造就业，使人民受益。

译语：I know as governors, you are most concerned about employment. Cooperation in the above-mentioned areas will promote growth and create jobs, thus bringing benefits to our peoples.

在例4中译员采用了断句，也就是将一个汉语句子分成两个英文句子来翻译的做法，在第一个句子中译者增加了"you"做主语，拉近了说话人与听话人之间的关系，对"我们"采取删减的方式，是一次很成功的交际。此处译员主要采用的是文化的关联，因为比起中国人更注重集体的概念，美国人更强调个人的作用。

例5：中国人常说"只争朝夕"。西方人则讲究"行事要趁机会好"。

译语：Chinese people often say, "Seize the moment", while westerners believe in "making hay while the sun shines."

在例5中译员将源语中的两个短句和成一个英文长句，并将"行事要趁机会好"通过翻译复原成英文习语"making hay while the sun shines"。此处将两个中文短句合并为一个英文长句，这样翻译不仅符合目的语的行文习惯，也有效传达了说话人想要将中西文化进行对比的意图。将"行事要趁机会好"译为"making hay while the sun shines"这更易于听众的理解和接受，也是很好的关联交际处理方式。在该句的翻译中，译者主要采取的是语义和文化的关联实现说话人与听话人之间的交际。

口译不是简单地从一种语言到另一种语言机械的转换过程，而是译员通过全方位的思维分析、判断和推理，将原语中的交际信息和文化信息恰当地转述到目的语的动态交际过程。口译员作为原语讲话人与目的语听众之间完成交际和实现沟通的中介，是整个口译交际过程中精神最紧张、注意力最集中的角色。译员需要善于捕捉交际中各种有用信息，积极调动认知语境中的储备，巧妙运用上述推理思维策略以获得足够的语境效果,实现交际双方的交际意图,达到口译交际维的成功实现。

第三节 关联性口译策略的应用

口译员在口译过程中既是说话人的交际意图的接受者,又是向听话人传递说话人意图的交际者。在关联理论看来,口译员的任务是对说话人和听话人的认知语境进行推测并结合自身的语境假设对译语进行整合重建,以此实现说话人、译员和听话人之间的最佳关联。

一、预测性理解

官方记者招待会的召开主要是为大众媒体解答中国内部以及中国与他国乃至世界关系的有关问题。其内容多涉及中美经济合作、地区事务、两岸关系、中国的经济政策和中国政治体制改革问题等。许多话题都是紧跟时代潮流并且与社会发展有着很紧密的联系,如反腐问题、房价调控问题、食品安全问题、民生问题和环境污染问题等。其语言多具有正式、简洁和准确的特点。讲话者代表着政府和国家,所以在信息传达的准确性上有着高度的要求,并且其讲话内容多涉及数字、名称、术语等,所以在选词上也必须精准,以避免引起不必要的误解。

(一)源语信息

在关联理论的视角下,译员正确理解源语信息的前提在于译员大脑中是否有能与该信息意图产生关联的语境假设。如果译员在脑海中已经存在了相关的语境假设,在推理交际意图的过程中,就能够快速的建立信息意图与相关语境假设之间的联系,大大减小了译员付出的处理努力。反之,如果译员脑海中不存在相关的语境假设,那么译员就无法取得语境效果,无法取得信息的关联,导致漏译现象的出现。由此可见,译员可以通过语境假设的预测策略来扩充头脑中相关的语境,帮助降低推理行为中的处理努力,快速寻找最佳关联,从而加速译员理解源语交际意图的速度。

例1：取火莫若取燧，汲水莫若凿井。(2009 年 3 月 13 日温家宝总理在十一届全国人大二次会议记者招待会上的讲话)

译语：But we know full well that we'd better fetch a flint than beg for light-wood, we'd better dig a well for ourselves than beg for water from others.

2009 年两会记者招待会上，温家宝总理在回答金融危机问题时引用的诗句。该诗句出自于西汉初年淮南王刘安等编著的《淮南子·卷六·览冥训》，其大意为：想要获得火种不如自己去使用上古取火的工具，想要获得水就应该自己去凿井。如果译员对此典故不是很熟悉，应预测出当时温总理在此想要说明，在解决金融危机的问题上不能仅着力于危机的表象，而是要找到问题的根源所在。中西方在"生火、取燧"和"打水、凿井"上有着类似的文化背景，这样才能充分理解说话人的信息意图，从而进行合适的翻译。

例2：不畏浮云遮望眼，只因身在最高层。(2010 年 3 月 14 日温家宝总理在十一届全国人大三次会议中外记者见面会上的讲话)

译文：We have no fear of the clouds that may block our sight as we are already at the top of the height.

2010 年两会记者招待会上，温总理援引此诗来表明中美之间的关系。该诗出自于王安石的《登飞来峰》，我们都知道该诗的主要意思，看事物的角度不同评价就不同，若能够以一定的高度看待问题，就不会受到其他事物的干扰。而在此温总理引用此诗来喻指中美两国在处理双方关系上应站得高，将眼光放长远，不要为其他细枝末节的事物所干扰。通过准确预测出总理所要阐述的意图，现场口译员张璐较为准确地把握了口译源语信息的尺度，从而实现了译文传递信息的预期功能和交际目的。

(二)增补性口译

为使译文既能准确完整地表达原语的意义，实现其语用价值，再现其风格，又能符合译语表达习惯，口译的目的是使目标语听众充分理解发言者的表述。为了达到这个目的，在进行口译时可以适当增加符合目的语思维方式和表述习惯的描述，从而使听众更好地理解发言者要传达的涵义。中国古诗词常涉及一些意象与典故，没有一定文化背景的人很难理解其中的深意。译员通过增添他/她认为与源语内容相关的信息,可以帮助目标语听众更好地理解源语信息。增译是寻求最佳关联的一种策略,通过适当的增补单词或句子,不仅确保了译文内容的连贯性,明确传达出讲话者的意图,也是忠实于源语的表现。

例3:政如农工,日夜思之,思其始而成其终。(2011年3月14日温家宝总理在十一届全国人大四次会议记者招待会上的讲话)

译语:I do my job as diligently as a farmer tends to his field. I have it on my mind day and night. I work for a thorough planning from the start and I'm determined to carry it through to a successful end.

这是2011年温家宝总理答记者问时所引用的《左传纪事本末》中的诗句。意思是政事好像务农,需要日夜思考,要想到如何开始,又要考虑好怎样能使它取得完满的成果。温家宝总理强调虽然还剩两年的任期,但他清楚接下来要面临的工作仍然不能有丝毫的懈怠。现场口译员张璐女士在译语中增译了"diligently"和"thorough",不仅忠实地传达了源语的意思,也更好地表现出温总理为完成自己的工作,不辞劳苦、毫无怨言的奉献决心。

例4:人或加讪,心无疵兮。(2010年3月14日温家宝总理在十一届全国人大三次会议中外记者见面会上的讲话)

译语:My conscience stays untainted in spite of rumors and slanders from the outside.

2010年两会记者招待会上,温家宝总理在回答美国记者提及2009年哥本哈根气候大会上有关中国傲慢的传闻时引用了这句话。这句话出自刘禹锡的《子刘子自传》,大意是就算是他人对我进行故意的诽谤,也能做到心无瑕疵、问心无愧。温总理以此诗句表明中国一贯坚持自己的立场和原则,无论外界对于此事是何种评价与猜测,都不会因此而做出任何的改变。在此句口译中,现场翻译张璐准确地理解了温总理所要表达的精神,增译了"my conscience",以使译文更加贴近听众心理,并且根据英语的语言习惯用"in spite of"将两句话连接起来,为目标语受众补充了所需要的信息,帮助其更好地理解原文意义。

例5：入则恳恳以尽忠，出则谦谦以自悔。（2012年3月14日温家宝总理在十一届全国人大五次会议中外记者见面会上的讲话）

译语：When one is in office，he should discharge his duty conscientiously and when leaving office，he should conduct himself with humility and exercise self - reflection.

此句来源于元代张养浩的《为政忠告》，在关于臣子与君主的关系上，臣子在拜见君主时要履行其应尽的职责和义务，离开时要做到谦卑谨慎，不张扬。2012年两会记者会开始时，温家宝总理引用此诗来评价自己的工作。古诗词的特点之一是没有主语并且其内容所指通是泛指，此处译员增译了"when one is in office"和"when leaving office"使句子表意准确、结构完整，较为符合目标语受众的语言文化习惯。

中国古诗词语言简洁、内容凝练，对口译人员而言，中国古诗词的翻译难度较大。关联理论原则要求译员对说话人和听话人的认知语境进行推测并结合自身的语境假设对译语进行整合重建；实现说话人、译员和听话人之间的最佳关联。通过研究发现，关联理论对古诗词口译具有广泛的指导意义。本研究通过举例分析着重讨论了如何帮助译员快速理解说话人所引用古诗词的意图，采取合适的口译策略。口译人员作为交际双方的桥梁，应当不断地在说话人和听话人之间建立最佳关联，应针对交际双方的文化背景和认知语境，不断寻找的源语和译语的最佳关联语境，通过对原语的阐释和推理，把最接近于说话人真实意图的译语传递给听话人。此外，在上述口译案例分析中所提出的古诗词口译策略的两个方法，即预测性理解和增补性翻译，只是通过对官方记者招待会上古诗词的译法的总结与分析而得出的一部分策略，仍需扩大其研究范围，灵活运用各种口译技巧，寻求最佳关联，以实现信息传递和交流的目的。

二、关联性话语标记语的意境口译

（一）意境在口译中的体现

1. 关联意境理论解析

"意境"的理论基础是关联理论，但其丰富和升华了关联理论。从关联理论看,英语翻译要求译员以关联性为准则,从源语中找到"最佳关联"尤为重要,这其中意境起着很大作用。

找到最佳关联需要正确的推理,正确推理必须要有真实的前提,准确的推理形式,这都需要文化层面的审视衡量,根据自己认知语境中的语言知识,运用语境信息和源语所提供的逻辑信息寻找源语信息与语境假设的最佳关联,以听者受众的认知能力和期待为准则,对译语进行最佳关联性的取舍,最终将源语的意图和相关信息准确无误地传递给听者受众。

2. 口译中的意境

对于意境本身的意指、构成以及同其它相关范畴的关系等等多年来一直众说纷纭。但从概念发生的源头,我们就可以探寻到这一概念所包含的两个重要元素,即意和象。中华传统哲学独特的智慧给中华艺术指点了独特的意境之道,中华文艺遵循着中华传统哲学所铺设的发展变化,最终形成了独特的风貌。意境是一种具有中国文化品质的美学追求,其核心特质即为对宇宙人生终极本体之道的悟性和阐释。一旦我们把握口译意境的文化内涵和精神实质,便能赋予艺术意境以无限生机和魅力。

意境是成功地翻译必须达到的一个境界,是口译中必须表达和再现的层面。意境就是通过具体生动的形象描绘,把思想、激情熔铸于精炼鲜明的语言之中,寄寓在译者精心选择的意境之内。语言尽管各异,但它们同属一个家族人类交流的工具。要正确把握意境对翻译过程的作用,在口译时一定要把握好口译视角,即所处意境。译者在理解和接受源语时应感受源语表达的情感和描绘的生动画面,体会源语非定量的模糊性审美构成。译者应力图使自己的审美功能具有可变性,从而应对源语的信息,再现源语意境。如果将意境和意象混为一谈,则忽略了意境的特殊规定性。从审美活动的角度看,意境则是超越具体的有限的物象、事件、场景,然后进入无限的时间和空间,进而达到意境的体现。

(二)关联性话语标记语

自 20 世纪 80 年代以来,话语标记语成为各国学者十分关注的研究问题。首先从认知语用角度出发研究话语标记语的是 Blackmore,他在关联理论的框架下对话语标记语提出了自己的观点。Blackmore(1987)指出话语标记语的作用就是通过语境和语境效果的某些具体特征引导话语理解与设释。使用话语标记语就是要最大限度地减少对话语进行加工处理所付出的努力,从而获得最大的语境效果。同时,话语标记语在会议口译中发挥着重要作用。口译员可以通过使用适当的话语标记语来引导和限制听众话语接受者的推理过程。同时也帮助话语接受者付出最少的努力获得最大的语境效果,从而达到最佳关联。因此,对话语标记语在会议口译中的使用情况及其语用效果进行研究和分析对于意境口译研究具有一定意义。

话语标记语就是指诸如"therefore,so,moreover,because"等单个语词和"you know,you see,I mean"等语用表达式的用法。在话语的实际运用中,它们通常被称为连词、逻辑联系语、话语操作语、话语小品词、语用标记语等。根据Jucker&Ziv(1998)的观点,话语标记语有以下四个特征:(1)不影响话语的真值条件;(2)不对话语的命题内容增加任何新信息;(3)与说话的当时情形有关,但与被论及的情形无关;(4)具有表情功能,而不具指称、外延或认知功能。对话语标记语的研究始于20世纪70年代,但全面地对这一领域进行研究则始于20世纪80年代。第一个依据关联理论从认知语用角度出发研究话语标记与的是Blackmore,而后Rouchota借助关联理论对话语标记进行了进一步的研究。在关联理论的框架内,言语的编码意义被分为两种,即概念意义和程序意义。当话语编码的信息对话语的内容表现起作用时,该话语被认为是概念性的,它与话语的真值条件相关联;当话语编码的信息对话语含义的理解加以制约和引导时,该话语被认为是程序性的,它与话语的非真值条件相关联。话语标记语一般用作程序意义编码。它在话语中不影响话语的真值条件,又不对话语的命题内容增加任何新信息,但对话语的构建与理解有制约功能,从而引导推理和交际的成功。

口译是一种即席的双语间的口头转换活动。更重要的是口译是一个依赖语境的活动,一个词的意义必须取决于它所处的语境,若语境改变了那么这个词的意义也将随之改变。会议口译是更为正式的一种口译形式,更需要口译员对语境进行准确判断从而正确理解说话人的意图。因此,话语标记语在口译员的整个理解过程中起到了十分关键的作用,对意境口译的实现具有一定意义。

（三）关联性话语标记语的意境口译分析

关联理论可以帮助我们分析话语标记语在会议口译中的语用功能及口译员的意境处理策略。下面通过对 2013 年 3 月 9 日时任外交部部长杨洁篪在十二届全国人大一次会议举行的记者招待会上讲话的口译案例分析,总结出意境在话语标记语口译中的语用功能。

1. 制约功能

话语标记语最为重要的功能是制约语境和认知效果的选择。也就是说,听话者与说话者之间的认知语境是截然不同的,这时听话者在众多的语境假设中就会面临选择困难,因此就需要付出大量的努力对语境做出判断进而正确理解说话者的说话意图。所以,说话者或译者需要在口译的过程中通过使用话语标记语对语境假设进行限制和制约,消除听话人对话语的误解,减少推理过程中需要付出的努力,从而获得最佳的意境口译效果。

例1:杨洁篪:中方认为,日方应该正视现实,切实纠正错误,同中方一道,通过对话磋商妥善处理和解决有关问题,防止事态升级失控。

译员:The Chinese side believes that the Japanese side needs to face up to the reality, take real steps to correct its mistake and work with us to properly handle and resolve the relevant issues through dialogue and consultations so as to prevent the situation from further escalation or even getting out of control.

Fraser(1996)根据话语标记语的语用功能将英语中的语用标记语分为了四类:转换话题标记、对比标记、阐述标记以及推断标记。此处的现场译员使用"so as to"是一个转换推断标记,它很好地表达了句与句之间的逻辑关系,同时起到了很好的制约效果。

杨外长的话中并没有出现明显的话语标记语,这是因为汉语是一种"意合"的语言。句与句之间很少使用逻辑词,而说话者所要表达的逻辑则蕴藏在句子之中。作为母语为汉语的听话者可以很好的体会例句中的逻辑关系,即为了防止事态恶化,要通过对话磋商的方式妥善处理问题。然而,作为具有"形合"特点的英语来说,需要依赖关系词来表达句与句之间的关系。因此,若省略"so as to",听话者就要在推理中付出更多的努力来寻找句子之间的逻辑关系。另外,译员在翻译过程中使用了"增词"的翻译方法,增加了

"so as to"来引导听者处理信息的方向,对听者的推理做出了制约,帮助听者选择与说话人语境最为相关的假设,从而推动会议顺利的进行,达到意境化口译效果。

例2:杨洁篪:非洲人民期盼国家稳定发展,期待非洲国家联合自强,希望国际秩序公平正义中非的合作是契合了非洲人民的发展愿望的。

译员:The African people long for stability and development of their countries, and they want to strengthen Africa through unity and they hope to see a just and equitable international order. The growth of China-Africa cooperation is in keeping with the wish of the African people for further development.

例2 中的"through"是一个阐释标记语。在杨洁篪外长的原话中提到"联合自强",两个词是并列关系。然而,对于母语为中文的听者来说,"联合"与"自强"的逻辑关系虽没有明示出来,但通过推断可以得知非洲国家首先要团结一致而后才能获得独立和强盛。然而,为了能够使异语听众更好的理解句子含义,口译员添加了"through",对"strengthen"进行了限定,即获得强大的方式是"联合"。这样一来就会减少听话人推理过程中需要付出的努力,引导听话者选择最接近听话人意图的语境,实现意境口译效果。

2. 提示功能

在交际的过程中双方通过使用话语标记语可以为听话者提供理解说话人意图的话语线索或标记,从而使听话者在进行分析与加工过程中付出较少的努力而获得最佳的语境效果。

例3:杨洁篪:时代在发展,我们应该超越意识形态的不同,应该摒弃陈旧过时的观念,切实尊重照顾彼此的核心利益和重大关切。

译员:As our time keeps advancing, we need to transcend ideological differences and cast away outdated ideas, and truly respect and accommodate each other's core interests and major concerns.

此处的"as"是一个阐述标记语。杨外长的讲话里只提到"时代在发展"。母语为中文的听者可以很快判断出这句话的逻辑关系,即因为时代在发展,所以两国政府在观念上更应与时俱进。

虽然根据话语标记语的特征,去掉"as"并不影响话语的真值条件,但此句却很容易给听者造成误解。比如，"As our time keeps advancing, we need to transcend ideological differences and cast away outdated ideas…"和"Though our time keeps advancing, we need to transcend ideological differences and cast away outdated ideas…"表达了两种不同的意思。前者是一种因果关系，而后者则表示虽然时代在发展，但我们仍然在超越意识形态等方面做出努力。由此可见，"as"在这一例句中的重要性。因此，现场口译员在口译过程中用"as"明示了这句话的逻辑关系，减少了听者推理所需要付出的努力，从而能够获得最佳的语境效果。

3. 语篇连接功能

话语标记语的研究显示了其话语建构功能，可以标示话语单位的开始、结束或过渡，是一种语篇构建的手段。在语篇中话语标记语在句与句、段与段之间起到了桥梁和纽带的作用，能够展现语义关系和逻辑关系等信息，同时也标志着话语行为的语境关联。

例4：杨洁篪：各国在网络空间是一个你中有我、我中有你的"命运共同体"，网络空间需要的不是战争，而是规则与合作。

译员：All countries in this cyber space are in a community of a common destiny. And countries are closely interconnected. What this cyber space needs is not war but rules and cooperation.

例4中口译员明示出了说话者未表达出来的话语标记语。这些话语标记语的恰当使用使段落的表达语义和逻辑紧密的联系在一起，使语段更为通畅、明晰。口译中的两处"and"是阐述标记语。译者把首先翻译了"命运共同体"，后将"你中有我、我中有你"转义为"interconnected"，二个信息是同等重要的，没有主次之分，因此使用了并列连词"and"，来明示前后两句的关系。

另外，"not…but"是一个对比标记语。说话者和译者都注意到了对这一标记语的使用。"not"是对"战争"的一种否定，"but"之后是说话者想要强调的部分，即"合作"。所以这一对比标记语清楚的阐释了"战争"与"合作"的关系，使听者快速找到与说话者最为接近的语境，从而达到意境效果。

例5:杨洁篪:中国是国际体系的参与者、建设者、贡献者,我们将以更加积极的姿态参与国际事务,为使国际体系朝着更加公正合理的方向发展而发挥应有的作用。

译员:China has participated in and contributed to the building of the international system. We will be more actively involved in international affairs, and play our due role to make the international system more just and equitable.

例5中译员使用了"and",即阐释标记语。本例中杨外长并没有明示"参与国际事务"和"发挥应有的作用"之间的关系,但母语为中文的听者可以很容易的推理出二者的关系。这二者都是中国未来努力在国际事务中要扮演的角色,是并列的关系,但在译语听众看来这句话的逻辑关系不是很清楚。因此译员添加了"and"来明示前后句子的逻辑关系,起到了很好的纽带作用。这为听者更好的理解接下来的讲话做了很好的铺垫,这也是一种意境效果的体现。

关联性话语标记语在意境中有着丰富的语用功能,译员在会议口译的过程中充分、恰当的利用以上功能可以帮助说话者与听话者之间建立最佳关联,从而推动口译活动顺利的进行。

三、关联性口译理解策略

(一)口译关联过程

依据关联理论,口译过程的研究主要包括三部分:第一,意图的理解。第二,动态语境的建立。第三,最佳关联的建构。根据关联理论,在语言交际中,要依据话语的关联确定恰当的语境假设,从而正确地理解话语。口译既然是一种言语交际活动,那么交际中双方都对语境进行选择,而选择语境则是按照言语交际是否相关的原则进行的(Sperber & Wilson,2001)。口译员要选择相关的语境要素,组成特定的语言环境,从中快捷、有效地理解话语。语境是言语交际双方共同的前提,在关联理论中语境不仅仅指传统上的上下文和说话时的社交语境,它还是一组可以用来解释发话人意图的假设,涉及交际双方的各种信念设想、期待、记忆等。从 Dell Hymes 到 Halliday&Hasan,尽管学者们对语境要素归纳不同,总的来看它们都涉及到以下三个内容:上下文,即在话语推进过程中明白表达出来的一组假设;会话含义,即用语用原则推导出来的一组假设;百科知识,即涉及上述两类假设中相关概念的知识或经验。语境是一个变量,也是一个心理结构体。何自然和冉永平(1999)认为语言的交际过程就是一种认知语境假设的参与过程,其中涉及语境假设的选择、延伸、调整与顺应等,它可以揭示交际的认知状态,也就是说话人与听话人在认知上越是趋同,交际就越容易成功进行信息处理,人们会尽量以最少的努力去获取最大的认知效果,即人类认知以关联(尤以最大程度的关联)为取向。推理时所付出的努力越少,语境效果越好,关联性就越强;反之推理所付出的努力越多,语境效果就越差,关联性就越弱。

　　所谓关联就是指其中的认知与推理过程。这个过程包括两个方面,即语境效(Contextual Effects)和在推理中付出的努力(Processing Effort)。当新出现的信息与听话者头脑中已有的信息(即语境假设)产生相互作用时,听话者便以这两种信息的共同作用为前提来推出合乎逻辑的结论,这就获得了新的语境效果。(马霞,2008)由此可见,口译过程语境效果的产生离不开推理方面付出的努力。如果话语信息与语境假设的关联性越强,在推理时所付出的努力就越小;如果话语信息与语境假设的关联性越弱,话语推理时所付出的努力就越大。根据这一理论,口译人员对话语理解的前提是,其头脑中是否拥有与话语信息发生联系的语境假设。这就是关联理论提供给口译理解的重要启示之一,只有当译员的大脑中已经具备或者能够形成与所接受的话语信息相互交叉的部分,话语理解才能取得成功。交叉的程度越高,推理所耗费的时间和努力就越少,理解的难度也随之降低。这样以来理解的速度和质量就越高;反之,交叉的程度越低,理解的效果就越差。倘若完全不交叉,那么交流就会中断。因此,提高口译理解速度和质量的策略在于译员应当尽量建立或寻找和话语信息密切关联的语境假设。口译关联过程见下面图 3-3:

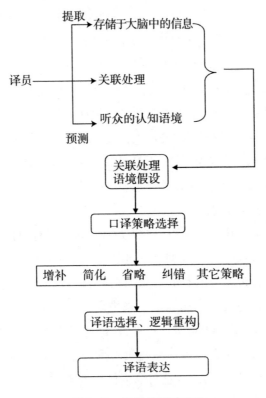

图 3-3 口译关联过程图

(二) 口译关联过程策略分析

在真实的口译过程中,关联理论的应用十分普遍、广泛。下面将从实际的口译例子中深入分析该策略的应用。下面节选了习近平主席在纪念抗日战争胜利七十周年大会上讲话的同传译文作为中英口译的分析:

例1:这一伟大胜利,开辟了中华民族伟大复兴的光明前景,开启了古老中国凤凰涅槃、浴火重生的新征程。

译语:This great triumph opened up bright prospects for the great renewal of the Chinese nation and set our ancient country on a new journey after gaining rebirth.

这句话是习近平主席在纪念抗日战争胜利七十周年上的讲话。同传译员在口译过程中,将"凤凰涅槃、浴火重生"利用关联原则,进行语境假设,与自己已有的认知达成最佳关联,并结合目的语听众的认知及语言习惯,归化翻译成

"the great renewal 和 gaining rebirth", 没有直接翻译原文, 而是在理解其内在含义的基础上, 直接表达出意义。

例2: 今天, 和平与发展已经成为时代主题, 但世界仍很不太平, 战争的达摩克利斯之剑依然悬在人类头上。

译语: Today, peace and development have become the prevailing trend, but the world is far from tranquil. War is the sword of Damocles that still hangs over mankind.

源语中"战争的达摩克利斯之剑"源于希腊神话, 人们常用来比喻随时可能发生的潜在危机。同传译员在处理这一信息时, 了解到听众的认知文化中是理解该神话的, 所以他就没有对"战争的达摩克利斯之剑"这一表达做任何删改, 直接传达信息内容, 即"War is the sword of Damocles"。

例3: 偏见和歧视、仇恨和战争, 只会带来灾难和痛苦。相互尊重、平等相处、和平发展、共同繁荣, 才是人间正道。

译语: Prejudice, discrimination, hatred and war can only cause disaster and suffering, while mutual respect, equality, peaceful development and common prosperity represent the right path to take.

根据关联理论, 现场同传译员结合听众的语言表达及逻辑习惯, 重组译语, 进行情景假设, 以实现最大的关联, 取得了信息的准确传达。

例4: 前进道路上, 全国各族人民要在中国共产党领导下, 坚持以马克思列宁主义、毛泽东思想、邓小平理论、"三个代表"重要思想、科学发展观为指导, 沿着中国特色社会主义道路, 按照"四个全面"战略布局, 弘扬伟大的爱国主义精神, 弘扬伟大的抗战精神, 万众一心、风雨无阻, 向着我们既定的目标继续奋勇前进!

译语: Going forward, under the leadership of the Communist Party of China, we, people of all ethnicities across the country, should take Marxism – Leninism, Mao Zedong Thought, Deng Xiaoping Theory, the important thought of Three Represents and the Scientific Outlook on Development as our guide to action. We should follow the path of socialism with Chinese characteristics, pursue the four – pronged comprehensive strategy, promote patriotism and the great spirit of resisting aggression and forge ahead as one to reach our goals.

此口译过程中, 译员没有盲目地依据汉语的语言习惯来表达, 而是依据关联理论,结合目的语听众,即西方听众的语言表达及逻辑思维,进行情景假设,对源语进行了结构调整、重组,以实现最大的关联,使信息得到准确传达。

下面是奥巴马总统在每周电台演讲中的英中口译例句:

例5:When the bomb went off,Flo was badly injured,and four of his comrades were killed. But many more were saved because of Flo's sacrifice.

译语:炸弹爆炸后,弗洛伦特受重伤,他的四个战友也牺牲了。但更多的人因为弗洛特的牺牲精神而存活了下来。

译员在处理这段表达时,结合已有认知,对源语信息进行关联。而且为了符合目的语听众的认知语境,译员采取了归化的口译翻译策略,更好的传达了说话人所要表达的信息及情感意图。

随着我国国际地位的不断提高,与其他国家的交往日益增多,跨国文化交流不断增强,口译作为沟通文化交流的重要手段之一越来越重要。这就使得口译员作为交际双方的桥梁,对发话人话语的理解和意义的选择就显得尤为重要。而关联理论从认知的角度恰好可以给研究口译过程的进行提供一个科学的依据和指导,解释口译员在口译活动中的认知推理过程。首先要对说话人的话语进行理解,即要理解说话人的交际意图,这就需要口译员了解说话人各种相关的因素,比如文化背景,生活方式,讲话的场合及目的等等,同时译员需要结合自身大脑中已有的认知,并与短时记忆中的知识相结合,选择最恰当的即时动态假设语境,寻找话语中的最佳关联进行译语重建,继而实现交际双方成功的理解与沟通。

参考文献

[1]AH,Jucker&Y,Ziv. Discourse Marker:Description and Theory[C]. Armsterdam:John Benjamin,1998.

[2]Blackmore. Semantic Constrains on Relevance[M]. Oxfird:Blackwell,1987.

[3]Fraser,B. Pragmatic Markers[J]. Pragmatics,1996(6).

[4]Gutt,Ernst-August. Translation and Relevance:Cognition and Context[M]. Oxford:Basil Blackwell,1991.

[5]Rochouta, Villy. Procedural Meanings and Parenthetical Discourse Markers[A]. Armsterdam:John Benjamin,1998.

[6]Sperber,Dan&Deirdre,Wilson. Relevance:Communication and Cognition [M]. Oxford:
　　Blackwell,1986.

[7]Sperber,Dan&Deirdre,Wilson. Relevance:Communication and Cognition[M]. Foreign
　　Language Teaching and Research Press,2001.

[8]黑玉琴.从关联理论看口译过程中的最佳意义选择[J].外语教学,2003(6).

[9]何自然、冉永平.话语联系语的语用制约性[J].外语教学与研究,1999(3).

[10]罗靖.论语境对话语中词汇理解的影响[J].西安外国语学院学报,2004(1).

[11]马霞.关联理论与口译策略研究[J].国外理论动态,2008(5).

[12]莫爱屏.话语标记语的关联认知研究[J].语言与翻译,2004(3).

[13]齐涛云.关联理论观照下的口译笔记[J].民族翻译,2011(4).

[14]肖文学.关联理论对口译的解释力[J].兰州交通大学学报,2012(2).

[15]芮敏.关联理论与口译理解策略[J].四川外语学院学报,2000(3).

[16]张秀娟、赵平垣.意境理论的流变过程及其现代阐释[J].石河子大学学报(社
　　会科学版),2006(3).

[17]赵彦春.关联理论对翻译的解释力[J].现代外语,1999(3).

[18]张亚非.关联理论评述[J].外语教学与研究,1992(3).

[19]话语标记语与认知语境的关联理论.百度文库,2011 – 10 – 24.

思考题:

1. 影响口译过程的信息处理有哪些因素?

2. 口译过程的交际维与笔译过程的交际性有何异同?

3. 关联性话语标记语在意境中如何表现出来的?

4. 在语境假设条件下如何使口译员的大脑认知信息与听众的认知语境得
　　到最大关联?

5. 关联口译策略与归化和异化翻译策略有何异同?

第四章

图示理论下的口译过程研究

第一节　图示理论的起源及发展

口译是一种通过口头表达形式,将所感知和理解的信息准确又快速地由一种语言形式转换成另一种语言形式,进而达到完整并即时传递、交流信息之目的的交际行为。从口译的过程和特点来看,口译要经历听(感知信息)、理解(解码)、记忆(重新编码和存储)和表达(信息输出)等过程,具有即席性、现场气氛压力大、主题范围广、内容包罗万象等特点。近年来,口译研究呈现出跨学科交叉的特点,涉及认知科学、心理学、跨文化交际等众多学科。口译研究不应停留在表层的语言转换方面,更应着力对口译内部的机制进行深入考察与分析,如口译思维理解机制、口译心理预测机制等。由此可见,从认知角度来研究口译过程已是发展趋势。图示理论正是认知心理学家们用以解释心理过程的一种理论,是现代认知语言学中的一个热门话题。本章尝试探讨图示在口译过程中的能动性交互工作原理以及它在口译过程的应用。

一、图示理论概述

（一）图示理论的起源

图式(Schema)这一概念的起源可以追溯到 18 世纪,1781 年德国哲学家康德提出了认知图式的概念,认为概念本身并无意义,只有当它与人们已知的事物相联系时才产生意义。

在近代心理学研究中最早对图式给以理论上高度重视的是格式塔心理学。瑞士著名的心理学家、教育家皮亚杰长期研究图式概念,并将图示分为三类:语言图示、内容图示和结构图示。(付海亮等,2014)语言图示指人们对语言的掌握程度,包括语音、词汇和语法等基础知识;内容图示指有关文本内容的背景知识;结构图示是有关文本的各种修辞结构的背景知识。

心理学家皮尔森认为,图式是人们听到或读到某些信息时脑海中产生的景象或联想(L. Pearson,1982)。库克则认为,图式是头脑中的先存知识或背景知识(Cook,1989/1994)。交际语言学家威多森认为,图式是已知事物或信息存储于头脑中的知识结构(Widdowson,1988)。到20世纪80年代美国人工智能专家鲁梅哈特把图示理论发展成为一种系统完整的理论。该理论指出:任何语言材料,无论是口头的还是书面的,本身毫无意义,它只指导听者或者读者如何根据自己原有的知识恢复或构成意思,即人们在理解新事物时,需要将新事物与已知的概念、过去的经历,即背景知识联系起来(D. E. Rumelhart,1980)。

现代图式理论是在信息科学、计算机科学深入到心理学领域,使心理学中关于人的认知的研究发生了深刻变化之后于20世纪70年代后期发展起来的。概括起来,现代图式理论主要有以下要点:(1)图式描述的是具有一定概括程度的知识,而不是定义。(2)图式有简单和复杂、抽象和具体、高级和低级之分。(3)图式不是各个部分的简单机械相加,而是按照一定规律由各个部分构成的有机整体。(4)图式是在以往经验的旧知识与新信息相互联系的基础上,通过"同化"与"顺应"而形成的,是以往经验的积极组织。

图式理论就是要求对信息进行以下处理,即信息接受、信息解码、信息重组、和信息储存。图式理论被德国心理学家巴特利特正式引进心理学领域之后,又经计算机科学、控制论和信息论的理论熔炉冶炼,演变成为一种心理结构。该结构由许多相互联系、相互作用并结合成一个有机体的一系列一般知识所组成。图式具有一般性、知识性、结构性、综合性等特点。

20世纪80年代中期以后,由于人工智能科学对心理学研究的影响,安德森等人把图式理论作为认知心理学的一部分进行了更为深入的研究,他们认为,图式是信息在长期记忆中的储存方式之一,是围绕一个共同题目或主题组成的大型信息结构,它比命题网络的范围广。典型的图式结构是分层次的,信息子集包括于范围更广的概念之中。(Anderson. J,1985;许俊、朱若葳,2010)。

认知理论认为图式理论是认知的基础,在大脑中形成后会对以后获得的信息进行重新组织,理解和记忆。人们在理解、吸收、输入信息时,需要将输入信息与已知信息(即背景知识)联系起来。对新输入信息的解码、编码都依赖于人脑中已存的信息图式、框架或网络。输入信息必须与这些图式相匹配,图式才能起作用,完成信息处理的系列过程,即从信息的接受、解码、重组到储存。由此可见,口译员头脑中已储存的知识对他们吸收新知识的方式和运用效果起着关键作用。

尽管学者们对图示的定义各有侧重点,但是他们一致认为图示是储存在人脑中的一个极为复杂而井然有序的信息网络,该网络包含语言知识和百科知识。人们在理解、吸收和输入新信息时需将输入信息与已有图示联系起来。按照社会心理学的解释,图示是代表个人对事物、人或环境的知识的认知结构,它包括对所认识的对象的特点以及这些特点的相互关系的认识。

(二)图示的分类

根据图式理论,人们在理解新事物的时候,需要将存储在记忆里与以往类似的经验和新的经验进行比较,利用背景知识重新组织起来。一般来说,图式分为语言图式(Linguistic Schema)、内容图式(Content Schema)和结构图式(Structure Schema)。

1. 语言图示

语言图示是人们已经具备的语言知识,可以是语音学,词汇学,句法学,或词义学各方面的知识,缺乏语言图示会阻碍对语言的理解。语言图示是口译的基础,没有语言图示会阻碍基本的理解过程。学习者对于语音、词汇、语法、习语固定表达法等语言知识的记忆存储。它是其它两种图式的基础,一个优秀的口译员只有具备扎实的语言图式才能更好的理解已知文本,才能实现翻译中的每个步骤。语言图式是语音、词汇、短语、句子结构和语法等认知解码必需的因素。因此译员的语言图式越多,其获取信息的能力就会越快,从而达到良好的翻译效果。

2. 内容图式

宏观上来说内容图式就是所处理的语言中有关文化方面的知识背景,还涉及到关于实际知识、价值观念和文化知识的表征体系,也称之为文化图式。内容图式涉及听者过去的生活经验以及头脑中对事物固有的抽象观念,也指对一定主题的概括或具体的背景知识,涉及社会、文化、经济、政治以及不同风俗习惯等。

内容图式是以文本内容以外的语言知识、背景知识推理及互动为主要内容构建起来的各种内容知识的存储。主要包括两个方面:第一,信息知识的生活方式、社会习俗、法规等特定的文化或亚文化;第二,源语文本中所涉及到的学科或专业学科相关的知识。总的来说,背景知识可以弥补对译员的能力缺陷,即弥补语言图式不足的缺陷,当图式各个成分不足时,已有相关该文本的知识可能被调动起来作为所缺图式的填补和累积,从而帮助译员更好的理解源语文本,传达准确的信息。

3. 结构图式

结构图式是口译文本的修辞结构、语篇类型和体裁结构,也叫形式图式,主要指针对不同的文本组织形式,涉及到不同修辞结构。不同类型的文本为译员提供了帮助,译员可以针对不同的文本来选择其语言特点。例如,科技文本多用被动语态,语言严谨;广告语言简洁,幽默,夸张;法律文书语言句式的使用也是严谨,准确,避免歧义。因此,译员在翻译过程中不仅要准确传达出源语言的意思,其语气、语境也是另一个需要传达的方面。

(三)图示的三维关系

语言图示指人们对语言的掌握程度,包括语音,词汇和语法等基础知识;内容图示指有关文本内容的背景知识;结构图示是有关文本的各种修辞结构的背景知识。在认知心理学中,信息处理最基本的两种方式为自下而上式(Bottom-up Processing)和自上而下式(Top-down Processing)。其理论依据是人的认知系统组织具有等级性,最下方是最基本的感知系统,最上方是最复杂的认知系统。自下而上式指人的认知系统自下而上处理获得的感官信息,直到这种信息与我们长期记忆中的信息相匹配;自上而下式指人的认知系统自上而下处理信息,其中根据过去的知识积累或者语境做出的预测发挥了重要的作用。图示在这两种信息处理方式中都发挥了重要作用,因而图示对理解产生了重要的影响。只有接收的信息激活长期记忆中的相关图示才能产生理解;相反,如果该信息没有激活图示或者我们的长期记忆中并没有相关图示的存在,就没有理解的产生。口译中理解过程的三维关系如图4-1所示,显示了语言图式为主的自下而上和以内容图示、结构图示为主的自上而下的一个理解过程。

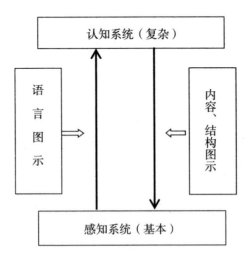

图4-1　口译过程的三维关系

图式理论对语言信息的处理有"自下而上"、"自上而下"和"相互补充"三种处理方式。"自下而上"是由刚进入认知理解系统的具体信息启动,这些具体信息激活最具体最底层的图式,理解过程因此从最具体最底层的图式的示例化开始,这样从具体到抽象自下而上进行,以高层次或较抽象的图式的示例化或形成而结束。相反,"自上而下"从高层次的图式和背景知识开始,以它们来预测、推测、筛选、吸收或同化信息,并以形成抽象化的结果结束。然而两种信息处理方式是在分析和理解过程的各个层次上相互补充同时发生的,其三维关系是一种网络结构,构成了口译过程的系统工程。

上述三维关系中,内容图式(文化图式)具有具足轻重的作用。它是人脑中关于文化的知识结构块,是人脑通过先前的经验已经存在的一种关于文化的知识组织模式,可以调用来感知和理解人类社会中的各种文化现象。根据这个解释,我们不难发现文化口译就是要理解并编译(Decoding)源语中的文化图式,然后重建(Reconstruction)译入语中相关的文化图式。这就要求口译人员能够通过自己头脑中的文化图式信息来解译源语中的文化图式,且译入语中文化图式的重建要能激活起译员头脑中的文化图式信息。只有做到这两方面,口译才能表达出原讲话的全部内容,并且易于听懂,文化图式的重构过程见下图4-2。

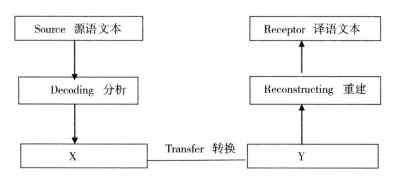

图4-2 文化图式的重构模式

口译实践就要求口译员必须十分重视文化图式(Cultural Schema)在口译活动中所产生的积极作用,利用好文化图式就会促进口译工作的顺利开展,就会使口译工作事半功倍。

二、图式理论与口译过程

(一)口译的特点

口译是一种通过口头表达形式,将所听到的信息准确而快速地由一种语言转换成另一种语言,进而达到传递与交流信息之目的的交际行为。它是人类在跨文化、跨民族交往活动中所依赖的一种基本的语言交际工具。口译的语体特点是口语体,它的特点表现在:(1)它是一种即席双语转换活动,要求译员有高超的即席应变能力和敏捷的现场表达能力;(2)口译现场氛围压力大;(3)译员的独立操作性,译员必须独立的处理可能碰到的各种问题;(4)译员语言综合能力的多样性;(5)信息交流的广泛性和衔接性。

从口译过程的内容上看,口译主要由听(感知信息)、理解记忆(解码、重新编码和存储)和表达(信息输出)三个重要步骤构成。口译的整个过程其实就是输入信息与图式相互作用的过程,有效的理解不仅要求译员理解单词,句子和整篇文章,而且要将所接收到的信息与相关的背景知识联系起来。

口译理论研究者通过实验的方法对背景知识在口译中所担当的角色进行了研究,实验结果表明:(1)背景知识与口译成效呈正比;(2)有无背景知识可能导致口译成效的显著性差异;(3)口译成效与语言水平相关,但语言缺陷可以通过激活图示的能力来补偿。(刘件福,2001)

图示理论认为人们在对新信息的解码、编码、存储和提取有赖于人们大脑中已有的图示。此外,在我们认知上很忙或者很分散的时候,图示的作用就更大了,它可以帮我们合理分配认知资源到相应的认知对象上去,从而降低认知压力,提高认知效率。由此看来,口译作为一种认知压力大的活动,图示的作用不言而喻。

(二)图示理论在口译活动中的功能

1. 图示理论与口译理解

(1)图示理论有助于词义的选择和确立

英语中有很多多义词,那么在口译过程中该如何确立和选择正确的词义呢?相关背景知识图示能帮助口译员排除歧义,限定可能出现的意义范围。口译员一旦激活与原语的主题、语境等相关的知识,便能对源语信息进行语义筛选、推理整合等认知层面的加工进而破译生词、难句。

如在一次主题为"经济危机对企业的影响"的口译活动中有这么一句话"Mr. Jackson suddenly failed, all his hands were turned off."这里的"fail"、"hand"和"turned off"在英语中都是多义词。"fail"有"失败、考试不及格、缺乏、衰退、破产和倒闭"等意义;"hand"可以表示"手、积极的帮助、钟表的指针、从事体力劳动的工人"等意思;"turned off"可表示"离开一条路而走上另一条路、使某人厌烦、截断、关上"等意思。这时口译员应选择哪个意思呢?这时背景知识图示发挥了作用。若能及时激活"经济危机给企业带来的影响"图示的次图示,如"导致企业破产""裁员""员工下岗"和"失业"等,口译员便马上可以确定这三个多义词分别是"破产倒闭""工厂职员"和"解雇"的意思,故这句话可译为"杰克逊先生的公司突然破产,工厂的所有职工都被解雇"。

（2）图示为口译预测提供依据

Anderson（1984）等学者认为语言理解具有"立即释义"（Immediate Interpretation）特征,也就是说,听话人在听到一个单词后,释义（或理解）就已开始进行,而不必等到听完整句话,甚至不必等到听完含该单词的短语。在口译中这种策略被称为"预测"。口译中的预测是一个分析综合和逻辑推理的过程,也是先存信息和新信息加工整合的认知行为。语言图示使译员能够预测出发言人的具体措辞,能够在语段中某个词尚未出现或某种语言形式尚未表达完整之前便预测出该词的词义或该语言形式所包含的信息。例如口译员在听到"为建设一个和平、繁荣、稳定、美好的世界"后就可以马上预测出后面的内容—"做出不懈的努力",这样节约了时间和精力,而不需要等待发言人讲完整个句子后才开始翻译理解。

此外,背景知识图示一旦被激活便有助于口译员对语篇所要表达的意思进行预测,把握发言内容的大体走向。特别是礼仪祝辞类演说,口译员可以根据语类结构图示对将要聆听和口译的发言进行话语分析,对发言内容进行有的放矢的预测。如在奥巴马总统上海科技馆的演讲口译训练前,教师可让学生对这篇演讲的框架先进行预测。学生激活已掌握的礼仪祝辞类演说的语类结构图示便可以预测到这篇演讲的语类结构特征包含以下五个部分:尊称、表示美好感情（如欢迎、感谢、祝贺、荣幸、愉快等）、表达善意（恭维、幽默等）、主体部分（与主题相关）、表达希望或期许等相关内容负。

2. 图示理论有助于减轻记忆负荷

Bartlett（1932）曾指出,记忆不是死记硬背,也不是什么再创造过程,而是一个先存信息的各个组成部分。口译记忆是译者将听到的新信息与大脑中已有的信息进行比较、匹配和分类存储的过程。口译员头脑中已有的语言知识结构或图示是认知和记忆语言的重要保证,若文本内容与图示相匹配,口译员便能抓住发言人的思路,在记忆中搜寻相关信息,注意力能够高度集中,更容易从正确的角度去理解并记住发言的要点。被激活的图示就像是一个恢复计划,唤起图示中的某条信息。在理解文章时被激活的图示在恢复尝试中就起到了一个组织、整合的作用,使得这一过程自动、快速,因此能够简化记忆过程。

3. 图示理论有助于目的语输出

内容图示会影响口译员对接受到的信息的推理,能使口译员在发言人尚未结束讲话时便猜测出目的语表达方式。

如奥巴马在上海复旦大学的演讲中提到:"Here, in Shanghai, we see the growth that has caught the attention of the world—the soaring skyscrapers, the bustling streets and entrepreneurial activity"。由于不能确定"soaring"、"bustling"、"entrepreneurial"这几个形容词在该句中的具体意思,口译员在口译后半句时可能会出现卡壳或误译问题,分别会译成"许多高楼大厦"、"宽阔的街道"、"娱乐活动"。这种情况下,如果能激活译员大脑中关于本演讲的背景知识以及前面半句提供的语境图示—"上海是中国第一大城市和经济、金融中心"以及一些次图示如"上海高楼林立"、"街道繁华"、"商业活动繁忙",译员就不难猜测出这三个词分别表示"高耸入云的"、"繁忙的"、"与企业有关的,商业的"意思。

由此我们可以将图示的基本功能归结为构建、推论、搜索和整合。口译过程中译员并不是把知识从外界搬到记忆之中,而是以已有的知识经验为基础,通过与外界的相互作用来构建新的理解。进言之,人们对客观事物的理解是利用图示从客观事物中抽取出其特点、本质或者基本的东西,并构建起它们之间的联系。正如数学推导变量一样,译员可以利用图示的变量间内在联系,推测出那些隐含的或未知的信息,因为它们对知识的获得或理解起着重要作用。利用图示形成目标指向性或做出预测,从而积极主动地寻找有关的更多信息。当译员在口译过程面临问题时,就在已有认知结构中搜索与解决问题有关的思维组块,借以分析、比较、综合,达成知识的沟通和应用,导致问题的解决。最后译员将新输入的信息纳入图示的框架中,与相应变量联系起来,使变量具体化、融为一体,达到有效输出的状态。

第二节　基于图式理论的口译策略

目前,有关口译策略的研究已有很多,同时也取得了很大的成就。但迄今为止,对基于图式理论的口译策略研究为数不多。所以,我们在基于语言图式、内容图式和结构图式之上研究口译策略,以期提高口译的的效率。基于不同的图式,口译员要采用不同的翻译策略。

一、口译策略选择与分析

（一）基于语言图式的口译策略

下面的例句节选自2015年10月20日英国女王伊丽莎白二世在白金汉宫举行盛大欢迎晚宴欢迎习近平主席夫妇访英的演讲致辞:

例1:We were struck by the energy and enthusiasm with which China's leaders were forging ahead with a new and ambitious future for the Chinese people;

译语:为了给中国人民缔造一个崭新、光明的未来,中国领导人殚精竭虑、热情高涨,深深打动了我们。

对于中义里无法一一对照的形容词,译员要进行省略和筛选词汇等口译处理策略,本句中译员的处理着眼于语言结构的调整来寻求源语与译语的对等。

例2:Your visit to the United Kingdom marks a milestone in this unprecedented year of co-operation and friendship between the United Kingdom and China, as we celebrate the ties between our two countries and prepare to take them to ambitious new heights.

译语:您对英国的访问,对于今年这一英中两国合作和友谊的前所未有的年份来说,是一个重要的里程碑。今后要将两国关系推向新的台阶、更高的水平、更上层楼。

这里的"celebrate"不是真正说要"庆祝",只是一种搭配而已,口译中可以灵活处理,可译也可不译;"ambitious"是英文的修辞,不需要译出,后面的部分意思就是"我们两国关系发展良好,今后要将两国关系推向新的台阶、更高的水平、更上层楼。"

例3:I was delighted that my grandson Prince William was able to witness these changes during his first visit to China earlier this year. Like myself and Prince Philip, he visited not only your great cities of Beijing and Shanghai but also the beautiful province of Yunnan, and saw at first-hand the strong connections which bind our two countries together,be they in culture,education or business.

译语:我很高兴我的孙子威廉王子在他年初第一次访华得以见证这些改变。像我和菲利普王子,他不仅到访了北京上海这样的大城市,还去了美丽的云南省,亲眼见证了两国之间文化,教育以及经济方面的密切联系。

这段话中划线部分的动词"saw"被隐藏起来,译成"见证了我们两国在文化、教育以及经济方面的密切联系。"因此,基于口译过程中类似无法一一对照的词汇,采用语言结构口译策略,即运用语言图式调整策略可以较好地处理类似的口译文本。

(二)基于内容图式的口译策略

例1:中国是世界上最大的发展中国家,一直是世界减贫事业的积极倡导者和有力推动者。(摘自2015年10月16日习近平主席在减贫与发展高层论坛上的主旨演讲)

译语:China is the largest developing country in the world. It has always been advocating and promoting poverty reduction in the world.

当译者一听是个"消贫"的专题演讲,自然会推测到下面类似的表达,诸如国际消除贫困日:International Day for the Eradication of Poverty;减贫/消贫:poverty/remove alleviation;poverty alleviation;摆脱贫困:lift sb. out of poverty;全面建成小康社会:build a moderately prosperous society in all respects 等。因此基于译员对国家时政和经济等专题内容的充分了解,可以根据以往的内容图式迅速译出类似的句子。

例2:尊敬的菲利普国王夫妇,尊敬的范龙佩主席,尊敬的迪吕波首相,尊敬的德维戈主席、莫纳尔院长,尊敬的各位使节……(摘自2014年4月1日习近平主席在布鲁日欧洲学院的演讲)

译语:Your majesties King Philippe and Queen Mathilde, President Herman Van Rompuy,Prime Minister Elio Di Rupo,Commissioner Androulla Vassiliou,Commissioner Maria Damanaki,Governor Carl De Caluwe,Mayor Renaat Landuyt,President Mandasca de Vico,Rector Jorg Monar,diplomatic envoys…

这句话是很明显的开场问候语,句子是并列结构,列出了出席这次演讲的重要客人。因此,听到这样的话译者头脑中应该很快出现欢迎词的固有表达模式并应用于此,每个人物头衔也都有其固有表达模式,这样在口译过程中译员就能很快地进行翻译处理了。另原文用了一系列的并列表达:尊敬的……,尊敬的……,尊敬的……,这样的尊称表达在口译过程中为了避免重复,只出现一次,于是译语变成了内容图式的体现。另外在对菲利普国王夫妇这一表达的翻译中,译员很快转换为目的语的表达方式"King Philippe and Queen Mathilde",这也是大脑中相关图示的激活过程,属于内容图示的范畴。

例3:借此机会,我想给大家谈谈中国是一个什么样的国家,希望有助于大家观察中国、研究中国、认识中国。介绍中国是一个很大的课题,我选择中国几个最显著的特点来讲讲。(摘自2014年4月1日习近平主席在布鲁日欧洲学院的演讲)

译语:I hope it will be helpful to you as you try to observe, understand and study China. Of course, a thorough account of the country would be too big a topic for today. So as president Van Rompuy said, China and Europe are two big books they can never finish reading. So I will just focus on the following few features of China.

我们观察这段译语不难发现,译员增加了一句话"So as president Van Rompuy said, China and Europe are two big books they can never finish reading. ",作为对习主席发言内容的补充说明,这样可以使得观众引起共鸣。因为目的语听众熟悉的范龙佩主席也这样说过,拿中国和欧洲做过对比,这样就能很好的把目的语听众带入到习主席演讲氛围中去,这仍然是一种内容图示的体现。

例4:老师们、同学们!

译语:Faculty members and students.

首先,这个演讲的发生地点是一所学校,面向的观众是全校教职工,因此这里所表述的"老师们"应该是整个学校内的工作人员,不仅包括上课的教师,还有很多从事相关管理工作的人员。这里的"老师"只是一个范围,而非专业教学人员,因此在处理上用"Faculty members"较为合适。如果这是一个专业学术性的讲座,也许译者还会用到比如"professor"等不同的表达方式来适应不同的译语环境,这里也是一种内容图示的体现。

所以,译者应密切关注诸如时事政治、经济、教育等社会相关话题材料,不断积累专题内容的文化表述,以便遇到此类专题内容的翻译时,译者就会遵循已有的内容图式,举一反三地快速输出译语。

(三)基于结构图式的口译策略

例1:Never before have we had so many different ways to talk to one another.

(摘自 2015 年 10 月 19 日英国威廉王子在中央电视台《开讲啦》节目中就"宣传保护野生动物"的演讲)

译语:我们今天沟通的方式之多前所未有。

基于译员已经掌握的句型,即现有的结构图式:

never before have we done so … /have we been so …/ has sth. been

so …as it is today;

never before in history has sb. /sth. been so …;

所以,如果遇到类似的表达:nowhere else + 倒装 + 比较级 + than somewhere,译员也会遵循已有的结构图式很快给出译语。

例2:Mr. President, Prince Philip and I are delighted to welcome you and Madame Peng to Buckingham Palace this evening. Ladies and Gentlemen, I ask you to rise and drink a toast to the President and Madame Peng and to the people of China.

(节选自 2015 年 10 月 20 日英国女王伊丽莎白二世在白金汉宫举行盛大晚宴欢迎习近平主席夫妇访英的演讲致辞)

译语:主席先生,菲利普亲王和我本人非常高兴地欢迎您和您的夫人彭丽媛女士今晚来做客白金汉宫。女士们,先生们,我请大家起立,共同举杯,为习近平主席和夫人彭丽媛女士的健康、为中国人民的健康与幸福,干杯。

这是一个演讲的开头与结尾常用的模式,对于此类演讲的口译,都有大致的模式可循。因此译员在口译时,基于结构图式可采取预测策略进行口译处理。

图式理论认为当新信息与已有的图式产生差异时,人的大脑会自动修改图式,甚至摒弃新信息。而新信息只有与已有的知识组块联系或一致时,人的大脑才会采纳新信息。所以当口译员进行翻译时,基于语言图式、内容图式和结构图式进行口译策略的选择,会提高口译输出的效率。

例3：这家工厂是比利时最大的汽车生产企业，也是中国、比利时、瑞典三方经济技术合作的典范，在"中国投资"和"欧洲技术"之间架起了一座互利共赢的桥梁。（摘自2014年4月1日习近平主席在布鲁日欧洲学院的演讲）

译语：Volvo Car Gent, the largest car manufacturer in Belgium, has become a model of economic and technological cooperation between China, Belgium and Sweden. it has actually set up a bridge linking Chinese investment with European technology. What it leads to is mutual benefit and win-win cooperation.

很明显译语在句子结构上变得更符合目标语听众的习惯性表达，用一个同位语从句，把中文的并列句变成英文的复合句，使得目的语听众更容易接受和理解。这是一种结构图示在口译过程的体现。

在上述的口译过程中，有的时候译员的所有储备知识都被调用，其中语言、内容和结构图示都被调用起来，一起为口译活动来服务，以期达到最佳的口译效果。其目的不仅要准确传达源语说话人的意思，而且要使目的语听众可以很好的理解源语说话者想要表达的意义内容。

二、图式理论在口译三阶段过程的应用策略

安德森（Anderson, 1984）认为，图式起到以下作用：为吸收篇章信息提供心理框架；有助于注意力的分配；有助于推导性发挥；有助于在记忆系统中有条不紊地搜寻信息；有助于编辑和总结；有助于推导性重构。以下笔者将结合具体的口译活动实例，具体分析图式在口译的听辨、理解记忆和表达三个步骤中的功能。

1. 图式理论在听力阶段的应用

（1）图式能够帮助译员判断词义，避免歧义

听力理解是口译过程中的基础环节，是口译活动成败的关键。只有正确理解所听到的会议信息，口译才得以顺利进行。如果译员对源语词汇的理解产生偏差，便会造成误译，其中一方面原因是一些常见的单词在特定的语境下会有不同的意思。如果译员对语言图式掌握的不够扎实，那么就很难理解他们接收的信息。比如以下这段关于美国众议院议长带团访问中国的介绍："United States House of Representatives Speaker Nancy Pelosi, heading a delegation of the House,will visit China from May 24 to 31. "在这个例子中,"speaker"特指"议长",而不是原来的"说话者,发言人"之意。如果译员译前并不知道这一图式,将其翻译成美国众议院发言人佩洛西,这会给听众带来误解,也是对其身份的误译。因此,译员在平常的学习、工作中要不断学习双语知识、文化知识等,才能丰富自己的图式,避免产生歧义才能提高翻译的准确度。再例如,在奥巴马就职演说中有这样一句话:"It's the answer told by lines that stretched around schools and churches in numbers this nation has never seen by people who waited three hours and four hours. ""lines"一词最普通最常见的含义是"线、绳子、分界线",而根据对于竞选实际情况的了解,在这个例子中,"lines"指的是排队等候投票的人。头脑中有了这样的知识图式,便能够迅速确定该词的译法。

(2)图式能够帮助译员进行积极预测

预测是口译中一项非常重要的技能。译员能否准确地进行预测,直接影响到会议口译的效果。众所周知,会议口译的强度高、压力大,如果译员能够对说话者的内容进行有效预测,那么就可以减轻译员的压力。如,在某次航空交流会的谈话中,有这样一段话:"Although federal law requires passengers 18 and older to present a government-issued picture ID,TSA and the airlines will make exceptions for passengers who have become separated from their identification. "译员在听到这句话时,大脑中的语言图式被激活,他可以根据"although"在英语中表示转折关系这一层信息进行语言性预测,猜测后面的内容与前面的相反。因此译员在翻译时,就会根据前半句的信息预测后面的内容,从而更好地理解文本。再例如,美国副总统切尼在复旦大学的演讲中有这样一句话:"I know that many of you will soon graduate from this great university. I am told the standards are extremely demanding here and the degree from Fu Dan University signifies years of hard work and discipline. "复旦大学属于我国的"985 高校",创建于1905 年,有百年的办校史。对于译员和听众来说头脑中已经有了一定的内容图式,因此当源语中的"signifies"出现的时候,他便能预测下文的译语内容,即"勤学苦读、圆满毕业"。

2. 图式理论在记忆阶段的应用

会议口译是一项强度大、复杂度高的信息处理工作,它在很大程度上依赖译员的记忆能力。记忆是会议口译的第二阶段,它与理解和表达相辅相成,紧密联系。只有理解所听到的信息,译员才容易记住;反过来,记忆又能够提高理解和表达。

(1)图式能够减少译员记忆负荷,提高记忆能力

根据我国的心理学家的研究,人的短时记忆十分有限,平均广度为7个数字或6个汉字。储存在大脑中的图式是记忆新信息的重要保证。译员必须对输入的新信息特别敏感,注意力高度集中,能从正确的角度去理解,并且快速记住信息。在交传口译中,由于译员的短时记忆容量有限,不足以应付长段信息的口译,因此常常需要借助笔记来储存源语信息,辅助记忆。例如,下面是一个译员在一个主题为"Change and the Global Economy"的口译活动中做的笔记:

∩_∩ attd conf. & sp "chal &Weco"

histo char theme

age = chan

↗ trans , med. pol &comm. · / · ↓ soc W

这些经过简化、压缩的意义是以关键词形式贮存在大脑中的,译员需要激活大脑中的相关背景图式知识来回忆提取具体信息。图式能为信息的提取提供一个向导。如结合相关图式,译员将上面的关键词笔记拓展为:

I'm very happy to have the privilege to attend the conference , and address the topic of "Change and Global Economy. " Throughout the history there have been periods characterized by themes. The theme that characterizes our age is rapid change. Advances in transportation , medicine , and the nature of political or commercial relationships have all changes rapidly , with great impact on societies across the world.

(2)图式能够帮助译员有效进行信息编码码并重新获得信息

译员在听力理解阶段中已经获取信息,而记忆是一个选择重要信息,理解它们并将它们有序地储存在大脑中的过程。图式会让译员有意识采用技巧使

得信息有条理化,更易于记忆。如美国发言人在某次美国旅游推介会上的讲话:"The United States of America is located in North America, bordering both the North Atlantic Ocean and the North Pacific Ocean, between Canada and Mexico, with a total area of over 9.8 million square km."讲话者的这段介绍与美国地理相关,译员在听到信息时,根据自己的美国地理图式,激活大脑中原有的美国地图,同时将所听到信息编码成独有的地图,两者相结合,就构成了对美国地理特征的记忆,减轻了口译的负担。

3. 图式理论在表达阶段的应用

口译的表达是译员口译活动的最终呈现,它是译员口译水平的展现。译员在听力理解和记忆过程中,已经获得对源语内容准确把握。那么,这时译员需要做的是摆脱源语语言的束缚,准确完整地用译入语表达出来。有时候人们对某些具体的内容回忆不起来,可以利用相关的知识图式对这些信息进行合理的补充和重建。若译员具备一定的图式知识并能迅速激活相关图式,译员就能合理分配时间和精力,调节心理压力,提高信心,顺利地完成口译任务。

(1)图式能够帮助译员选词

现场口译的时间很紧迫,译员几乎没有时间去查字典或咨询他人,因此,译员在有限的时间应积极激活大脑中的知识图式,保证选词的准确。邓小平在上世纪八十年代接见美国国务卿舒尔兹时的谈话中说到:"中美关系最近有一些芥蒂,是可以解决的。""芥蒂"这一词很微妙,它并未直接指出是哪一方有芥蒂。这样,译员在翻译的时候必须十分小心慎重地理解邓小平说话的意图。时任当时现场翻译的高志凯博士在考虑当时具体形势后,准确地判断出邓小平说话的意图,因此他选择了"unpleasantness"这一词,将中美之间的芥蒂理解为中美交往中的一些不愉快、不和谐因素,准确巧妙地传达了说话者的本意,展示了译员的词汇处理能力和灵活的反应能力。

(2)图式能够提高译员的警锡性及危机处理能力

口译是一个复杂的交际活动,这过程中,难免会出现一些紧急情况,比如说话者内容的重复、含糊等,或者说话者在演讲中插入与演讲内容无关的信息。这些口译中的状况往往让译员措手不及。假定这样一个场景:在某次相持不下的商务谈判中的对话中,突然,一方说出:"这家伙真是冥顽不灵。"此时,谈判的局面已经很紧张,稍有不慎,谈判就可能破裂。如果译员逐字翻译,那么局面就不可逆转,只能以失败告终。但是有经验的译员在处理这个情况时,会担当谈判双方的润滑剂。将此句译为:"We are sorry to see that the problem is still unsolved."不仅避免了谈判破裂的逾地,还使谈判得以继续进行。在双方发生争执时,译员激活与这一情景相联系的解决图式,主动采用委婉方式的翻译,化解了危机。

三、图式理论在商务口译中的应用策略

图式理论对于译员完成商务口译有很大的启示,从图式理论的角度来看,译员在做好一定的译前准备,构建好语言、内容和结构图示对于其完成翻译非常关键。以下内容就结合实例来分析图式理论在商务口译中的作用。

(一)语言图式在商务口译中的应用

在商务翻译中,语言图式主要指专业词汇、缩略词、固定表达法等。商务翻译过程中,译员往往都会遇到很多熟悉的词语但其在商务英语中又有特殊的意义,如果不能准确理解这些特殊意义的话,那么完成翻译也就是无稽之谈。

例1:The buyer shall open with a bank to be accepted by both the Buyer and Seller,an irrevocable and divisible Letter of Credit at sight,allowing partial shipment and transshipment.

译语:买方应该在买卖双方都认可的银行中开取一张不可撤销的、可分隔的、即期的信用证,并且允许分批装运,转船。

例2:This bill of exchange shall be accepted first and then can be honored by the acceptor.

译语:首先,此账单应被兑现,然后由接受者支付。

例3::My article has been accepted for publication.

译语:我的文章已被采用发表。

例4::It was a great honor to be invited here today.

译语:今天承蒙邀请到此,深感荣幸。

以上几个例子中,"accept"、"honor"都是我们常用的高频词汇,但其在商

务英语中有其特定的意义,此时译员在接触到这类词语时,首先就应该激活其已构建的相关语言图式来完成翻译。此外,商务口译中,缩略词也是译员必须储存的语言图式之一。例如:

SOMTI	Senior Officials' Meeting of Trade and Investment	贸易投资高官会
AEBF	Asia – Europe Business Forum	亚欧工商论坛
FMM/ASEM	Foreign Ministers' Meeting	亚欧外长会议
EMM/ASEM	Economic Ministers' Meeting	亚欧经济部长会议
IMF	International Monetary Fund	国际货币基金组织
FAO	Food and Agriculture Organization	(联合国)粮农组织

（二）内容图式在商务口译中的应用

商务英语涉及商业领域各方面的知识。这就要求译者掌握大量相关的背景知识。背景知识越丰富,则各种内容的知识记忆越容易建立起来。在实际翻译中如果缺乏商务知识,译者即使看懂了原文中每一个单词,也无法进行准确翻译。

例1:在国际金融危机冲击最严重时,果断实施积极的财政政策和适度宽松的货币政策,综合运用多种财政政策工具,增加政府支出,实行结构性减税;有效运用存款准备金率、利率等货币政策工具,保持货币信贷合理增长。根据宏观经济走势的变化,我们及时调整政策力度,适时退出刺激政策,实施积极的财政政策和稳健的货币政策。在财政政策运用上,坚持统筹兼顾,注重综合平衡。财政赤字占国内生产总值的比重从 2009 年的 2.8% 降到去年的 1.5% 左右,赤字率和债务负担率保持在安全水平。加强地方政府性债务全面审计和地方政府融资平台管理,有效控制经济运行中的风险隐患。金融体系运行稳健,银行业风险抵御能力持续增强,资本充足率从 2007 年底的 8.4% 提升到去年底的 13.3%,不良贷款率由 6.1% 下降到 0.95%,一直保持在较低水平。在货币政策运用上,始终注意把握稳增长、控物价和防风险之间的平衡。(节选自 2013 年 3 月 5 日温家宝总理在第十二届全国人民代表大会第一次会议所做的报告)

译语:When the impact of the global financial crisis was at its worst, we resolutely implemented a proactive fiscal policy and a moderately easy monetary policy, employed a full range of financial policy tools, increased government spending and made structural tax reductions. We effectively employed monetary policy instruments such as adjusting required reserve ratios and interest rates to maintain proper growth in the money and credit supply. In response to changing macroeconomic trends, we promptly adjusted the intensity of policy implementation, reduced the force of stimulus policies at an appropriate time, and implemented a proactive fiscal policy and a prudent monetary policy. We took a holistic and balanced approach in employing fiscal policy. As a result, the government deficit dropped from 2.8% of GDP in 2009 to about 1.5% last year, and both deficit-to-GDP and debt-to-GDP ratios remained at a safe level. We strengthened comprehensive auditing of local governments´debt and management of their financing platforms, thus effectively controlling latent economic risks. In employing monetary policy, we maintained a balance between ensuring steady growth, maintaining price stability and warding off risks. The financial system functioned soundly. The banking sector became better able to avert risks. Its capital adequacy rate increased from 8.4% at the end of 2007 to 13.3% by the end of last year, and its non-performing loans were kept at a low level, dropping from 6.1% to 0.95%.

上面一段话来源于 2013 年温家宝总理所做的两会报告,其主要是内容总结了中国政府在过去的五年中,在面临国际金融危机之下的各种金融,财政,货币政策。其实在做这样的翻译之前,译员首先要做的就是以前对于有关金融知识的准备。在上述例子中"适度宽松的货币政策、实行结构性减税存款准备金率、利率、财政赤字、货币信贷、赤字率、债务负担率、银行业风险抵御能力、积极的财政政策"等这些词语是两会报告中谈到关于经济发展方面时必然用到的词汇,如果译员可以较好地把握这些词语的内容图式的话,就可以很好地理解源语,达到一个很好的翻译效果。

(三)结构图示在商务翻译中的作用

商务英语的语言应用巧妙灵活,不带有个人感情色彩,但在必要时又显得语言结构的主观性较强。这就要求译者在口译时不但可以准确传达源语的意义,同时还要准确表达出源语的感情色彩和语言语境。

例1:That I hold the said shares and all dividends and interest accrued or to accrued upon the same UPON TRUST for the Beneficial Owner and I agree to transfer,pay and deal with the said shares and the dividends and interest payable in respect of the same and to exercise all interests and other rights which may accrue to me by virtue thereof in accordance with the instruction of the Beneficial Owner.

译语:本人因持有上述之股份,而所获得的股息及权益等,本人同意转让,支付及处理上述之股份。同样,如上述股份所应收的股息及权益,本人愿意依照受益人的指示,才能行使权利及权益。

例2:这是我们的小礼物,不成敬意,请笑纳。

译语:Now we have some presents for you. Hope you would like them.

例1的源语是源于一份股份转让书,源语文本用"the said shares"而没有简单使用"shares"一词中可以看出源语文本用词相当谨慎,避免歧义。这就要求译员在对应文本语境中也达到同样的效果。因此,译员在翻译时使用"上述之股份"来达到同样色效果。另外,译员为了更加突出股份转让书这类商务文本的语言特色,将源语中的"I……"用"本人",而不是"我"来翻译,这就更加凸显了股份转让书文本的正式。

例2中是在一场商务会谈酒会结束时,主办方再给与会重要嘉宾送出礼物时的敬语。中国人说话谦卑,注重礼貌,但是如果译者只顾及到中国人的说话方式特点而忽略了西方人认可的思维方式和商务会谈酒会这一大前提,单纯地将句子译为:"This is our little present for you and it cannot represent our respect."就很可能导致外国人无法理解主办方的意思,甚至会影响酒会气氛。而译为"Now we have some presents for you. Hope you would like them"则较准确传达源语的意义。

口译实践证明,在商务英语口译中有效利用图式理论,能够帮助译者建立并拓展已有的口译内容和形式图式,从而提高译者的商务英语翻译水平。如果译员能够在口译中成功地将这些图式激活,对于培养口译能力、改善口译质量具有重要的意义。从口译商务性出发,可阐述语言、内容、结构三种不同图式对于商务口译的应用帮助,但是由于商务文本种类众多,文本风格迥异各不相同,概括分析有很大的局限性,若要完全总结概括出图示理论在各类商务文本中的应用有一定困难。如果能够将各类商务文本的语言文体特点总结归纳,然后进行统一分析整理,则对于图式口译的作用将会更有参考价值。

参考文献

[1]Anderson,R. Role of the Reader's Schema in Comprehension Learning and Memory [A]. International Reading Association,Inc. ,1984.

[2]Barllett, F. C. Remembering:A Study in Experimental and Social Psychology [M]. London:Cambridge University Press,1932.

[3]Carrell,P. L&Eisterhold,J. C. Schema Theory and ESL Reading Pedagogy[J]. TESOL Quarterly,1983.

[4]Cook,Guy. D. Discourse[M]. Oxford:Oxford University Press,1989/1994.

[5]Rumelhart, D. E. Schemata:The Building Blocks of Cognition [A]. The Theoretical Issues in Reading Comprehension[C]. NJ:Lawrence Erlbaum,1980.

[6]冯霞. 图式理论在商务英语翻译中的应用[J]. 长春理工大学学报社会科学版, 2013(5).

[7]付海亮、孙莹、宋琪. 图示理论指导下的日中同声传译教学之浅析副词预测动词[J]. 科技创新导报,2014(1).

[8]雷晓东. 概念流利与图式理论[J]. 山西师大学报(社会科学版),2010(11).

[9]刘件福. 从图式理论看背景知识在口译中的作用[J]. 解放军外国语学院学报, 2001(6).

[10]刘绍龙、王柳琪.对近十年中国口译研究现状的调查与分析[J]. 广东外语外贸 大学学报,2007(1).

[11]邱晓娜. 图式理论照应下的交替传译信息重组[D]. 福建师范大学,2013.

[12]邰庆燕. 图式理论与口译听辨能力的提高[J]. 百度文库,2012 – 2 – 13.

[13]王晓燕. 口译特点与口译教学[J]. 中国翻译,2003(6).

[14]吴玲娟. 图式理论在口译过程中的体现及其对口译教学的启示[J]. 考试周 刊,2007(32).

[15]许俊、朱若葳. 利用图式理论进行英语阅读教学的探索[J]. 南昌教育学院学 报,2010(5).

[16]张欣、田翠芸. 图式理论对于口译的启示[J]. 河北理工大学学报社会科学版, 2010(10).

[17]张威. 中西口译研究的差异分析[J]. 语言与翻译,2008(3).

思考题：

1. 图示理论在口译过程中是如何呈现出来的?

2. 图式理论对口译策略的选择有何作用?

3. 图式的三种分类与译员的译语输出有何联系?

4. 口译文化图式的内容重构在译入语中如何体现出来?

5. 口译过程中对图式信息的解码、编码、存储和提取是如何提高认知效率的?

第五章

顺应理论视域下的口译研究

第一节　顺应理论的发展

口译在人类社会交往和文明传播中起着十分重要的言语交际作用。它既是一种交际能力,也是一种交际工具,可以说它是综合性的语言系统活动。既有科学性的一面,又有技巧性地体现,能全面展现译员在短时间内或瞬间处理语言、语用和非语用因素的交际能力、理解能力以及双语表达能力。在言语交际活动中,语境对于交际各方语言的使用以及话语交际意义的理解起着至关重要的作用。顺应理论则以全新的视角去理解和诠释语用学,也从认知、社会、文化等因素出发对口译中语言的运用提供了理论指导。

一、顺应理论概述

（一）顺应论的提出

顺应理论（Theory of Adaptation）由比利时国际语用学学会秘书长维索尔伦（Jef Verschueren）在其 1999 年出版的著作《语用学新解》（Understanding Pragmatics）中提出。他认为语言的使用是一种社会行为,既然是社会行为其对话语意义的研究必须与认知、社会和文化等因素结合起来。人类为了生存和生活需要从事包括社会交往在内的社会活动,人们的社交活动主要通过使用语言来进行。语言的使用是一个经常不断的、有意无意的、受语言内或语言外因素左右的语言选择过程(Verschueren,2000)。语言的选择有如下特点(龚龙生,2010):语言选择发生在语言结构的任何层面上;语言的选择设计语言的种类、言语体裁、言语风格和语用策略;语言使用者选择时的意识程度不同;语言选择发生在话语产生和话语理解两个方面,也就是说在言语交际过程中双方都要做出语言选择;语言使用者没有选与不选的自由。语言交际一旦发生,语言使用者就必须做出选择,不论所选项是否能满足当时交际的需要;语言选择是不对等的,其不对等性表现在选择主题的不对等和选择客体的不对等;语言选择会导致各种相应的抉择,即因意义生成而对某一语言项目所做出的选择不仅要考虑它所在的特定语境,而且还要顾及更大的语境范畴。

任何语言都离不开人的使用,否则就成为死的语言(胡壮麟,2001)。这就是说,语言只有在使用中存在。选择可以在语言的各个层面(如语音层、词汇层、句法层、语义层、话语/篇章层)上进行,语言使用者不仅要选择形式(Forms),而且要选择策略(Strategies),而与语言选择关系紧密的是语言的顺应。选择与顺应是辩证的统一,选择是手段、顺应是目的和结果。人类之所以能够在语言使用过程中不断地做出选择是因为语言具有变异性、协商性和顺应性。在顺应理论框架里变异性(Variability)指语言具有一系列可供选择的可能性,它体现在语言的历时和共时方面,具有动态特征。协商性(Negotiability)指语言的选择不是机械地严格按照规则或固定地按照形式功能关系做出的,而是在高度灵活的原则和策略的基础上进行的,其含义在于对一系列可供选择的语言项目不存在符合或不符合使用规则的问题,只有在语用原则下的适合与否的情况。协商性包含着其自身的不确定性。顺应性(Adaptability)指语言使用者能从可供选择的不同的语言项目中做出灵活的选择,以尽量满足交际的需要(Verschueren,2000)。顺应性体现在变异性和协商性之中。语言的变异性和协商性为语言顺应提供条件,没有变异性和协商性就没有顺应性。语言使用者能驾驭语言、充分有效地表达自己的思想情感,与他人进行交际正是利用了语言这一特性。

维索尔伦认为语言使用者之所以能用语言做出各种恰当的选择,是因为语言具有三个特性:可变性,商讨性和顺应性。可变性指的是语言具有一系列可选择的可能性,即语言使用者在表达一个特定的信息时,可以自行选择各种表达。商讨性指语言的选择并不是机械的,或严格按照形式功能关系做出的,而是在高度灵活的原则和策略的基础上完成的。顺应性指语言能使语言使用者从可供选择的项目中做出商讨性的选择,来满足人类的交际需求。

维索尔伦提出语用学不是语言学的任何独立分支学科,在他看来,语用学是一种功能性的视角或综观,与语言有关的方方面面都有可能成为语用学的研究对象。(何自然,2007)所以语用学中的顺应论可以用来研究语音学、语义学、句法学等。

顺应论强调了语言的使用过程就是语言的选择过程,语言使用者之所以能在使用语言的过程中做出适当的选择,正是因为语言具有顺应性(Adaptability),即能够让语言使用者从可供选择的项目中做灵活地变通,从而满足交际需要的特性。将顺应论运用到口译中,实际上就是译员在工作中有意识的进行多种差异的顺应并做出语言选择的动态过程,通过此过程最大限度的满足交际双方的需求。译员的工作主要是在交际中进行,所以也属于交际语境中的顺应过程。

(二)顺应论和语境

根据 Verschueren 的看法,交际语境由物质世界、社交世界、心理世界组成,三者在动态发展的过程中密不可分。Verschueren 的语境观一是强调语境的选择和顺应是动态与双向的过程,即语境通过使用语言生成,是顺应交际过程不断发展选择的结果;二是强调语言使用者本身决定语境选择和顺应方式,交际语境中的物理、社交和心理等因素需要依靠语言使用者的能动性激活。由于口译是在特殊的动态语境下进行的交际互动,所以译员应充分理解交际语境三个层面的因素,采用顺应策略做出恰当的语言选择,才能更有效地实现语境顺应交际,达到合作成功。

从语言本身看它是一种客观存在的现实,为语言使用者提供了一系列语言形式包括各种语音、词汇和句法形式。语言使用者的语言能力决定了他对这一形式的掌握,但选择哪一种形式则是由语言使用者根据交际时的情况而定;其次在交际过程中,随着信息交流的进展,通过听话人提取或构建一系列假设并对它们进行处理,也可以逐渐形成一个逐渐变化的认知语境。

根据顺应论和语境的分类,我们可以从语言语境、情景语境和文化语境这三方面的顺应去探讨语言的交际。

语言语境(Linguistic Context)也称上下文语境,是指语言符号与符号之间的关系以及所有符号对参与者所产生的影响(包括上下文中词、短语、句子、语段、语篇等各个层次)。

情景语境(Situational Context)是指语篇产生时的周围情况、交际性质、参与者的关系、时间、地点、方式等(胡壮麟,2001)。口译的进行与语言交流的外部环境密不可分,包括讲话人的身份地位、面部表情、姿势、身体的活动、在场所有人的反应等。

文化语境(Cultural Context)是指任何一个语言均属某个特定的言语社团。这个言语社团长期形成了其历史、文化、风俗、人情、习俗和价值标准。在文化交流性很强的口译工作中,人们往往比较喜欢使用文化色彩浓郁的习语、成语、俗语等来表达深刻的道理,达到言简意赅的目的。

二、顺应论与口译

(一)顺应口译论

顺应口译论指基于顺应论的理论基础上,对口译活动的动态过程进行分析和研究。维索尔伦提出了语言的顺应研究的四个维度:语境因素的顺应、语言结构选择顺应、动态中的语言的顺应、以及语言顺应过程中的意识的凸显程度。其中语境因素的顺应、语言结构的顺应与动态中的语言顺应并不处于同一地位。前两者是后者能够顺利进行的基础,后者则是前面两者的体现。

口译是一种通过口头表达形式,将所听到的(或读到的)信息准确而又快速地从一种语言转换成另一种语言,进而达到传递与交流信息之目的的交际行为,是人类跨文化、跨民族交往活动中所依赖的一种基本的语言交际手段。(龚龙生,2008)在整个口译的过程中,译员面对的是处于动态的语境。语境不是某种静态的,而是动态生成发展的各种成分的有机体。(何自然,2007)语境包括交际语境和语言语境。交际语境又包括物质世界、心理世界和社交世界。而处于交际环境核心位置的是交际者双方,即话语的产出者和话语的接收者。口译译员在口译过程中须充分意识到语境因素中交际语境的三大要素(物质世界、心理世界、社交世界)和语言语境的交叉影响,随着不断变化的交际环境、交际目的和交际对象,译员要主动地顺应交际者双方不同的文化背景和心理因素差异等,从而做出使听众理解的语言选择。口译的过程即译员在语境因素顺应和语言结构顺应的基础上的动态顺应的过程。动态顺应指交际者随着所处语境关系(物质世界、社交世界和心理世界)的变化,与结构客体中各个层次有机地结合在一起,从而动态地达到了交际者选择语言过程中的顺应作用,而译员的意识凸显程度贯穿了这一过程,其动态过程见下图5-1。

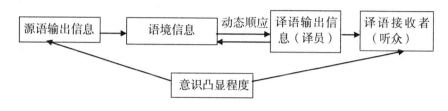

图5-1 口译语境动态顺应模式

从上图可见,口译语境动态顺应过程中译员的意识凸显程度将源语说话者与译语听众有机地联系起来。顺应理论以自己独特的创新性打破了以往语言学对语用学的定位。它将语用学从语言学的一个独立分支学科中解放出来,可以作为一个新的角度或交际观来解读口译的交互性。另外,顺应论还提出了语境的动态性,并认为语境影响着语言选择的同时,语言的选择也影响着动态中的语境,这也给口译的研究带来了全新的视角。

(二)口译的跨文化交际顺应过程

口译是跨文化交际的过程,既是认识另一文化的方式,也是两种不同文化之间的碰撞。但是仅仅有对文化语境的认知,想做好口译工作是不够的。在顺应论看来,口译的过程及跨文化交际的过程就是译员在意识凸显程度的影响下,对语境因素、语言结构动态顺应的过程。

语境是语言交际的环境,指与话语相互顺应的一切因素或影响话语处理的一切因素,包括交际环境和语言语境。其中,文化语境只是顺应论语境因素中交际环境的一个部分。除了文化语境,交际环境还包括情景语境。情景语境指的是语言交际时环境的情况,包括地点、参与的人数、时间、主题目的等等。语境因素的顺应,除了交际环境的顺应,还有语言语境的顺应。语言语境指的是交际中语篇的"上下文"。语言语境对于选词、衔接手段的选择、话语的序列安排、短语及句子的理解等有着直接的影响。在交际语境中,除了语言因素外还有非语言的因素,例如手势、身体的距离、眼神交流、姿势、表情等也会对语言的理解产生影响。

在口译的过程中,除了要顺应语境因素,还要顺应语言结构。语言的使用过程就是不断选择语言的过程,这种选择原因可能来自语言的外部环境,也可能来自语言内部结构。(何自然,2007)语言选择可能发生在语言结构的任何一个层面上,而语言结构的层面包括符号系统、交际渠道、语码、语体、言语事件、语篇、语言行为、命题内容等。译语对于语言结构的顺应体现在语体、语篇、押韵等方面与源语趋近一致。在英汉口译过程中,既要选择与英文相似的汉语结构,使听者便于理解;又要完整、充分的表达说话者的意图。在交际者语言选择的过程中,对于语言结构任何一个层面的重视,都会产生独特的意义。语调、声调、重音等与节奏相结合,就会伴随语言生出一系列复杂多变的声学信息的外在表现,产生所谓的声气,从而构成口语交流中有效的信息传达手段,也是译员口译中需优先考虑传达的因素。(鲍刚,1998)

译员的意识凸显程度指的是译员本身的知识结构、语言能力、心理素质和社会阅历等,潜在影响着译员对于源语的理解、分析、整理以及对语言结构的选择。由于交际者进行语言选择时,可能是有意识的,也可能是无意识的。所以,人们选择顺应别人说话的意识和方式也所不同。但是,口译译者应不断提高自身的能力和水平,顺应自己掌握的现有条件,充分发挥自己的主观能动性,从而提升口译的质量。

维索尔伦认为动态的顺应是顺应论的核心内容。动态的顺应在微观上指的是交际双方顺应不同语境的变化而做出语言选择;这样的选择又导致新的语境的出现。在宏观上讲的是,动态的顺应导致了语言的发展和动态的变异。跨文化交际开始后,译员应主动顺应不断变化着的语境和顺应语言产出者的语言结构;通过对意识凸显度的解码,理解言语中真正想要表达的内容;再主动顺应话语接收者的语言结构和语境,翻译成恰当的语言,实现翻译过程的快速、得体、连贯的译语输出。

第二节 口译与文化语境的关系顺应

一、口译的顺应特点

（一）口译的文化语境关系

口译是翻译的一种特殊形式,它要求译员在一定的情境中"顺、准、快"地完成听辨、记忆、翻译等几个步骤。它是一种能力,是一种交际工具,是综合性的语言操作活动,融科学、技巧为一体,能全面展现译员在短时间内或瞬间处理语言、语用和非语用因素的能力、理解能力以及双语表达能力。与笔译相比,口译最明显的特点是它的即时性、口译性、不可预测性、信息来源和传递渠道多层次性。同时,由于作为"意义处理器"的译员仅仅服务于讲话人与听众之间的信息沟通,经常与口译场合不相关,所以往往缺少与讲话人之间的交互语境,加上现场资料有限,有时查找不便。因此,译员及时适应环境,根据不同语境来调整口译预期成为决定口译成功的关键。一般而言,口译的过程涉及四个语境:讲话人意欲传达的语境,译员实际构建的语境,译员欲向听众传达的语境,听众实际构建的语境。由于语境是随着话语理解的过程而构建出来的,每个话语的理解要求一个独特的语境,所以当译员未能构建出讲话人意欲传达的语境时,或者听众未能构建出译员意欲传达的语境时,误解便产生了。由此可见,在讲话人、译员和听众之间存在着一个动态的三元关系,其中译员不仅充当了语言形式的转换者,还扮演着认知语境的协调者,口译过程就是一个综合的过滤与分析的认知过程,是译员利用自身的认知语境,从听众的认知水平、文化水平及期待角度出发,进行推理、选择、顺应的过程。在这一过程中,译员自身的认知语境,即逻辑知识、百科知识以及词汇信息等知识,具有挖掘文化内涵、逻辑推理、推导暗含、进行语言系和非语言系预测的功能,对于译员的理解和表达起着重要的作用。

口译过程存在着文化语境关系顺应,一般来讲,文化语境是指任何一种语言使用所属的某个特定的言语社团,以及每个言语社团长期形成的历史、文化、风俗、事情、习俗、价值标准和思维方式等"。文化语境包含如地理环境、社会历史、政治经济、风俗民情、宗教信仰、价值观念及思维方式等诸多因素。但在顺应理论下,上述因素应分别属于物理世界、社会世界和心智世界,而只有在物理世界、社交世界和心智世界的诸语境因素被语言使用者的认知过程激活时,这些语境因素才会在语言使用中开始发挥作用。因此,在口译中译员应具有清醒的跨文化意识,对不同文化语境因素的影响须深度分析,认真对待。

(二)口译中文化语境顺应形式

1. 顺应物理世界

顺应理论的物理世界指的是包括双语民族的地理环境、空间指称和时间(或时代)指称等因素在内的非语言世界。它包括,顺应地理环境因素、顺应空间指称因素和顺应时间指称因素。

例1:They are met by a sea of smiles.

译语:他们受到无数笑脸的欢迎。

英国是一个岛国,有许多与海和水有关的词语表达。"a sea of smiles"译为"无数笑脸"而非"海量微笑"更适合汉语听众的表达习惯。

例2:大部分中国人认为,中国还远远没有达到强国的地位,一个流行的说法是,外界在"忽悠"中国。

(节选自2009年4月29日中国驻英国大使傅莹在牛津大学的演讲)

译语:Most of them see China still as a developing country. A popular saying in Chinese is "HuYou"(meaning sweeping China off its feet or giving China excessive flatter).

这里的"忽悠"是一个近年来的流行词汇,在这里的意思应该是"吹捧人使之产生飘飘忽忽、忽忽悠悠的感觉",与英语中的"excessive flattery"意思相近。译员顺应口语的流行趋势,把汉语的俗语"忽悠"用音译加同位说明的方法翻译出来,既顺应了语言的发展,又增添了现场口译的幽默感,同时达到了讽刺这种态度持有者的特殊效果。

2. 顺应社会世界

顺应理论的"Social World"应该指的是包括的社会历史、政治环境、经济发展和民俗风情等因素在内的社会世界,而非一般所指的、狭义的交际语境。它包括：顺应社会历史因素、顺应政治环境因素、顺应经济发展因素和顺应民俗风情因素。

例3：上市公司重组何以败走麦城？

译语：Why do the listed companies meet their Waterloo while being restructured?

"败走麦城"是一个中国典故，即三国时蜀国名将关羽被打败后退兵麦城一事。在口译时，由于时间限制，往往不容易将故事的来龙去脉向听众解释清楚，所以可以借用英语中"meet one's Waterloo"（源于19世纪拿破仑在比利时小城滑铁卢惨败一事）这一西方人士都很熟悉的历史典故来表达同样的含义。

例4：香港特别行政区将持自由港和独立关税区的地位。

译语：The Hong Kong Special Administrative Region will retain the status of a free port and a separate customs territory.

要是译员听到"独立"二字就脱口译为"independent"，这样就会导致很大的误解，把香港特别行政区视为独立于中国的政治实体，这不仅与事实相悖，更是国人所不能接受的。

例5：热烈欢迎世界各地客商来此进一步加强合作，建立和发展贸易关系。

译语：Customs from various countries and regions are warmly welcome to establish and develop business contracts.

这是洽谈会上的欢迎辞。源语省略了主语"我们"，反映了中国人喜欢以主人的姿态欢迎客人这一文化特征；译语的选择反映出了英美人的心态，喜欢被当作客人看等。译语的表达地道、流畅，不仅体现了源语的效果，也符合商务会议现场的语言风格，为成功的投资谈判打好了伏笔。

3. 顺应心智世界

一般而言，口译中译语的选择应满足双方的信仰、意向等心理需求。但顺应理论的"Mental World"应该指的是包括原语的宗教信仰、价值观念以及思维方式等因素在内的精神世界，而非单纯的情感心理世界。顺应双语的心智世界主要包括：顺应心理情感因素、顺应宗教信仰因素、顺应价值观念因素以及顺应思维方式因素。

例6:春运将成为历史:春节是中国人最重要的节日,人们纷纷返家过年,无数中国人为此头疼不已。超过20亿人次出行,造成"买票难,返乡难"的局面。但28年后,春运不再是难题。

译语:No more transportation problems during Spring Festival:The Spring Festival,the most important Chinese holiday when everyone returns home,has caused headaches for millions of Chinese. More than 2 billion people travel at the same time, making obtaining travel tickets and the journey difficult. But in 28 years, Spring Festival travel may not be a problem at all.

口语中的"春运"含义有二种,而这段中出现的两个"春运"含义亦有不同,应区别翻译。前者特指春节期间大规模的交通运输压力的现象,令人难以承受;而后者则指一般意义上的春节期间的交通出行。译语中分别用"problems"和"travel"点出了语境中的关键信息,从令人烦躁的"困难"到轻松愉悦的"出游",译出了不同时期的心理反应,拉近了听众与政府领导之间的心理距离,也道出了政府执行政策的力度与决心,译语恰到好处。

例7:今天是王总请客,鄙人借花献佛,敬你们一杯吧!

译语:Though it's President Wang's treatment,I'd like to take the opportunity to toast you.

释、道、儒是中国传统文化的重要组成部分,因此汉语言多受相关信条的影响,遇到类似表达应深究其真正用意。此处以"佛"喻指对方的地位尊贵,"借花献佛"实指发话人认为机会难得,想借此宝贵机会谋事;但在译语中,若直译就会造成不必要的理解障碍,故译为"take the opportunity to toast sb."更为合适。

例8:请多提宝贵意见。

译语(1):Please give your valuable opinions.

译语(2):Your opinions are highly appreciated.

这是在发言中的常用客套语。在译语(1)中国人以"谦虚"为美德,但外国人会觉得纳闷,难免内心总会嘀咕:我怎么知道我的意见是否宝贵?同样是出于礼貌与期待的心态,译语(2)则以一种乐观、积极而又感激的心态去征求对方意见,显得既合乎译语民族的价值观念,又使语言表述得体,顺应思维逻辑,巧妙地避免了尴尬场景。

二、文化语境关系顺应与口译预期

(一)文化语境关系顺应对口译过程的影响

文化语境顺应论对口译过程的影响与"语境效果"这一概念有着密切的联系。"语境效果"一词最初由 Sperber 和 Wilson 于 1986 年在其合著的《关联性:交际与认知》一书中提出,即新信息在旧信息中的语境化,其主要有三种类型,即语境隐含、假设增强及假设抵触。三者的关系具体表现为:(1)新信息在不同的认知假设中呈现出顺应度不同的语境预期,即语境隐含;(2)认知假设与语境预期越接近,两者间顺应度越高,语境隐含的不确定性越弱;(3)当认知假设与语境预期发生抵触时,语境隐含的不确定性最强,为提高顺应度所需付出的顺应努力最大。

关系顺应的顺应度是认知水平和语境效果共同作用的结果。在实现信息交流所需达到的顺应度一定的前提下,认知假设水平与语境隐含间存在着此增彼长的动态顺应关系;在语境隐含或认知假设水平一定的前提下,顺应度与认知假设水平、语境隐含又分别呈此增彼长、此消彼长的关系。进一步分析得知,该公式中的语境隐含即讲话人的意图语境,认知假设即为译员的认知语境,两者互相显映的程度越高,即译员的认知语境与讲话人的意图语境之间顺应度越高,译员为实现交际目的所需付出的顺应努力就越小,获得的语境效果就越佳。译员认知水平的高低决定了语境隐含的强弱,决定了为实现口译预期所需付出的顺应努力的多少。Sperber 和 Wilson(1986)的交际模式认为,口译过程就是讲话人所给出的信息代码通过译员的认知假设被重新组合并输出的过程,即讲话人首先将所欲传递的意图进行编码,然后发送给译员,译员再通过解码—换码—重新编码的过程来还原讲话人的交际意图,从而完成这一轮交际活动。在这里,解码不是照字面简单地解释信息,而是对信息处理所需要的各种可能的语境以及可及的语境进行制约的过程。这个加工处理过程包含两个明示—推理过程,即讲话人借信息传递某一意图,译员接受信息、识别意图的过程;译员重组信息、反馈给听众,听众理解、接受信息的过程。这其中译员既是听众又是二级讲话人。由于口译交际环境处于动态之中,译员的理解和表达也处于动态之中,因此译员作出选择时的顺应意识程度会不同,使用的语言也具有一定的倾向性。译员要充分利用自己认知语境中的各种知识，短时间内从源语的语言形式和内容等各个层面推导出隐于源语明示信息后的暗含信息(或称语境隐含)，从所有认知假设中选出最符合源语讲话人意图的假设，并且以听众的认知能力和期待为标准对译语进行最佳顺应性的取舍，争取源语信息与认知假设间达到最高顺应度，为听众提供最佳语境效果，以圆满实现口译预期。

(二)口译预期对顺应关系的影响

口译时，认知语境对口译预期的干预作用异常突出，具有以下三方面特点：首先，译员所处的认知语境干预交互关系；其次，源语信息输出方式与译员认知语境的交互关系；最后，认知语境与译语接受者关系。因此，译员应充分认识到这一系列的干预作用，发挥其主观能动性，采取积极的翻译策略。一方面提高自身认知语境与讲话人认知语境间的顺应度，以弱化语境隐含，减少信息遗漏；另一方面力求使听众在理解译文时付出的顺应努力最少，避免误解产生。在口译实践中，译员可采用推理、转换、预测三种策略来实现口译预期。

1. 语境预期

Verschueren(1999)认为理解过程实际上是一种选择过程，也是以认知为基础的顺应过程。交际得以实现，正是因为交际者提供了有关自己意图的行为依据(如话语)以及接受者能根据这种行为依据推导出交际意图。所以，口译也是一种推理交际模式，而推理是集语言和非语言知识于一体的思维过程。口译中讲话人与听众来自不同国家，年龄、性别、受教育程度也可能不同，因此存在着或大或小的认知差异，这种差异势必会造成听众理解上的困难。译员要想实现说话人与听众的交互语境效果，就必须善于根据语境和语义表征提供的命题内容，推导讲话人要表达的真正意图，并顺应听众的认知语境，选择合适的译语输出，实现口译预期。换言之，译员对原文的理解不是孤立的、毫无联系的信息组合，而是在认知语境基础上对源语的有效组合。译员对于源语话语理解应从关联语境寻找语境假设，以期达到动态顺应。

2. 文化交互

口译实现了人类进行跨文化交流的交互纽带。口译中文化具有特殊性，语言输出包含了文化的影响，不同的语言与不同的思维方式在口译中交互作用,反映了文化在口译实践中预期作用。Verschueren(1999)认为口译中的语境可分为语言语境和非语言语境,而非语言语境中的文语境,即跨文化交际中所涉及的不同文化背景,是社会文化发展的缩影和反映,直接影响特定语言的表达和使用。由于文化在口译中的交互作用和影响,使得不同文化背景的人有不同的理解基础,作为译员,只有真正了解了两种语言转换的文化差异,才能达到相对等效意义的转换,实现口译预期。

译员对于译语的转换一定要在认知语境的基础上做出调整,既要考虑听众对认知语境的顺应,又要考虑文化预期的作用。由于口译内容涉及的文化领域不同,译员的语境假设不同,译员只有注重自己平时的文化知识积累,才能在讲话人与听众之间建立自己的语境假设、达到文化顺应性,以实现交际中的文化认知效果,这也是顺应在文化传承中的作用。

3. 推测预期

推测预测能力是译员进行口译时必备的一种语境的驾驭能力。其作用一是推测未知信息,二是补充完善信息表达。推测与补充是一种相辅相成的交互作用。当译员所处的认知语境中的命题知识与语境假设接近时,译员可以通过已有的语境假设进行动态分析,快速找到对应的信息库,及时体现讲话人与听众之间的语境关联,作出预测,将相关的语言信息传达给听众。推测预期除了译员本身所具备的文化和百科知识积累外,还有一点须体现出来的就是译员的双语语言结构的对等转换,也就是译员对于双语语言结构的推测预期。

由此可见,口译活动中译员的作用不仅体现在语境和文化的预期,还体现在译员在口译过程的动态推测能力上,这也是口译预期对不同语境假设与文化语境的顺应程度不同而呈现不同的推测预期能力。口译预期与顺应论的关系就是基于认知语境和文化交际下的语言选择,而选择的目的是为了达到顺应交际的需要。

第三节 顺应理论在口译过程的应用分析

口译的行为是一种不断选择的过程,而这种选择过程是根据文化、语境和语言结构进行动态的而非静态的有意识的选择。译员需要顺应语言的各个层面,提高意识程度,灵活运用有效策略,才能将信息准确得体的传达给听众。

一、口译实践的顺应策略

(一)语境顺应策略

维索尔伦把语境因素的顺应分为交际环境顺应和语言语境的顺应。前者包含物质世界、心理世界、社交世界和交际人因素。其中在物质世界中,时间、空间因素对语言的选择具有重要的影响。社交世界指的是社交场合和机构的规则和规范对语言的影响和限制。心理世界指的是交际双方的性格、目的,情感等方面的因素对语言的影响。在旅游过程中,即跨文化交际的过程中,文化语境也会对口译带来的障碍。文化语境中、西方生活方式、思维方法及表达方式都有所不同。

例1:各位朋友,时间过的太快,短短数天已经过去了。在此,我不得不为大家送行,心中真的有许多眷恋。无奈天下没有不散的宴席,也没有永远在一起的朋友。但愿我们还有再相见的机会。

译语:Ladies and gentlemen, how time flies, and that's almost the end of your short visit to China. But I hate to see you off. Friends must part, and parting is sweet sorrow. I do believe the old saying, "friends may meet, but mountains never meet".

这是一个典型的中国导游欢送词。短短的四句话里面,每一句都有着浓厚的中国文化在里面:开头的称呼、"心中的眷恋""天下没有不散的宴席"以及最后祝愿朋友再相见的话。对于称呼来讲,这篇导游的欢送词也可以看作是导游的一次个人演讲,所以基于顺应论物质世界的顺应和情景语境的顺应来讲,"各位朋友"翻译成"Ladies and gentlemen"顺应了所处的语境,较为恰当。第二句"不得不为大家送行,心中有很多眷恋"的口译过程中并没有选择直译"I have to see you all off…"和"have to"虽然有不得不的意思,但是在美国的文化语境中,又有着本来不情愿,但是又不能不来的隐含意思。如果用"have to"来直译,容易给外国游客造成误解。译员把这种难舍的送别心情和对这种友情的怀念,放在了一起,意译为"I hate to see you off"。这个翻译既是英语中送行"难分难舍"中的习惯用法,又非常准确的顺应了导游和外国游客之间的心理世界以及文化语境。接下来两句"天下没有不散的宴席"和美好的"下次再相见"的祝愿的翻译是"parting is sweet sorrow"和"friends may meet, but mountains never meet"。"天下没有不散的宴席"是中国俗语,出自于明朝冯梦龙的《醒世恒言》。一般对此句的翻译为"there is no never-ending feast"。这个翻译虽然没什么错误,但是少了些文化的底蕴在里面。这里,翻译成"Friends must part, and parting is sweet sorrow"就非常顺应外国游客文化语境和语言语境。"parting is sweet sorrow"出自于莎翁的《罗密欧与朱丽叶》,"parting is such sweet sorrow"。口译既说出了分别,又把这种"分别还想再次相见"的积极的思想通过朱丽叶对罗密欧讲的话,通过一种对恋人依依不舍的感情,传达给了国外游客。最后一句用英语中的习语作为总结,也比较符合外国人的文化传统。

(二)语言结构顺应策略

语言结构的层面包括符号系统、交际渠道、语码、语体、言语事件、语篇、语言行为、命题内容等。所以,顺应论要求译员的口译不仅仅要顺应语境的因素,还要在语体、语篇、押韵等方面与源语趋近一致。所以,在英汉口译过程中,要选择英、汉相似的句法结构,使听者便于理解;还要完整、充分的表达说话者的意图。

例2:有道是"千里有缘来相会",既然我们是千里相会,就是缘分!所以,在即将分手之际,在中国,有一个你们永远的家;不要忘记,在家里有我这个和你们有缘而又可以相互依赖的朋友。今后如果再来,或有亲友、同事到大连,请提前打声招呼,我们一定热情接待。

译语:It's a fate that we have met here in Dalian, isn't it? As the ancient Chinese proverb goes, "separated as we are thousands of miles apart, we come together as if by predestination". Therefore, before we say goodbye to each other, do remember in China, there is your home away from home. Next time, if you come here again, or if your friends and relatives visit Dalian, just feel free to let us know in advance. We'll be Johnny on the spot.

源语中"千里有缘来相会……缘分"中引用出自清朝黄增的《集杭州俗语诗》,并用感叹句结尾,强调了"缘分"这个词。口译中,译员把缘分翻译成"fate"以及后面进一步解释的时候用了"predestination",充分考虑到来自西方国家的外国游客多信教的特点。"fate"指基督教徒命中注定的要发生的事情，无法规避。此处口译中充分顺应了语言结构中的语码、语体、言语行为等。汉语中用感叹句强调了"缘分"这个词。同样的英语翻译中用反意疑问句同样强调了"fate"，这也是译者为了充分顺应语言结构中的句法关系及命题结构等，把汉语中的感情，完整的传达给了外国游客。对于"你有一个在中国的家"，译员选择了一个地道的英语中对应的表达"in China, there is your home away from home"，这也是译员为了顺应语言结构中的语音和韵律方面的顺应，汉语中前后两个"家"对应英文翻译中两个"home"。"今后如果再来……打声招呼"的口译转换为"if your friends and relatives visit Dalian, just feel free to let us know in advance."。英文翻译不但和汉语意思相同，而且译员还故意顺应了汉语中的句式。这句话只是语言的外在信息反应，没有语言的内在信息，所以直译的比较稳妥。最后一句也是用了一句英文中的习语"We'll be Johnny on the spot"有着召之即来的意思，来翻译"我们一定热情接待"，从意思和语气上都顺应了源语。

（三）动态顺应策略

维索尔伦认为动态的顺应是顺应论的核心内容。动态的顺应包括：顺应的过程中要考虑顺应交际人之间的社会关系；顺应语言结构中的层次性；评估和调整顺应的程度；考虑顺应的策略。

例3：承蒙各位朋友支持，我感到此次的接待工作非常顺利，心情也非常高兴，在此，我想大家表示衷心的感谢！但不知大家的心情是否愉快？对我们的工作是否满意？好，如果是这样，我们就更高兴了！如果我们的服务有不周之处，一方面还请大家多包涵，另一方面还希望大家提出来，现在也好，回去写信也好，以便我们不断改进，提高服务质量。

译语：Thanks for your support and cooperation, I feel my job has been done smoothly and both of us are very happy. Let me say big thanks to you all. I am wondering at the moment if you are happy, and satisfied with our job, too. If yes, we'll be happier. If there is still some room for improvement in our service, do let us know in whatever ways, now or back home. We'll try our best to upgrade our service in days to come.

前两句还是在顺应语境因素和语言结构的基础上做出的口译。口译的内容和之前相比更正式了。因为导游说的话与之前的相比有了改变,语境已经开始产生了变化。之前的对话大部分以朋友的身份在对话和诉说离别和缘分。在此段中,导游开始以"旅行社员工"的身份在对"顾客"讲话。所以口译中重复出现了"Thanks"和用了很多委婉语。主要还是因为交际者双方的"社会关系"在语境变化中,也发生了变化,因此口译译员敏感的抓到导游话语的这一转变并且动态的顺应,做出动态的评估,所以口译的内容也开始变得正式。

(四)意识凸显度的顺应策略

意识凸显度作为译者本身的知识结构、语言能力、心理素质和社会阅历等,影响着对源语的理解、分析、整理以及对语言结构的选择。由于交际者选择意识的方式不同,有意识或者无意识,所以他们的社会思维也就不同。再加上译者本身的现实条件也有一定的局限性,所以口译译员要顺应自身的条件,充分发挥主观能动性,提高口译的质量。

例4:各位在大连期间游览了市容和海滨风光;参观了旅顺近代史的遗迹;并且品尝了大连海鲜;有的朋友还购买了不少大连的土特产,真可谓收获多多。相信在各位朋友的生命中,从此将有一段新的记忆,那就是大连。但愿它留给大家的印象是美好的。

译语:When we look back on your days in Dalian, I am sure they are memorable and worthwhile. We had a tour of the downtown city and seaside, looked around the remains of Lushun in modern history. In addition, we sampled local sea food; we did shopping, and some buys. I hope your stay in Dalian will refresh your memory from time to time.

"真可谓收获多多"在汉语中就是买了很多东西的意思。对译者来说,这种汉语口语话的说法很难翻译。译者只能通过上下文进行推敲,并进行意译处理。而且最后"但愿它留给大家的印象是美好的"的这句话,译员翻译成"refresh your memory from time to time"也是为了顺从口译译者的现实条件,在理解的基础上进行了意译。

译员在口译过程中首先要考虑语境因素中的交际环境以及语言语境的顺

应,之后再考虑语言结构的顺应,在动态的适应语境因素和语言结构之后,译员才能快速、有效地输出源语信息。

二、商务口译中的语境顺应

商务口译是在特殊的动态语境下进行的交际互动,所以译员应充分理解交际语境三个层面的因素,采用顺应策略作出恰当的语言选择,才能更有效地实现商务交际,促使跨国商务合作的成功。交际语境是由物质世界,社交世界和心理世界三者构成,下面将分别从物质世界的顺应,社交场合的顺应和心理世界的顺应三方面举例分析口译译员在跨文化商务中对交际语境顺应的应用。

(一)物质世界的顺应

在物质世界中,活动参与者的身份,语言活动发生的时间,地点,主题,包括一些非语言行为,如说话人和听话人所处的位置,身体姿势,生理属性等也不同程度的对语言理解和语言选择产生一定影响。此外,不同国家地区对体态语的理解也不尽相同,这些因素在商务口译中都是译员需要考虑的问题。下面我们看一些例子:

例1:We have a tight schedule.

译语 A:我们要晚点了。

译语 B:我们的日程很紧。

译语 C:我们的时间不多了。

译语 D:我们实在无能为力了。

在此例句中我们需要关注的是物理世界顺应中交际背景的顺应,不同场合,针对不同对象,译员需要根据实际情况灵活处理。如果是赶时间登机,应译为 A;如果为来访客户介绍日常安排,则应译为 B;谈判陷入僵局时,译为 C 比较合适,表示提示对方抓紧时间;催促供货方抓紧时间生产时,若得到此回答则应译为 D,是一种委婉拒绝要求的方式。

例2:We want consumers to recognize our products easily so that's why they all bear the A&T colors,well… to table the item,your opinion?

译语 A:我们希望顾客能轻易地看到我们的产品,所以,A&T 公司所有产品的包装均使用统一颜色。具体细节以后再探讨,你们的意见是?

译语 B:我们希望顾客能够轻易地看到我们的产品,所以,A&T 公司所有产品的包装均使用统一颜色。具体细节我们马上来探讨,你们的意见是?

"以后再探讨"与"马上来探讨"是两个截然不同的意思,译语 A 与译语 B 没有绝对的谁对谁错,而是要做到对语言使用者的物理顺应。如果说话人是美国客商,译员应将此句译为 A,因为美国人常常使用词组"table the item"表示暂时放下,以后再解决之意。如果讲话人是一个英国客商,则应该译为 B,因为英国人倾向于使用该词组表示马上探讨,不能耽搁的意思,恰巧与美国相反。所以在国际商务交往中,译员在口译时务必要考虑语言使用者的身份。

(二)社交场合的顺应

社交场合是社交世界的微观层面,商务口译中社交场合则主要与交流场所密不可分。译员在翻译时是否能顺应社交场合,对于整个沟通的成败起着关键作用。比如这个例子:

海口国际挖掘机展销会开幕式,中方主办人在发言结尾按照中国传统说:"祝大会圆满成功,祝与会代表身体健康,家庭幸福。"可是这一番致辞的套话的英译文在英语中并不具备语用意义。来参展的西方客商会觉得在如此严肃的国际展销会议上祝愿身体健康,家庭幸福有点不合场景。译员需顺应当时的社交场合,在翻译时适当删除多余词句,换上英语中具有相当语用意义的表达,如"I wish the conference a great success and wish you in good health and a happy stay in Haikou."

例 3:I'd like to invite you to join me in a toast to the friendship of our Chinese friends.

译语:请大家一同举杯为我们同中国朋友的友谊,干杯!

美国企业欢迎中国的宴会,美方祝酒" I'd like to invite you to join me in a toast to the friendship of our Chinese friends. "此时译员译为:"请大家一同举杯为我们同中国朋友的友谊,干杯!"因为英文祝酒词中不一定说' Cheers",译员加上"干杯"一次就避免了中国听众误以为这只是前半句话,后面还有内容要说。实际上发言人已经讲完话、祝了酒,此时如果在场的嘉宾没有反应就很尴尬。

(三)心理世界的顺应

心理世界是语境的重要组成部分,涉及交际者的心理状态,包括个性情感,观念,信仰,欲望,动机,意向等。因此译员在翻译前应充分理解说话人的心理状态,顺应其心理语境,确定合适恰当的意义。

例4:我考虑考虑。

译语 A:I will think your suggestion over and reply later.

译语 B:Thank you for your invitation,but as we're going to open a new factory in London at that time,I'm sorry that I will not be able to come.

中美公司成功签订合作协议后,美方负责人邀请中方 CEO 访美,中方回答说:我考虑考虑。译员没有直接将中方回答直译为译语 A,是感受到中方想要委婉拒绝的心里。于是在询问了中方的真实意愿后译为译语 B,做到了委婉回绝又简单解释了原因,避免了不必要的误会。

顺应理论从语用的角度较好地解释了口译的过程,在口译已成为跨语言、跨国界、跨文化的交际活动的背景下,顺应理论在口译实践中对译员的有效输出以及进一步提高口译能力和口译质量具有深远意义。

参考文献

[1] Sperber, Dan&Deirdre, Wilson. Relevance:Communication and Cognition [M]. Oxford:Blackwell,1986.

[2] Verschueren J. Understanding Pragmatics[M]. London:Edward Arnold&New York: Oxford University Press,1999.

[3] Verschueren J. Understanding pragmatics[M]. Beijing:Foreign Language Teaching and Research Press,2000.

[4]鲍刚. 口译理论概述[M]. 中国对外翻译出版社,2005.

[5]戈玲玲. 语境关系顺应论对词义选择的制约[J]. 中国科技翻译,2001(4).

[6]龚龙生. 顺应理论在口译中的应用调查分析[J]. 外语电化教学,2010(5).

[7]龚龙生. 顺应论和口译研究[M]. 合肥:安徽大学出版社,2011.

[8]何自然. 语用三论:关联论·顺应论·模因论[M]. 上海:上海教育出版社,2007.

[9]胡壮麟. 语言学教程[M]. 北京:北京大学出版社,2001.

［10］李元胜．顺应论在中国的研究综述［J］．成都大学学报,2007（3）.

［11］马建辉．商标翻译的顺应性［J］．商场现代化,2006（25）.

［12］庞凤娇．新闻报道中的交际语境顺应分析［J］．兰州交通大学学报,2014（4）.

［13］王建国．从语言顺应论的角度看翻译的策略与方法［J］．外语研究,2005（4）.

［14］吴庄、文卫平．ECUP 模式及其对外语教学的启示［J］．山东外语教学,2005（1）.

［15］徐翰．以技能训练为中心的口译教学模式探索［J］．教育学术月刊,2008（12）.

［16］杨波．语境顺应论视角下的口译预期［J］．常州工学院学报社科版,2013（2）.

［17］杨峻峰．语境顺应与语用翻译［J］．外语与外语教学,2005（11）.

［18］杨蒙．语境顺应与文化翻译［J］．外语教学,2006（3）.

思考题：

1. 口译员在口译过程的创造性和顺应性有何异同？

2. 文化语境关系顺应对口译过程有哪些影响？

3. 语境关系顺应对口译预期有何作用？

第六章

基于功能理论的口译研究

第一节 功能理论的发展概况

20 世纪七八十年代,德国功能翻译学派崛起,功能学派摆脱对等理论的束缚,不再把翻译看作静态的语言学现象,而把翻译放在翻译行为和跨文化交际理论的模式中,为译学界开辟了新的途径,也为口译研究提供了理论指导。

一、功能理论概述

(一)功能理论的提出

从 20 世纪 50 年代到 60 年代期间,学者主要从语言学角度来研究翻译,特别是结构主义语言学,他们把语言看成语码,翻译就变成了解码和再编码的过程。70 年代,德国功能翻译理论开始兴起,代表人物有 K. 赖斯、H. J. 弗米尔、C. 诺德、J. H. 曼塔利等。那么什么是功能翻译理论? 诺德(2001)的解释是:"功能主义,指的是功能或者是文本和翻译的功能的研究。"

德国学者 K・赖斯、弗米尔、J・H・曼塔利和诺德等提出的功能派翻译理论摆脱了自古以来的语言形式对等的局限性,把翻译定义为一种有目的的行为。目的论是功能派理论中最重要的理论。根据目的论,所有翻译遵循的首要法则就是目的法则,翻译行为所要达到的目的决定整个翻译行为的过程,即结果决定方法。原语只起到提供信息的作用,译员应该根据交际环境和目标读者的需求灵活调整策略。英国当代翻译理论家纽马克(Newmark,1988)也认为,不同的文体文本应运用不同的翻译策略,注重读者的理解和反应,在表达方式、格式措辞等方面尽可能符合译入语的习惯

以功能方法来研究翻译的源头可以追溯到圣经翻译。当时不少译者发现在不同的情况下需要采取不同的翻译。但那时"适当的翻译"强调"字对字"翻译和对原文的忠实,即便是译文与想要达到的意图不一致,他们也会宁愿要其形。当时的圣经翻译者认为翻译应包含两个过程:一是对原文本的忠实再现,二是使译文适应于目标读者。马丁·路德主张在翻译圣经时在部分文章采取"字对字"翻译,其他部分文章应使译文与读者的需要和期望一致。

而功能翻译理论的提出得益于交际理论、行为理论、话语语言学、语篇学说以及文学研究中趋向于接受理论的一系列研究活动所取得的成果。它的出现反映了翻译的研究转向,即由原先占主导地位的语言学及侧重形式、强调等值的翻译理论转向更加注重功能和社会文化因素的翻译观。功能派认为翻译是一种行为,它不再建立在等值理论的基础之上进行转换,使得直译与意译的无休止争论变得毫无意义。功能拍强调需从翻译的功能和目的出发进行信息的转换,强调转换过程的某一具体翻译目及相应的翻译策略、翻译方法。不同的翻译目的对应不同的翻译方法,为达到某一翻译目的可以综合运用多种翻译方法,从而回避了直译和意译的选择问题。在这一理论视角下提出了"目的论""翻译文本""翻译行为"等重要的观点及理论。功能翻译理论将原来的以原文本为中心的翻译理论转变为以译文文本为中心的翻译理论。其中目的论认为翻译是一种跨文化的交际行为,翻译转换所要达到的目的决定整个翻译行为的过程,即"目的决定手段",翻译策略必须根据翻译目的来确定,而翻译策略是实现翻译过程转换的手段与保证。也就是说,不管是直译还是意译,都是口译的一种策略,都是为了实现口译的效用和目的,因此,口译过程不存在翻译方法的选择问题,而是翻译过程的有效信息转换。

(二)功能理论的发展

20世纪七八十年代,德国功能翻译学派崛起。在功能翻译学派成为主流之前,以对等论为基础的语言学派在德国翻译学界占主导地位。对等论者一般都侧重于原文,认为原文的特征必须在译文中得以保留。功能翻译学派摆

脱对等理论的束缚,不再把翻译看作静态的信息转换现象,而把翻译放在行为理论和跨文化交际理论的框架中,为译学界另辟新径。功能翻译理论的发展经历了大致四个阶段:

1. 莱思的文本类型理论

1971 年莱斯(Reiss)在她的著作《翻译批评的可能性与限制》(Possibilities and Limitation of Translation Criticism)一书中提出将文本功能作为翻译批评的一个标准,即从原文、译文两者功能之间的关系来评价译文。莱思认为理想的翻译是目标语文本和源语文本在思想内容、语言形式以及交际功能等方面实现对等,并在此基础上建立了翻译批评模式。

2. 弗米尔的目的论

弗米尔(Vermeer)所提出的目的论是功能派翻译理论中最重要的理论。在弗米尔的目的论的框架中,决定翻译目的的最重要因素之一是受众(听众或读者)。他们有自己特定的文化背景、对译文的七万和交际需求。目的论的核心内容是:决定翻译过程的最主要因素是整体翻译行为为的目的。翻译即意味着目标语情景中为某种目的及目的受众而生产的语篇。汉斯·弗米尔和莱斯(1984)认为翻译是一种转换,是一种行为,而任何行为都有一个目标,一个目的。因此,翻译应遵循的首要法则是"目的法则"。汉斯·弗米尔明确指出,所有的翻译都指向其预定的对象。"目的论"这一术语本身就是指"目标文本的目的"。那么,结合口译特点译员在整个翻译过程中,可以结合译文预期的交际功能、读者的"文化背景"、交际需要等来决定处在特定译语环境中所应选择的翻译策略和翻译手法。目的论学者提出了翻译的三大法则:目的法则、连贯法则、忠实法则,其中目的法则是目的论的核心法则。

3. 贾斯塔·曼塔利的翻译行为理论

曼塔利(Justa Holz Mantari)视翻译为一种跨文化行为,而非单纯的语言转换过程。在其翻译理论模式中,她强调翻译行为的参与者不仅包括行为发起者及译者,还应包括翻译译文的使用者和信息接受者。此外,翻译活动的环境条件,如时间、地点、媒介等也直接影响着翻译交际目的的达成。在目的论的基础上,曼塔利提出了翻译行为理论,从而深化了功能翻译理论。曼塔利将"翻译"定义为一种为实现某一种特定目的而进行的复杂行为。曼塔利认为翻译是一种翻译互动,即有意图的互动、人际互动、交际行为、跨文化行为、文本处理行为。她非常重视分析行为参与者(Participant),如翻译行为的发起者(Initiator)、译者、译文使用者、信息接收者,和环境条件,如:时间、地点、媒介。根据翻译行为理论,所谓交互行为就是符号从发出者到接收者之间传递的交际行为,翻译最终是实现人与人的交往。那么翻译行为,显而易见就是人际交互行为。根据功能翻译理论,所有的翻译参与者在交互活动中都有一定的作用,这些作用体现在翻译过程中。许多的理论将翻译的参与者定义为作者、译者和译文接收者。在功能翻译理论视角下,翻译行为的参与者包含很多,如:翻译行为的发起者、原文作者、译者、译文使用者、信息接收者等。此外,她还强调了翻译过程的行为、参与者的角色和翻译过程发生的环境三个方面在翻译实践中的重要作用。

4. 诺德的功能加忠诚理论

诺德将忠实原则引入了功能翻译基础,提出了"功能加忠诚"理论。"功能"是指译文在译入语环境下达到预想的交际目的;"忠诚"是指"译者应同时对原文和译文环境负责,对原文信息发送者和目标语读者负责"。作为德国功能学派的又一有影响的创始者,克里斯蒂安·诺德首次用英文全面系统地整理了功能派各种学术思想,阐述了功能派复杂的学术理论和术语。诺德在2001年出版的《翻译的目的性行为》(Translation as a Purposeful Activity)一书中全面系统地整理归纳了功能派的各种学术思想,说明了功能派翻译理论自形成以来受到的各种批评,并对这些批评做了回答。他发现,尽管目的论在翻译过程中有很多优势,但是目的至上的原则会使得译员在翻译的过程中由于过于追求或者达到一定的目的而失去了原文作者的真实意思,甚至与原文的真实意思背道而驰。因此,诺德在功能理论中加入了忠诚这一概念。这里的"忠诚"是指人际交往层面的,人与人的社会关系的忠诚。诺德认为"忠诚"指的是译员、原文本发出者、目标文本接收者之间的关系要达到忠诚。因此"忠诚原则"是一把"双刃剑"——它不仅调和了翻译过程中的人际关系,同时它以原文本的目的限制了目标文本的功能。然而"忠诚原则"不同于"忠实法则"。"忠实法则"通常指的是原文本与目标文本间的忠实关系,而"忠诚原则"则是人际层面的,是人与人之间的社会关系达到忠诚。"忠诚原则"可以归结为,在口译活动中,译员对于其他翻译活动的参与者所要承担的道德责任。"忠诚原则"强调译员既要考虑到原文本发起者的要求,同时要兼顾原文本发起者的目的。

（三）功能翻译理论的突破

1. 功能翻译理论尝试把翻译研究从源语文本中心论中解放出来,拓宽了研究领域,赋予翻译更多的涵义。弗米尔提出了"废黜"原文主导信息转换的观点。功能翻译学派不再把原文视为至高无上的唯一标准,认为原文的作用仅在于提供信息。译者可以选择忠实于原文的信息而采取意译或忠实于原文的形式而采取直译,或根据目标语受众的文化状况和需求而采取合适的增添、删减和转换策略。例如产品说明书要求译者采取字对字的翻译方法,而广告则要求译者采取更为灵活的处理方法。功能学者着重强调的原则是译文必须连贯、流畅、自然。

2. 功能翻译理论发展了奈达的动态对等。丰富的翻译经验使莱思认识到真实情景中的对等是难以实现的,有时甚至是不必要的。当目标语文本的功能与源语文本不同时,例如将一篇散文改写成舞台剧,把莎士比亚的戏剧翻译成外语课堂教材或将一首古希腊诗歌逐字翻译出来让不懂希腊文的读者或听众充分理解时,这时译者可通过信息的有效转换,通过宗教、民族或商业的因素将之转换成具有不同意识形态的版本。这就是译学研究者所关注的译作与原作的信息对等转向,为翻译批评建立了新的动态模式。

3. 功能主义理论将翻译定义为,翻译文本从源语对应地转换为目标语"的观点中解放出来,扩展成翻译行为,这其中包括跨文化的一切语言符号与非语言符号的转换,把翻译研究纳入跨文化交际研究中。长久以来翻译许多理论家已经注意到非语言因素是翻译研究中不可缺少的部分,但鲜有人创立出合理的模式。而功能翻译学者从理论上提出了这一信息的转换,这些非语言因素体现在译者要考虑客户的目标及文本接受者的期望。功能翻译学派的创新之处还在于指出了"发起人"(Initiator)的作用,因为发起人提供资金,因此翻译目标常常由发起人决定,而非源语作者、接受者或译者。

4. 与对等论相比功能翻译理论极大提高了译者的地位,赋予译者威信。译者被视为跨文化交际的专家,而非从属于源语作者的译者。译者不再是把一种语言转换为另一种语言的中间人,而是训练有素的翻译专业人员。

二、功能目的论的发展

(一)目的论的提出

目的论产生于20世纪70年代的德国,在功能派翻译理论的基础上应运而生。1971年,凯瑟琳娜·莱斯(Kantharina Reiss)在其著作《翻译批评的可能性与局限》一书中提出了功能派翻译理论思想的雏形。此后,她的学生汉斯·弗米尔摆脱了以源语言为中心的等值论的束缚,在其思想上进行继承、发展和突破而创立了翻译目的论。弗米尔在他和莱斯合作撰写的《翻译理论基础概论》(1984)一书中正式提出:译者在整个翻译过程中的参照系不应是"对等"翻译理论所要求的原文及其功能,而应是译文在译语文化环境中所预期达到的一种或几种交际功能。而目的论三大法则的提出又进一步规范了翻译行为,译文不仅要忠实于原文,而且译文还必须能够让另一种文化背景下的读者/听众理解。与此同时,目的论赋予"译者"以特殊的地位,译者既需要尊重源语与译语需要,又需要协调译文目的与源语意图。

"Skopos"是希腊语中"目的"的意思。1970年汉斯·弗米尔开始把这个词引入到了翻译理论,作为描述翻译目的和翻译行为的专业术语。弗米尔并不认同语言学主导的翻译理论,因为他认为翻译行为不仅仅主要是一个语言过程,翻译可以是一种转化,将用于交流的语言符号和非语言符号从一种语言转化为另一种语言。根据汉斯·弗米尔的观点,翻译是发生在特定环境中的具有企图性的行为。所以,翻译是建立在源语文本基础上的翻译行为。他指出,任何行为都有目的和企图,所以翻译过程也不例外。

汉斯·弗米尔(Hans Vermeer)的目的论的核心概念是:翻译方法和翻译策略必须由译文预期目的或功能决定。同时,提出了目的性法则、连贯性法则和忠实性法则,并且把译本实现预期目标的充分性作为翻译的标准。目的性法则是指整个翻译过程,包括翻译方法和翻译策略的选择都是翻译行为所要达到的目的决定的;连贯性法则是指译文必须符合语内连贯的标准。语内连贯指译文必须能让读者理解,并在目的语文化以及使用译文的交际环境中有意义;忠实性法则是指与原文间应存在语际连贯一致。为了达到交际目的和文本间的语际连贯,译者可以根据原文模仿和创造,即忠实于原文,但忠实的程度和形式则由译文的目的和译者对原文的理解决定。

(二)目的论的发展

自汉斯·弗米尔创立目的论以来,该理论受到了广泛的应用,成为翻译界的新宠儿,为口、笔译各个领域的翻译提供了有效的理论依据,并在各个领域的口笔译翻译成果中体现出其巨大价值。每一项翻译活动都有其自身所要达到的目标,目的论以目标为导向,根据翻译所要获得的目标来制定翻译策略。弗米尔(2000)认为译文的好坏在于其能否达到所期望的目的。因此在目的论的指导下,无论翻译的原语与目的语间的文化背景或社会环境差异有多大,都能够有效避免译文同目的语接受者的语言习惯差异太大,从而更有效的达到翻译的目的。

20世纪70年代后,翻译学家们开始转向更加注重功能和社会文化因素的翻译观,提出了目的论。目的论认为,翻译是一种行为,而行为都有目的,所以翻译要受目的的制约;译文好不好,要看它能否达到预定的目的。按照时间的先后,大致可把目的论研究的发展分为"萌芽期"(1971 - 1977)、"发展期"(1978 - 1987)和"成熟期"(1988 - 至今)三个阶段。

1. 萌芽期:侧重于语言层面的早期目的论研究

20世纪70年代,凯瑟琳娜·莱斯的研究揭开了早期对目的论研究的序幕。研究成果为1971年她出版的《翻译批评的可能性与局限性》一书和2000年出版的《文本类型、翻译功能和翻译评价》一书。书中,莱斯移植了德国心理学家卡尔·比勒有关语言功能的观点,并进一步提出了与之相对应的翻译策略。

2. 发展期:关注社会文化因素的目的论研究

到了70年代后期,目的论的研究有了长足的发展。1978年弗米尔在《普通翻译理论的框架》一文中首次以文本目的为翻译过程的第一准则,提出了"目的论"的概念。1984年在《普通翻译理论基础》一书中,他详细阐述了"目的论"的基本原则。

3. 成熟期:对目的论的综合研究

诺德在《翻译的语篇分析》(2006)一书中继承了莱斯的"文本分析"理论、

曼塔里的"翻译行动"理论和弗米尔的"目的论",提出了更为详尽的"翻译语篇分析"模式。在《目的性行为》(2001)一书中,诺德全面系统地归纳了目的论的各种学术思想,着重论述了语篇的制作情景、传意功能和接受过程,并强调这三方面在在教学中培训翻译人员具有重要的作用。

三、功能理论下的口译发展

(一)功能翻译理论与口译

德国功能主义翻译理论学派的目的论强调译者主观能动性,摆脱了传统等值论的束缚,主张在翻译中根据翻译目的采取不同的翻译策略。译员应充分认识到自己在口译中的文化传输作用,增强跨文化交际意识,照顾目的语接受者的接受能力和切实期待,灵活运用口译策略,处理口译中的文化差异。最近 l 年来,众多的语言学者以及翻译学家都开始将功能理论研究的重点转向实践性更强的口译研究。国内有关翻译目的论的研究呈现明显上升趋势,主要以国内高校研究为主,目的论认为,口译人员应根据语际交际目的,继而采取相应的翻译策略。

功能翻译理论把翻译定义为一种翻译互动行为、一种有意识的互动和一种交际互动,同时翻译也属于一种交际行为、跨文化行为以及一种文本处理行为。既然功能翻译理论将口译和笔译视为以某一原文为基础的同一类跨文化交流活动的两个变体,那么研究口译就应该从意识互动、言语交际以及文化转换等方面入手。传统的翻译理论与口译实践存在着较大的差异,理论对实践的指导作用远远落后于实践对理论的需求。随着口译实践活动的不断丰富和发展,以奈达为代表的"对等派"理论一方面与翻译实践发展未能完全面接轨,另一方面也受到了许多学者和译者的质疑。而且众多的口译实践也确实证明了口译理论与口译实践的发展存在脱节。同时,译学业内也一直在争论口译质量的标准问题。在有些专家认为成功的口译有时可能得不到听众的认可,而译者认为达意的表达有时也达不到雇主的要求。其实,理想中的口译与现实之间的差异是客观存在的,如何缩小这种差异才是应该进一步探讨的。目前许多学者通过将功能翻译理论引入口译研究,从而探求解决这些问题的方法。

口译作为翻译活动的一种实践形式,从本质上来讲是在寻求原语(Source Language)与目标语(Target Language)之间的意义对等。翻译行为旨在理解话语篇章,然后用另一种语言重新表达这一话语篇章。话语篇章从根本上来讲是语言知识同语言外知识结合的产物,是翻译的对象。理解离不开语言外知识,而重新表达的质量也和译者的主题知识息息相关。口译最终目的在于保证使用不同语言的人们之间顺利交际,因此,翻译的重点应当着眼于原语与目标语之间的意义上对等,而并非是其语言形式上的机械对应。从这一点上看,口译行为与功能翻译理论的观点是互相吻合的。

(二)功能理论下的口译交际性

口译是一种通过口头表达形式,将所听到的信息准确而又快速地由一种语言转换成另一种语言,进而达到传递与交流信息之目的的交际行为,是人类在跨文化、跨民族交往活动中所依赖的一种基本的语言交际工具。口译译员必须在这项综合运用视、听、说、写、读等知识和技能的语言活动中即刻进入双语语码切换状态,进行现时、现场、限时的口译操作。口译交际能力不仅涉及对两种语言之间言语符号的转换技能,还关系到对各项交际技能综合运用的能力。口译者不仅要拥有"杂家"的知识素养及专业、行业知识积累,以满足不同场合的需求,还要能够拥有广阔的视野、扎实的语言功底、深厚的文化内涵、严密的逻辑推理能力以及得体的交际能力。结合口译的本质与特性,交际语言能力模式可以引申出口译交际能力模式:知识能力、口译技能与心理能力。知识能力包括对所涉及的两种语言知识和文化背景知识的掌握,其中语言知识不仅包括语法、语音、词汇,更重要的是还包括语篇知识、言语知识与社会语言学知识等多门专业知识。

口译技能是指运用综合知识进行口译交际的能力,包括瞬时记忆、口译笔记、逻辑思维、现场反应以及相关的口译策略与技巧。心理能力包括克服心理障碍的能力与临场发挥的能力。口译是一种特殊的高强度的现场工作,对口译者的心理素质提出很高的要求。近年来日益增加的中国特色新词语新表达几乎涉及各个领域,极富中国文化内涵。针对这类表达,选择恰当的口译处理方法有助于更有效地让受众明确无误地理解和把握所传递的信息要旨,从而达到宣传中国特色文化的目的,让更多的国家了解中国的国情。衡量口译质量的标准是"准确"与"流利"。"准确"是口译的灵魂与生命线,口译者要做到将来源语信息完整无误地用译语表达出来,准确的口译不仅是双语交际成功的保障,也是口译者职业道德和专业水平的集中体现。"流利"则充分体现口译作为交际工具的效用与效率价值,口译者要在确保准确的前提下迅速流畅地将信息加以传达。在处理特定文化的表达时,口译者应充分发挥口译交际能力的三要素,全方位调动知识能力、口译技能与心理能力,选择恰当的口译技巧,实现准确理解源语并流利表达的交际过程。口译的交际过程可以从功能理论的目的法则表现出来,见下图6-1:

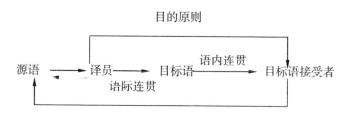

图6-1 基于目的法则的口译交际过程

在目的论中,忠实原则从属于连贯原则,二者都从属于目的原则。因为只有译文实现了"连贯",译文才能够实现价值,才能够与源文对比判断是否"忠实"。不连贯的译文,不能够被译文受众接受的译文,"忠实"是不存在的。然而,如果翻译活动的目的改变,要求源文的功能减少或增加,那么忠实原则也不再生效,译文再现源文的程度完全取决于翻译活动的目的。目的论的三大原则中,目的原则体现出"达";忠实原则体现出"信";而连贯原则体现出"雅",这同中国严复所提出的"信,达,雅"也是不谋而合的。相较于笔译来说,口译是人际交往活动中传播信息、架构双方信息交流的桥梁,其传递信息的目的性更强。为了让目标语听众通过译文立刻明白源语讲话者传达的信息,目的论正好相符合了口译的较强目的性,因而在口译中能得到更好的应用。

第二节 功能理论在口译实践中的应用策略

功能派以翻译目的为出发点,认为具体的翻译策略应按照翻译目的来确定,追求的是译文的社会功效。为使译文符合译语文化、语言的表达习惯和读者的接受能力,必须从译文的预期目的和功能的角度考虑,同时考虑具体翻译要求和发起人意愿,从而选择翻译策略和手段。

一、功能理论对口译策略的拓展

(一)建立新的口译评价标准

口译标准应首先是一个恰当的价值评价体系,唯有这样才能够起到其应有的指导意义。要评价口译活动是否实现了其应实现的价值,则应首先明确其应实现的价值是什么。功能翻译派认为翻译及翻译活动从本质上来说是一种跨文化交际行为,首要的作用就在于实现交际目的。这就意味着译员也应本着实现交际双方交际意图的原则来进行口译,最终评价口译也应看双方最终沟通的效果是否达到了期望中的交际目的。同时这一点也意味着忠实不应成为对口译译员的首要标准,译员应被给予更多的主动性,这样他们才能更好地把握双方交际的意图并按照这一意图来进行工作。要解决标准这一相对静止的概念与口译的动态性这一矛盾,就必须在口译标准内建立不同的层次。处于较高层次的标准贯穿所有的口译过程,处于较低层次的标准则是针对具体情况而言。德国功能翻译派的贡献就在于它清楚指出了这个较高层次的标准是什么,认为评价译文质量的标准是合适,即译文要适合翻译目的的要求。具体到口译就是说口译要完成在具体情境和文化中的交际功能。

(二)拓宽口译研究视角

功能翻译派将翻译直接纳入跨文化交际的范畴,大大拓宽了翻译研究的视角。作为一种跨文化交际活动,口译是一种动态性较强的活动,其与笔译的一个很明显的不同就是作为一种即时交际行为,口译过程有着言语和非言语交际的双重效用。口译不仅涉及言语的交流,也包括手势、身势语、表情等非言语因素的交流。在口译中过程中非言语因素可以更好的促进译员的理解,有助于提高翻译的质量。因此,对于非言语因素的把握程度也应在口译研究中有所体现。

(三)提供不同的口译策略

英汉属于不同的语言体系,有着各自独特的文化背景。同时在意识形态上有所差异,译员在有限时间内译出与原信息等同的译语是非常困难的。而直接译出一些固有套语又有可能转移听众注意力,转瞬间错过更重要的信息,那就得不偿失了。口译不应以找到字面上的对应为满足,它是一种创造性活动。译员作为文化传递的媒介,需尽最大努力消除跨文化、语言方面的障碍。因此译员应采用不同的翻译手段来达到交际的目的,而下述方法正是在功能翻译理论的指导下有目的运用的口译策略。

1. 直译法。直译是指按原来的意义和结构把原有的词句转换成译语的词句。译文的语言与原文的语言常常以相同的表达方式来体现相同的内容,口译人员应准确无误地将一方的信息传递到另一方,使交际双方的信息渠道畅通。译语不仅要忠实于原文内容,而且要符合源语的语言结构和风格。例如:"一石双鸟"译为"Kill two birds with one stone.",其实中文也有"一箭双雕"。

2. 意译法。意译法从意义出发,要求将原义大意表达出来,不注意细节,译文自然流畅。在口译过程中,如果不可能或者没有必要用直译法保留源语语言习语的表达方式,并且在译语中也找不到合适的同义习语套用,就得结合上下文用意译法把源语的含义表达出来。"银河"翻译成英文是"Milky way"而并非"牛奶路"。又如这句"她怕碰一鼻子灰,话到了嘴边又把它吞回去了。"译为"She was afraid of being snubbed. So she swallowed the words that came to her tips."。如果我们用直译翻译"碰一鼻子灰",外国人肯定不能理解它的意思。当我们采用直译来保持原作的想象时,我们也可采用意译做适当的补充,这就使译文能清楚、准确地传达源语的意思。

3. 增添和删减法。是指通过增加些内容或删减一些词汇从而更加顺畅明细地传达译语,例如介绍必要背景知识和补充原信息。为了使目标语听众更好地理解而增添与话题相关的解释等或者口译人员对原文信息进行筛选,尤其是在某些译语文化中,不合习惯、已失去效用的信息可省略不译。例如:一对中国夫妇邀请几位外国朋友到家里做客。客人进屋后,男主人出于中国人典型的热情好客的习惯,客套了几句。他说"欢迎大家来我家做客。你们看,真是的,你们来,我也没准备什么,咱们就随便吃点吧。其实,也没有什么好吃的,这几个菜是我夫人随便炒的,不成敬意。",而译员不假思索地如实照译:"Welcome to my home, Look, honestly, we didn't prepare much for your

coming. Let's have something simple. Actually there isn't anything good to eat, just a few dishes prepared by my wife. They are not enough to show our respect. "。几位外宾听了后面面相觑,不知道该说什么。显然,译员的信息转化有误,产生这一失误的根本原因是译员缺乏必要的跨文化交际的意识。译者为了译出符合逻辑和交际性的译文,需对源信息进行逻辑重组或内容重组加工,进行适当增添和删减。在分析了讲话者的意图和接受者的期待功能后,口译者就应该对源语做出修改以表示出说话人的交际意图和目的。

　　虽然以上几种口译策略可以独立使用,但在实际的口译中它们往往是相互渗透、有机结合的。在目的论的指导下,译员会依据特定环境、特定程度的听众的特定需求采取所需的方法。不管译员采用何种手段,都是翻译的策略之一。其目的都是为了完成交际的任务,达到理想的口译。

　　(四)强调语言转换在口译中的主导地位

　　按照功能派的观点,翻译只是一种转换。在这种转换中交际性的语言符号或非语言符号(或两者兼有)是从一种语言转换成另一种语言。口译与笔译尽管都起着沟通语言的桥梁作用,但它们各自承载的功能还是有所区别的。笔译特别是文学翻译,在传达信息的基本功能之外,往往还夹杂着介绍及传播文化的因素,可以说是有直接与间接、短期与长期的共存。而口译目的较为简单,直接性与短期性明显,而且由于其固有的口头形式而难以保存,又具有短暂性。这使口译往往很难成为文化研究的范本,难以成为承载传播文化信息的大众载体。明确这一点对于合理评价口译质量极为关键。如果我们把对笔译的要求与期望强加在口译上,希望它能承担起语言与文化双重功效,那是将理想口译的标准定得过高,这对口译人员来说就有些勉为其难了。在口译实践中,要能认识到在不同语言文化交流中彼此的相互影响是在所难免的,而真正有生命力的语言是开放创新的语言,口译过程的适度异化处理可以丰富语言的表现形式。

二、功能翻译目的论视角下的口译策略应用

　　功能派认为翻译是一种行为,它不再建立在等值理论的基础之上进行直译与意译的无休止的争辩,而是从翻译的功能和目的出发,强调某一具体翻译

目的所要求相应的翻译策略、翻译方法,即不同的翻译目的对应不同的翻译方法。为达到某一翻译目的可以采取多种翻译方法,从而回避了诸如直译和意译的两难处境。在这一理论视角下提出了"目的论""翻译要求""翻译行为"等重要的观点及理论。功能翻译理论将原来的以原文本为中心的翻译理论转变为以译文文本为中心的翻译理论。其中目的论认为翻译是一种跨文化的交际行为,翻译行为要达到的目的决定整个翻译行为的过程,即目的决定手段。翻译策略必须根据翻译目的来确定,而翻译策略是实现翻译目的的手段与保证。

(一)目的性法则在口译实践中的应用

口译的社会交际功能决定了在口译的过程当中,译员必须考虑多种因素,如语言、文化、思维、行为方式等的差异而采用不同的翻译手段,来达到交际的目的,例如常采用直译法、意译法、增添法、删减法、综合法,在不同的语言者之间搭起桥梁,以克服语言和文化等障碍,最终达到交际的目的。

例1:我们将进一步扩大开放,利用两个市场和两种资源,充分发挥外汇储备的作用,使外汇储备既能做到安全、流动和保值,又能支持国家建设和改善人民生活。(2009 年 3 月 13 日温家宝总理在十一届全国人大二次会议举行的记者招待会上答记者问)

译语:We will open wider to the rest of the world, make good use of both the domestic and international markets and resources, and make the most of our foreign exchange reserves, so that the reserves will not only maintain their safety, liquidity and good value, but also support the national development and improvement of people's lives.

源语中"利用两个市场和两种资源"并未指明具体的内容,这种用数字词组来概括的表达是汉语的表达法。译员在翻译时,考虑到听众对译语的可接受性,应该对"两个市场和两种资源"作补充说明。如果直译为"two markets and resources",就会使听众不知道是哪两种市场和资源,就没有起到传播信息的目的。

例2:就是说"米袋子"省长负责制,"菜篮子"市长负责制,房价也由地方来负主要责任。(2012 年 3 月 14 日温家宝总理在十一届全国人大四次会议举

行的记者招待会上答记者问）

译语：That includes the governor's provinces will take responsibility for the supply of stable foods and the mayors will be responsible for the supply of vegetables. And in terms of bringing down surging housing prices, it is the local governments that will assume the general responsibility.

这里的"米袋子""菜篮子"都是中国特色词汇，在目标文本中根本没有相应含义的词汇。源语中"米袋子"指的是粮食供给；"菜篮子"指的是蔬菜供应。那么，为了准确的表达原文本目的，译员选择了意译的翻译策略。将粮食供给的"米袋子"译为："supply of stable foods"，蔬菜供应的"菜篮子"译为："the supply of vegetables"。这样的译语就符合目的论有效信息转换的观点，将源语的信息在目标文本中再现。

例3：A：5年前，我曾面对大家立过誓言："苟利国家生死以，岂因祸福避趋之。"（节选自2008年3月18日温家宝总理在十一届全国人大一次会议举行的记者招待会上答记者问）

B：我秉承"苟利国家生死以，岂因祸福避趋之。"的信念，为国家服务整整45年……。（节选自2012年3月14日温家宝总理在十一届全国人大五次会议举行的记者招待会上答记者问）

译语：A：Five years ago, in front of a similar audience, I made a pledge: One should uphold his country's interests with his life. He should not do things just to pursue personal gains and he should not evade his responsibilities for fear of personal loss.

译语：B：I have devoted 45 years of my life to the service of this country and remain committed to the conviction that I shall dedicate myself to the interest of the country in life and death irrespective of personal weal and woe.

温家宝总理引用的这句诗词出自林则徐《赴戍登程口占示家人》一诗，A、B两个译语就同一句话的口译存在较大的差异。译语A忠实于源语的意思，非常详实地将"祸福避趋"的情况翻译了出来，目的语接受者将会对这句诗词有较充分的理解。而译语B就显得简短、干练得多，仅用短语"weal and woe"就表示了"祸福"。然而，同样的讲话出自不同的场合，译员翻译的目的自然不同。源语 A 讲话时,温总理引用诗词是为了重表 2003 年就职演说的决心,译员为了让译语接受者能充分理解诗词的含义而作了详尽的翻译。源语 B 讲话时,温总理任期将满,再次引用诗词以总结工作,由于大众对此已较为熟悉,译员为了"目的原则"而牺牲了"忠实原则",简洁、连贯地进行了翻译。由此可见,两个译文都适当地传达了当时讲话的目的。

例 4:这五年,各项社会事业加快发展、人民生活明显改善。(节选自 2011年 3 月 5 日温家宝总理在十一届全国人大四次会议上作政府工作报告时的讲话)

译语:Progress in all social programs accelerated and people's lives improved significantly.

在这一例子中译员明显没有交代时间状语,这主要由于口译的即时性特征决定了译员在短时间内为了表述主要内容,而忽略了一些不影响译文接收的次要性因素。那么译员的这一策略的选择取决于功能翻译理论的目的论中的目的性法则和口译的口语性特征。

例 5:改革贵在行动,喊破嗓子不如甩开膀子。(节选自 2013 年 3 月 17 日李克强总理在十二届全国人大一次会议举行的记者招待会上答记者问)

译语:In advancing reform, the important thing is to take action. Talking and talk is not as good as working and work.

源语很明显是一种比喻,但是如果译员在处理时真的译出"喊破嗓子"和"甩开膀子",估计与会的那些外国记者会很茫然,不知道李总理想表达什么,从诺德的功能加忠实的原则来看,在交际层面上达不到忠实于源语言。现场口译员孙宁很巧妙地借用了英语"Talking the talk is not as good as walking the walk."的习惯说法,将这些表达转换为目的语中已有的表达,达到了有效的信息交际。

例 6:I made V for Vendetta, studio action movie for which I learned everything I could about freedom fighters whom otherwise may be called terrorists from Menachem Begin to Weather Underground.(娜塔莉波特曼在 2015 年哈佛大学毕业典礼上的演讲)

译语:我拍了动作片《V 字仇杀队》,为此我学习了所有自由战士相关的东西,他们也被叫做恐怖主义者。

此句翻译中删除了冗长多余的内容"Menachem Begin to Weather Underground."以此达到理解与信息传递的效果。

(二)功能目的论决定口译策略

口译是一种目的性的交际活动,口译过程中,译员需要协调源语发出者和受众之间的关系。下面以2013年3月17日李克强总理在十二届全国人大一次会议举行的记者招待会上答记者问的交替传译为例进行案例分析,根据李克强总理的讲话内容及语言特征,译员对口译策略进行了有效地整合,主要运用了短句整合、无主句的补充、逻辑推理与解释等目的论口译策略。

1. 短句的整合

李克强总理讲话通俗易懂,经常会出现比较短小的句子。译员需要将众多小句子整合成一个意思完整的句子呈献给听众。

例1:说白了,就是市场能办到的,多放给市场。社会可以做好的,就交给社会。政府管住、管好它应该管的事。

译语:Put simply, we need to leave to the market and society what they can do well, and on the part of the government, we need to manage well those matters that for within our purview.

通过对比源语与译语,我们可以看出译员并非是逐字逐句按照原文本形式翻译的,源语中平行的两个意思,译语通过一个复合句表达出来。不仅完整地表达了原意,而且符合李克强总理通过两会新闻发布会传达政府的政策与立场,关注人民的利益,反映了译员对源语准确合理的理解。如果对原句不进行整合,按照原句结构翻译,就会造成冗余现象,并不符合外交语言的习惯,而且听众也会觉得不好理解。

例2:他们和我谈话,很坦率地说,我们是为美国的利益而来,我跟他们说,我是为中国利益工作。既然大家都讲利益,那好,利益就有共同点、汇合点。

译语:They have been very candid with me. They said we came for advancing American interests. And I said, I work for China' interests. So that gives us something in common and our interests have convergence.

如果译员将这些句子逐字翻译,不仅浪费两会新闻发布会现场宝贵的时间,而且必然会带来冗杂。"谈话"一词,正如译语中所译,译员很巧妙地跳过了谈话,用"said"即可表达明确意思,使句子简单清楚。在对最后一句"既然大家都讲利益,那好"的处理上,译员直接抓住了源语的意思,将其整合翻译为"So that gives us something in common",更加有逻辑性。

2. 无主句的补充

在汉语中,无主语现象很常见,是中国人千百年来逐渐形成的语用习惯,然而英语一般需要主语,否则容易造成语义的曲解。因此,在汉译英时,译员必须增加主语或者改变句子结构以符合英语的表达习惯。而在比较正式的政府性会议中,省略掉的主语通常为政府。

例3:把努力实现人民对未来生活的期盼作为神圣使命,以对法律的敬畏、对人民的敬重、敢于担当、勇于作为的政府,去造福全体人民,建设强盛国家。

译语:We will take as our secret mission the people' aspirations for a better life. We will revere laws, respect the people, take on our responsibilities and have the courage to get things done, so as to benefit the whole nation and build a strong and prosperous country.

通过对比源语与目标语,我们从中可以看出,源语中包含的几个小句子均没有主语,经过对源语的理解与分析,译员通过增加主语"we"将源语翻译成两个完成的句子。实现了翻译目的,并且忠实于原文。如果采用直译的方法,听众会云里雾里,迷惑不解,到底是谁来执行这些事情,如此一来,讲话者的目的就不能有效转换。

3. 逻辑推理与解释口译

汉语中的逻辑关系往往隐藏在句子中,人们通常以比较含蓄的方式传递信息。所以,译员要特别注意汉语中的逻辑关系。此外,译员要准确理解源语确切含义,还需要语境的辅助,讲话者可能会在一个句子中提到一件特别的事情,但在其他句子中却省略掉了,译员需要清楚的将这些意思传达出来。

例4:你谈到理想,凡事想要做成的话,总是要在理想和现实之间做出可能的选择。

译语:You asked whether this is an ideal plan, I think, to succeed in doing anything, one has to strike a proper balance between ideal and reality.

首先,译员需要清楚源语的逻辑关系,明确讲话者的意图。源语是李总理回答新加坡记者问题"这次改革是不是您理想的方案?"时的回答。源语中为"理想",译员巧妙的译为"the ideal plan",更加准确,容易理解,且忠诚于源语,很好地解释了政府的态度,将源语的逻辑关系有效传达出来。

例5:公正是社会创造活力的源泉,也是提高人民满意度的一杆秤,政府理应是社会公正的守护者。

译语:Fairness is a source of society creativity and yardstick for improving the people's satisfaction with the work of the government. The government should be the guardian of social fairness.

该句子的翻译,很显然译者用了简化的方法,译员并没有按照源语表面形式翻译,而是将"满意度"翻译为"satisfaction with the work of the government",更加准确。译员省略了"秤"的对应翻译,将意思融合在整个句子中,简单明了。

例6:要保住耕地红线。

译语:We need to keep the size of farmland above the red line of 100 million hectares.

该句是典型的解释性口译,译员使用增添法,增加了"100 million hectares"进行解释,让听众迅速理解什么是"红线",红线的标准是什么。若不解释,没有相同背景与文化的国外听众则无法理解。

4. 政治特色词及习语翻译

译员在做口译时,一般会事先了解源语者的讲话风格并作大量的语料准备工作,对具有中国特色的词语需要谨慎处理。

例7:我经常在地方调研的时候,常听到这样的抱怨,办个事、创个业要盖几十个公章,群众说恼火得很。

译语:When I visited local communities, I often heard people complain to me that they would need approvals of nearly several dozens of departments to get something done or start their business, and people are quite frustrated about this.

例8:一是不能再欠新账,包括提高环保的门槛;二是加快还旧账,包括淘汰落后产能等。

译语:First, we should not incur any new problems and raise the threshold of environmental protection. Second, we should speed up the efforts to overcome long-standing problems which include phasing out backward production.

例9:要让人民过上好日子,政府就要过紧日子。

译语:if the people are to lead good lives and the government must be put on a tight budget.

在以上的三个中文例子中,"盖几十个公章","欠新账","还旧账"、"过紧日子"是典型的具有中国特色的词语,用在中文的语境中,源语表达形象且生动。然而,要是按着字面意思翻译,把这三个词语按表面意思翻译为"have several dozens of seals","own new debts","pay off old debts","lead tight lives",就没有达到理解其意和有效转换,英语听众无法理解。现场译员的如此处理则更能准确传达李总理讲话的信息,也符合会议要求。汉语中有些诗词或者谚语包含更更深层次的意思,口译一般不能按照字面意思翻译,否则听众无法理解,达不到交际传递信息的目的。此时,译员应该抛弃原来的形式结构,脱离源语外壳,理解讲话者本意,根据语境来传达讲话者的意思。

(三)基于功能目的论的俗语口译

正如以前人们对温家宝总理在"两会"记者会中频繁使用诗词的关注一样,2013 年 3 月 17 日李克强总理在十二届全国人大一次会议举行的记者招待会上答记者问的过程中,人们也十分关注李克强总理回答时使用的很多俗语和引用的名句。李克强总理常用这些作为例子,来帮助大家理解他的回答。但是这些语句往往具有浓厚的中国特色,对于与会的外国记者和朋友来说,如何使他们真正理解李总理的真实意思则完全取决于译员的现场翻译了。

例1:为官发财,应当两道。

译语:Holding government office and making money have been two separate lanes.

例2:花好总有月圆时。

译语:When flowers are in full bloom, they will be a time for the moon to be full again.

例 3：行大道，民为本，利天下。

译语：To follow the great way, to put the people first and to benefit all under heaven.

例 4：己所不欲，勿施于人。

译语：One should not impose on others what he himself does not desire.

"两会"记者招待会是一个极其特殊和严肃的场合，因此"两会"记者招待会的口译译员在翻译时，特别注意李总理话语的深刻内涵和引申含义，尤其是四字词语和俗语这种具有一定中国特色的语句的翻译，不能错译和误译。当然，这些语句的翻译是个难点，但是译员则更多考虑这类词语在语境中的目的和功能，尽可能使译语能够准确表达出源语的意思。更重要的是，在"两会"记者招待会这个特殊的场合中，译员的译语要能够达到有效信息输出的目的，发挥其作用，使得中央政府的新举措、新决议能够准确无误地被与会的中外记者和关注这一记者会的中外人士所接收。

上述这四个例子，很明显都是中国人说话中使用较频繁的俗语，好似一种比喻，但是却形象的描述出一种状态或者一个深刻内涵。讲话者在发言时使用这种俗语也使自己的表达更加生动有趣。通常情况下，这种语句在英语中没有对应的表达方式，所以译员在处理时会根据不同的目的和语境进行不同的翻译。

例 1 中很显然是使用直译的方法来处理的，虽然译文没有汉语那样对仗，但在口译这种时间比较短暂的情况下，这样的翻译，既符合目的法则，准确表达出其意思，也忠实于发言人。同时，从曼塔利的翻译行为理论的角度出发，既达到其特定目的，也能满足于翻译这种交际互动行为在跨文化环境下的顺利进行。再来看例 2，大体上是直译，但是又有一定的解释成分。因为在中国的文化中，"花好月圆"几乎是每个中国人都能理解的一种美好时刻。而其中的"花好"不是指花很美好，而是完全绽放的时刻，月亮满圆也是只有中国人才能体会的美好时刻。两个看似没有关系的状态，译员巧妙地使用"full"来表达两种美好时刻的状态，既准确又巧妙地把两种美好时刻用同一个词表达，有助于外国人理解。众所周知，中国人说话讲究对仗工整，如例 3，虽然不是出自什么典籍，但是李克强总理自己总结的心得体会却十分整齐，这类语句在口译这种时间较短暂的情况下,翻译是有一定难度的。但是译员却巧妙地用不定式来处理,不仅做到了准确传达发言人的本意,还使得译语具有与源语相似的对仗结构,更加贴近源语的目的。同样如例4,虽然是出自《论语》,但在这个环境下,这句话的主要目的不是要说明这是一句多么出名的话,而只是要说明一个道理,所以译员根据功能理论,为了达到其本质目的,只需简单地译出其本质意思即可。

在现场口译时译员应多考虑这类词语在语境中的目的和功能,尽可能使译语不仅能够准确表达出源语的意思,更重要的是在"两会"记者招待会这个特殊的场合中,使译语能够达到宣传中央政府的新举措、新决议的目的,发挥译语输出的传播效应。

综上所述,口译的特点决定了译员在口译的过程中要考虑译语所要达到的目的和功能,在了解目的语义化的前提下,运用相应的翻译策略来达到口译的目的,圆满完成口译任务。

参考文献

[1] House, Juliane. Translation Quality Assessment: A Model Revisited[M]. Germany: Gunter Narr Verlag Tubingen,1997.

[2] Newmark. A Textbook of Translation[M]. New York: Prentice Hall,1988.

[3] Nord, Christina. Translation as a Purposeful Activity[M]. Shanghai: Shanghai Foreign Language Education Press,2001.

[4] Nord, Christina. Text Analysis in Translation[M]. Beijing: Beijing Foreign Language Teaching and Research Press,2006.

[5] Reis, K. Translation Criticism: Potential and Limitations[M]. Manchester: St. Jerom and American Bible Society,1971.

[6] Reis, K. &Vermeer, H. General Foundations of Translation[M]. Tubingen: Niemeyer,1984.

[7] Reis, K. Type, Kind and Individuality of Text: Decision Making in Translation[M]. London and New York: Routledge,2000.

[8] Vermeer, Hans. Skopos and Commission in translational action[M]. Hongkong: City University of Hongkong,2000.

[9] 陈小慰. 翻译功能理论的启示—对某些翻译方法的新思考[J]. 中国翻译,2000(4).

[10]陈颖、李玉英.目的论视角下的口译策略[J].江西教育学院学报,2011(1).

[11]陈元骊.功能翻译理论的突破及启示[J].大学英语(学术刊),2008(3).

[12]邓礼红.汉语四字格口译策略分析—以2013两会李总理记者会为例[J].中
　　　国科技翻译,2013(11).

[13]杜晓军.目的论视角下的译者自由度[J].知识窗(教师版),2014(14).

[14]贾文波.原作意图与翻译策略[J].中国翻译,2002(4).

[15]李洁.论记者招待会的口译策略[J].洛阳理工学院学报,2010(1).

[16]李洁.论翻译目的论的阶段性发展[J].时代经贸,2008(S4).

[17]林琳.功能翻译理论视角下两会记者招待会口译研究[D].黑龙江大学,2012.

[18]吴菊红.功能翻译理论在科技翻译中的应用[J].南阳师范学院学报(社会科
　　　学版),2009(4).

[19]张军阳.口译的"忠实"[J].太原理工大学学报社会科学版,2002(9).

[20]杨丽影.翻译功能理论在口译教学中的应用[J].黎明职业大学学报,2009(9).

[21]功能翻译理论.百度文库英语学习,2015 – 4 – 24.

思考题:

1. 在口译实践中,如何运用功能目的论选择口译策略?

2. 目的论的目的性原则、连贯性原则和忠实性原则在口译过程中是如何
   实现口译的交际目的?

3. 功能翻译目的论视角下的口译策略主要有哪些?

4. 功能目的论如何实现口译交际策略的有效转换的?

5. 语境对功能信息的有效转换有何作用?

第七章

基于模因理论的口译传播研究

第一节 模因与模因论

随着世界全球化的发展对于口译人员的大量需求,高校的口译教学逐渐凸显出其重要性。现在越来越多的高校选择开设了口译专业,使得口译的学习更加正规化,给众多热爱口译学习的学生更加全面的学习机会。口译教学与传统的翻译教学相比,不仅需要学生对于口译的基本概念、策略和技巧的熟知,更需要学生在掌握了大量的理论知识的同时进行大量的训练,熟能生巧。本章拟从模因论的角度探讨口译策略与口译教学,分析模因论对于口译的指导意义。

一、模因论发展概况

（一）模因论的提出

模因论(Memetics)是基于达尔文进化论观点来解释文化演变和传播规律的一种新型理论。模因(Meme)这一概念最早是牛津大学生物学家 Dawkins 于1976 年出版的《自私的基因》(The Selfish Gene)一书中提及。Dawkins 将其定义为文化传播的单位或模仿的单位。它主要指在文化的领域中,人和人之间在不断的模仿及复制中所传播的思想。作为一种新提出的理论,模因论的发展是建立在生物学家达尔文提出的进化论的基础之上。模因作为模因论的核心,该词来源于希腊语,在希腊语中的意思是"被模仿的事物"。生物进化论的核心术语是基因,生物的发展、进化依靠基因的传播和遗传。而模因是个体之间相互传播的语言、行为或情感模式,它起初存在于某个个体的大脑记忆中,与进化论中生物体的基因相似,模因是人类文化的基本单位,其传播方式为复制和模仿。理查德·道金斯著此书的一个主要目的是希望通过将模因与生物进化论中的基因联系结合,能够更有力地诠释文化的生生不息和繁荣发展,能够更好地解释人类不同种族文化之间存在的差异。

Heylighten(1998)指出一个模因是否被成功复制并传播出去,应当经历四个阶段:一是同化阶段(Assimilation),即成功的模因应能感染新的个体,被接纳理解后并被记忆;二是记忆阶段(Retention),有效的模因要在记忆中停留一段时间,其被停留的时间越长,就越能被复制传播;三是表达阶段(Expression),指模因携带宿主与其他个体进行交流时,宿主必须从记忆存储中提取出来再进入能被他认去感知的物质外形中,这个过程中常见的表达手段有语言,文字以及图片等;四是传输阶段(Transmission),指模因借助各种载体扩大传播范围,此过程其实就是复制过程。2003年何自然教授将模因论引入我国,在其原本的理论上何教授提出了语言模因论。他提出了语言模因信息的复制和传播的两大类型,即模因基因型、模因表现型以及语言模因对翻译研究、文化研究以及语言教学的影响。何自然(2005)认为成功的模因具有三个特征:复制的真实性,多产性以及长久性。

给模因这一概念定义经历了两个阶段。在第一个阶段中,模因被纯粹地认为是模仿的文化单位,表现在诸如音乐的韵律曲调、思想看法、时代语言、服装穿戴、房屋建构等精神和物质文化模式;第二个阶段的模因被看作是人在大脑中所存储记忆的信息单位,是存在于人脑中的复制因子。

在我国何自然教授最先将模因论与语言研究结合在一起。根据何自然教授(2003)的研究,语言研究中可将模因传播信息和文化交互的方式结合起来,对人类研究语言、分析语言现象提供了一个更加明确的指导方向。从模因论的角度来看,在语言文化交际当中,语言选择和使用的过程实际上就是各种文化、语言模因相互竞争的过程。那么翻译作为语言研究的一部分,也能够与模因论相结合。芬兰学者切斯特曼(Chesterman)最早将模因与翻译理论系统有机地结合在一起。切斯特曼(1997)认为,翻译研究可以看作是模因论的一个分支,从模因的视角看,翻译理论的进化本身就是翻译模因不断复制和传播的结果。翻译是将一种语言通过书面或口头的方式转换为另一种语言,每种语言在传播的过程中都存储了各自的语言模因。就像基因在生物体中的遗传复制一样,一方面,语言模因在传播过程中对前一时期的语言模因进行忠实地复制和继承,其结果与原模因相比完全一样;另一方面,语言模因由于受到环境、人为等因素的影响,在复制和继承的过程中会发生突变,复制和继承的结果不一定完全相同,相对于前一时期的语言模因,或多或少会出现增值或删减的情况。因此,翻译模因又分为模因基因型和模因表现型两种方式。模因基因型在翻译中指将源语的意思忠实不变地转换为在另一种语言中相对应的意思;模因表现型则指源语在不同的文化中有不同的意象表达,需要顾及到目的语文化的意象环境。这两种方式将翻译中的归化和异化方式以一种新的方法阐释出,可以大大提高翻译的质量和效率。

(二)模因论的发展

基因是通过遗传而繁衍的,但模因却通过模仿而传播,是文化的基本单位。有学者认为模因是个人记忆中的信息模式,它能从一个人的记忆中复制到另外一个人的记忆中去。

模因像病毒,能感染人类的大脑,改变他们的行为,令他们着力宣扬这种模式。对某种事物(如标语口号,时髦用语,音乐旋律,创造发明、流行时尚等)只要有人带个头,大家就会自觉或不自觉地跟着模仿起来,传播出去,"炒作"起来,成为"人云亦云""人为我为"的模因现象。

2003年初流行一种非典型性肺炎,它传染性强、病死率高,引起社会的极大关注,这种非典型肺炎就被简单地复制为"非典",在人们交往中广泛传播,表现为一种语言模因。其实这个叫法并不科学,因非典型肺炎不只这一种,但这个叫法就这样传播出去了,人们也就不管这个叫法科学不科学,非典就专指这种具有某些特定病征的非典型肺炎,"非典"的说法还被收进了《现代汉语规范词典》。

模因靠复制而生存。当某种思想或信息模式出现,在它被复制或被重复传播之前,它还不算是模因。只有当这种思想或信息模式得以传播、仿制才具有模因性。任何一个信息，只要它能够通过模仿而得以复制、传播，它就可以称为模因了。

模因像病毒那样感染和传播，从一个宿主过渡到另一个宿主，不断变化着形态，但始终保持其固有的性质或相同的模式。我们肉眼看不到病毒如何传染，但我们注意到它可能走的路径和可能导致的症状。模因也是那样，我们无法指出模因是些什么，但当我们看到某种现象出现并得到传播时，我们能够认出那是模因作用所导致。

模因有正和误、利和弊之分。正确的、有利的模因（如爱国、好学）使我们的知识、文化得以代代相传，并发扬光大。有害的模因（如吸毒、盗窃）同样也会传播，但它只出现在意志薄弱的人群中，支配着他们的欲望，或令其产生可能产生危害社会的企图。社会上的一些不良行为（色情、暴力、贪婪）都是有害的模因现象，它们会发展到危害社会，或给社会带来消极的影响。也有一些模因（如某种习惯、信仰）是中性的模因，但部分人群会对一些不具价值的事物以某种价值而加以传播（如封建迷信、盲目崇拜）。模因有一些是流传的想法或盲目传播开来的信息，所以它不一定是必须真实的。模因的真实性与模因传播的成功与否这两者之间并无关系。社会上真真假假的传言，有事实的，也有不足为据的谣传，这正好说明模因的这种传播特性。

模因可以是单个模因或模因复合体，模因与模因之间相互支持，形成关系密切的模因集合就是模因复合体。大脑里信息内容的自我复制和传播是模因的基因型；信息的形式被赋予不同内容而得到复制和传播，则产生各种模因的表现型。

二、模因论与口译研究

（一）模因视域下的口译发展

模因论（Memetics）是在达尔文进化论观点上，用模因来解释文化传播的新理论。最早将模因引入翻译理论研究的是 Chesterman 和 Hans J. Vermeer。而最有影响力的还是切斯特曼的《模因论与翻译》（Memes of Translation）。在该书中切斯特曼（1997）把有关翻译本身以及翻译理论的概念或观点统称为翻译模因(Translation Memes),如翻译的理论概念、规范、策略和价值观念等。他同时提出翻译是模因的生存机器,翻译为模因复制创造了条件,大量的模因在翻译的过程中得到复制。2006 年陈琳霞和何自然从语言模因论角度,指出语言本身就是一种模因。他们认为模因在同一语言文化中传播总是通过模仿,以语言为主要载体进行传播,但如果模因要通过语言进行跨文化传播那就需要翻译了。由此观之模因、语言、文化、翻译是密切相关的。而模因翻译论正是从模因复制、模仿的角度解释口译现象。

一般来说,翻译可以划分为口译和笔译两部分。口译作为最早出现的翻译方式,是通过口头语言表达的方式,将一种语言准确、迅速地转换成另一种语言,以此实现语言及文化的传播和交流,是人类在文化交流和民族交融中的最早开始使用的基本语言交际工具。口译的过程实质是一种动态的交际,它的过程要经过五个阶段,分别为接收源语信息、对源语信息解码、记录关键信息。重组信息逻辑和表达信息,这与模因传播的生命周期相似。

口译是译者通过目的语语言向听众复制传播源语文本中的文化模因和语言模因的过程。源语文本的作者是语言模因和文化模因的宿主,他/她通过源语文本向源语读者和译者展示着语言模因和文化模因。源语文本是语言模因和文化模因的载体,承载着作者的思想和以及他想要传递的文化模因。译者做为宿主具有特殊性,他是两种乃至两种以上的语言和文化的宿主,即目的语文化和源语文化的宿主,他携带模因并进行源语模因进行解码、记忆、表达与传播。口译过程中译者通过源语文本模因和源语文本的模因同化,对源语文本中的模因进行记忆,通过目的语将源语文本中的模因表达出来,即翻译成目的语,然后将源语文本中的模因以译文的形式传递给目的语听众,完成口译模因的复制与传递。译语读者/听众理解译文,形成语言和文化模因同化、对模因产生记忆、再将模因表达出来,完成源语中的模因向目的语模因的进化。模因的传播对两种文化之间理解与包容会起到很大的积极作用,这是口译的特殊性和目的所在。

口译过程中语言是一种模因,语言中的字、词、句、段、篇、章,只要通过模仿被复制,都有可能成为模因。在口译过程中,语言模因的成功复制要经过四个阶段,首先是同化阶段,一个有效的模型应该能够影响受体,听者要注意、理解和接受;第二个阶段是记忆,模因必须在人脑的记忆中停留一段时间才可以进行复制传播,而且停留的时间越长,就越有机会使听者受到最大效果的影响和同化;第三是表达阶段,指的是译者再将信息传达给听者时,模因必须从记忆模式转变为听者所熟悉的语言或行为模式,最突出的表达方式就是话语、文本、图片、行为等常用手段;第四是传播阶段,传播的模式为传播需要的物质载体或媒介,它们具有很强的稳定性,确保转移的表达不会被扭曲或变形。这四个阶段形成一个周期,体现在整个口译过程中的模因传播,见图 7 - 1。

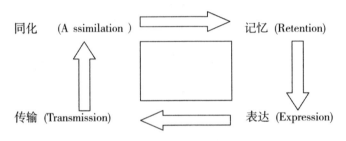

同化 (A ssimilation)　　　　　　　　　记忆 (Retention)

传输 (Transmission)　　　　　　　　　表达 (Expression)

图 7 - 1　模因口译的四阶段过程图

译者在口译过程当中可能不时存在着停滞、漏译、语义承接不当等问题,而模因论的信息复制和传播过程的特征正好能够用来剖析上述缘由,帮助译者找到问题所在从而提高口译质量。

(二)模因视域下的口译传播与应用

Blackmore(1999)将模因分为两种形式:基因型(Genotype)和表现型(Phenotype)。基因型指内容相同形式各异的模因复制和传播方式不同,但信息内容一致的模因。表现型指形式相同内容各异的模因,模因的形式相同,但其内容已经改变。基因型模因在翻译中十分常见,主要是所指意义对等的词汇、短语、句子的翻译,人名、地名的音译以及大部分与目的语对等的事物都是模因的完全复制。源语与目的语词汇的内涵不对等的情况常常会出现即就是表现型模因。例如在翻译 John Masefield 的诗"The West Wind"中的"the west wind"时,如果我们把它译为"西风"的话,这只是形式上的一致但意义内容和原文有很大的出入。原文中"It's a warm wind, the west wind, full of birds' cries;I never hear the west wind but tears are in my eyes, ..."的"the west wind"是温暖的意思,是春天象征。如果直译成"西风"与原文内容不符,因为在我国"西风"有寒冷之意,给人以冬天来临的感觉,不会给译入语读者/听众带来相似的感受。

在模因进化过程中会出现模因的完全复制、部分复制或创造性复制,模因的完全复制是一种理想的口译过程。口译中源语文本是源语文化模因和源语语言模因的载体,口译中译者往往会使用流畅自然的目的语言来展示源语文化和语言,从而使源语语言形成一种隐身,但源语文化常常却是显性的。部分口译过程可以沿用笔译的模因的复制方法,如汉语中的"大姐""老三",葛浩文在翻译时就译作"First Sister","Old Three",并在这些词的前面加上了"In families, proper names are used far less often than relational terms."。译语在某种程度上可以说是源语语言的隐身和源语文化上的显身,是一种创造性复制。翻译"炕"时,他将其译为"the brick-and-tamped-earth sleeping platform, *kang*"。"炕"这一中国特有的词汇使用了音译加注释的方法,将中国北方这一特有的事物形象用自然流畅的语言展示给目的语读者,但同时他还为目的语读者呈现了新的语言模因"kang"。在后来他直接使用"kang"来翻译"炕",使其在译文中反复出现,不停复制,以同化目的语读者,使其接受这一词语并产生记忆,为"kang"在目的语中的成功复制和传播创造了机会,"Kang"和"炕"成为一组基因型基因,是模因的完全复制。中文中的人名与目的语的人名并不对等,可以用音译的方法。但中文的人名往往是有含义的,而音译过去时文化内涵却无法成功复制。例如:口译上官金童和玉女的七个姐姐来弟、招弟、领弟、想弟、盼弟、念弟、求弟时,口译就不能采用葛浩文的直接音译"Laidi, Zhaodi, Lingdi, Xiangdi, Pandi, Niandi, Qiudi"。这仅仅是语言模因的复制,但在复制的过程中,却将重要的文化模因遗漏了,即上官家族对男孩的逐渐递增的渴望,译者在口译时若未对这些名字的内涵做出任何补充说明,口译时文化模因就没有复制成功,译语与源语就不能做到完全对等。

第二节　口译过程的模因策略

口译是一种特殊的交际行为,它通过口头表达的形式,将所听到的信息快速准确的由一种语言转换为另一种语言,从而达到传递和交流信息的目的,这是人类文化在长期发展中产生的一种基本的语言交际工具。语言本身就是一种模因,而口译的内容也是语言的转换,因此口译实际上就是跨文化交际行为中的语言模因的复制与传播。口译过程实际上也包含了四个阶段:源语的输入、解码、编码和译语输出。在口译的教学中,学生要首先理解源语涵意,其次要对源语进行语言的转换与重组,根据译语的特点进行复制,最后才能将译语输出,从而完成了口译。这个过程与模因的四个过程相似,我们也可以说口译过程就是模因产生、同化、理解和表达的过程。

一、口译过程的基因型策略

（一）基因型策略

何自然教授(2005)提出的语言模因观认为,语言模因的复制和传播分为可以分为两种方式,那就是模因基因型和模因表现型。模因基因型指的是结构逻辑不一样但所表达的内容和意思是完全一样的,也就是说模因在复制和传播过程当中,结果可能以同样的结构和逻辑形式出现,也可能会以不同的形式输出,但最终表达的内容和源语意思是一样的,是不变的。

模因基因型又可分为等值模因和等效模因,等值模因主要是指语义等模因。按照乔姆斯基的说法,语义表达能够分为表层意义和深层意义。因此,等值模因可以进一步分为表层意义的等值模因和深层意义的等值模因。所谓表层意义是指源语的字面意思,即一个词或一个句子的单词,而深层意思即为一个单词或句子所隐含的意思或含义,其口译过程见图7-2:

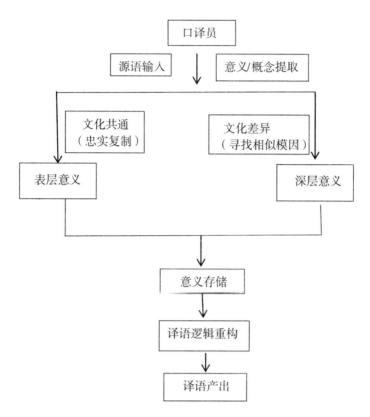

图 7-2 口译过程的等值模因传播策略

如上图所示,在表层意义等值模因中,译者通过对源语表层结构的转换,忠实地复制了源语中的核心模因。如果讲话者、译者和听者在文化上有共通的地方,那么译者可以直接采用表层意义等值模因,因为译者可以很容易在源语中找到与听者所处文化相同的模因,所以可以轻易地对源语解码并进行传播。但是,如果讲话者或者听者拥有独特的民族文化,译者就需要根据听者的认知环境和能力进行处理。当讲话者与听者所拥有的文化能够相互交融并达到对方所熟悉的程度时,译者就可以采取表层意义等值模因的方法传播语言。

语用语言等效模因的复制不拘泥于源语的形式,用最接近源语意思的词汇和句子将源语中的内容译出来,达到等效的目的。在交际语言等效模因中,译者尽可能地选择适用于听者语言环境的编码模式以真实地传达讲话者的思想和意图,确保听者能够准确理解讲话者的意思,将源语模因开始新一轮的传播。而社交语用等效模因主要指社会文化层面上的等效传播,这就要求译者对口译过程中所涉及的文化进行理解和解码。也就是说,译者既要充分理解讲话者所处的语言和文化背景,也要考虑到听者的文化认知和语言环境。

(二)口译基因型策略应用

在实际的口译过程中,模因基因型策略应用较广。下面将从实际的口译例子中深入分析该策略的应用。

例1:这一伟大胜利,开辟了中华民族伟大复兴的光明前景,开启了古老中国凤凰涅槃、浴火重生的新征程。(2015年9月3日习近平主席在在纪念中国人民抗日战争暨世界反法西斯战争胜利七十周年大会上的讲话)

译语:This great triumph opened up bright prospects for the great renewal of the Chinese nation and set our ancient country on a new journey after gaining rebirth.

在汉语演讲中,四字格的词语层出不穷,四字格词语也是汉语中富有特色的表达。源语中的"凤凰涅槃、浴火重生"在汉语中是一个典故传说,意思是凤凰经过烈火的煎熬和考验,在熊熊大火中诞生新的生命,也就是重生的意思。根据社交语用等效模因,因为在英语文化中没有直接对应的语言模因,所以译者在口译的过程中需要将典故的意思表达出来。

例2:……注重解决经济发展中存在的不平衡、不协调、不可持续问题,使中国经济凤凰涅槃、浴火重生,保持强劲发展动力。(2015年9月22日习近平主席在美国华盛顿州西雅图市的访美演讲)

译语:We will solve the problem of unbalanced, uncoordinated and unsustainable development and enable the Chinese economy to successfully transform itself and maintain strong momentum of growth.

同样也是"凤凰涅槃、浴火重生",但是在不同的语境中,译者作出的表达是不一样的。"transform"的字面意思是转换、转化,这与汉语中的"重生"有相同的意思。语用和语义等效模因强调尽可能地找到与源语意思最接近的词汇,将源语意思最自然地表达出来,因此在谈到经济发展问题中,译者巧妙地结合了语境,将源语意思恰当无误地表达了出来。

例3:21世纪以来,东亚发展翻开了新的一页,各层次合作机制不断丰富和

完善。(2015 年 11 月 22 日李克强总理在马来西亚吉隆坡出席第十届东亚峰会上的讲话)

译语:In the 21st century, a new page has been turned in the development of East Asia and there have been more and better cooperation mechanisms at various levels.

英语语言和汉语语言还有个最大的不同就是语态的不同。众所周知,汉语语言中,不论主语是人还是物,我们总是习惯用主动语态;而在英语语言中,情况正好相反,被动语态似乎更能是句子在逻辑和意思上更有气势和说服力。根据模因基因型的翻译策略,译员在处理上述话语时,巧妙地将句子的语态适应了目的语语言的习惯,达到了结构不同但内容相同的完美效果。

例 4:很高兴参加博鳌亚洲论坛 2012 年年会。/对各位远道而来的嘉宾表示诚挚欢迎!(李克强总理在 2012 博鳌亚洲论坛开幕式上的主旨演讲)

译语:I am very glad to be here at the Boao Forum for Asia Conference2012. / I'd like to extend my sincere welcome to all the guests here coming from afar.

在汉语中,我们经常会发现无主句的句子,这是符合汉语语言习惯和中国人思维习惯的。汉语注重意合,而英语语言习惯是注重形合。以上两句汉语演讲致辞都没有主语,但是口译过程中译者要充分考虑听众(英语语言者)的语言习惯,将主语表达出来。因此,根据模因深层意义等值翻译策略,译者在口译过程中,一定要顾及到听众的语言习惯,这在一定程度上也体现了社交语用等效模因的运用。

例 5:Mr. President, your visit is a defining moment in this very special year for our bilateral relationship. (2015 年 10 月 20 日英国女王在白金汉宫欢迎习近平主席夫妇访英晚宴致辞)

译语:主席先生,对于英中两国双边关系非常特殊的一年来说,您的访问是一个决定性的时刻。

这句话来自英国女王的演讲。众所周知,英语和汉语两种语言在语法结构上有所不同。英语中,习惯把最重要最核心的部分一语道破,然后再加上修饰性的状语;而在汉语中,情况正好相反,我们在汉语中习惯先把一系列的状语修饰语罗列出来,然后最后才把核心内容表明。如上的例子,英汉两种文本的重点都是说访问时决定性的时刻,但是在两种不同的语言环境子下,逻辑结构却是不同的。根据基因型翻译策略,除了句子结构上的不同之外,译语几乎是忠实地将源语信息表达了出来,没有任何的增减遗漏,但却把源语信息完整无误地表达了。

例 6:Education is very close in my heart…In those days,not many villagers could read. So my father opened a night school to teach them how to read. (2015 年 9 月 26 日彭丽媛在联合国总部参加"教育第一促进可持续发展"高级别活动演讲)

译语:我非常关注教育……那个时候许多农民都不识字,当时我的父亲开办了一所夜校专门帮助扫盲。

彭丽媛在联合国演讲时谈到了以前中国的教育情况。源语中的"is very close"字面意思是很近、非常近,但是结合语言环境,译者将其译为"很关注",这就是深层意义等值模因的体现。再有后面"could read""teach them how to read",字面意思是"会读""教他们怎样读",但是结合所指的当时中国大众受教育的情况,全国正在掀起扫盲的热潮,也就是教人们认字的热潮,因此译员在口译的过程中将其译成了"识字"、"扫盲",这样很好地迎合了汉语语言环境的实际情况,将语言模因较通俗地进行了传播。

总之,在口译过程中译者作为语言模因的传播者,首先应该忠实地将源语中的文化内涵和意思准确地表达出来,同时还要确保听者能够对译文进行正确地再解码,以便能感染新的听众,使得语言模因能持续地、无误地传承下去。由上述的口译案例可以看出,模因基因型策略对口译员来说,是一个较为灵活的翻译技巧和转换信息的方法,使得译员在口译过程中不仅能准确传达讲话者的意思和意图,也能将听者同化,使得交际双方在交流中取得了信息交际效果。

二、模因论视角下的文化负载词口译策略

(一)模因论与文化负载词口译

文化负载词是最能体现语言中浓厚的民族色彩和鲜明文化个性的特殊词汇,是不同地区特有的文化载体,是一个地区、民族、国家历史文化的结晶。因

而文化负载词的翻译直接关系到文化交流和有效传播。这就要求译者在翻译这些词汇时，不仅要准确恰当地理解不同国家地区文化中的信仰、习俗、审美、价值观，同时忠实地传达本国文化的精髓与灵魂。但也正是因为文化负载词的独特性，译员很难准确把握语言转换方式。口译过程通常被视为对源语信息的复制、模仿和创造过程，因而能否对文化负载词做到恰当的复制、模仿是口译能否成功的关键因素。

（二）以源语模仿为导向

以源语为导向的模仿是指口译过程中依据源语的句式结构、表达方法所进行的翻译。这类翻译通常是源语信息带有很强的文化性特殊性，而目的语中又没有相同的模因进行复制，译者尽量选择以源语模因为导向的翻译策略，从而保留源语的文化特征。

例1：一根裹脚布，长一丈余，曾祖母用它，累断了奶奶的脚骨，八个脚趾……受尽苦难，终于裹就一双三寸金莲。（莫言《红高粱家族·红高粱》）

译语：A yard in length, the clothe binding were wounded around all but the big toes until the bones cracked and the toes turned under... The results of grandma's suffering were two three-inch golden lotuses.

该段落口译，采用了以源语言模因为导向的翻译策略。"三寸金莲"本为中国封建社会特有传统，对于国外听众而言是完全陌生的。按常理分析，译者理应采取以目的语模因为导向的翻译策略，使读者易于接受。但是分析整个段落结构，段首已对"三寸金莲"的形成做了介绍，所以随后翻译直接对源语模因进行复制，译为"three-inch golden lotuses"没有进行重复的解释使译文简洁明了。"莲"即包裹的小足，使得"Lotus"高贵、典雅的意义很生动地传达了古代女子小脚的特殊韵味，使那个时代女性独特的形象跃然浮现。这样的翻译不仅将中国文化介绍给外国听众，同时保留了源语固有的意象美，也是文学语言口译的样板。

（三）以目的语模仿为导向

目的语模因模仿为导向翻译即根据目标语源语言句式结构，表达方式，化特色对源语模因进行模仿、创作。这类源语文本通常是词汇不符合外国生活习惯，不容易被外国读者所接受，同时其文化特性也并不是很典型，也因此翻译中经常可以被忽略。译者会选择目的语中的能够被广大听众/读者所接受的语言,同样可以对表达效果的强势模因进行模仿复制,完成翻译的目的。

例2:大爷说:心急吃喝不了热粘粥。(莫言《红高粱家族·红高粱》)

译语:Greedy eaters never get the hot gruel.

心急喝不了热粘粥是中国俗语,指做事不要太心急。但译成"Greedy eaters never get the hot gruel"却不容易被外国听众/读者理解。外国人的日常生活中没有粥,主要食物基本都是冷食,他们不能了解等东西稍微凉点再喝的必要性,所以这样对源语模因的直接复制往往会让外国听众/读者不知所云。因而在遇到文化巨大差异时,我们可以不以源语模因为导向,选择听众/读者熟悉的目的语模因进行模仿,达到翻译等效。但是如果将"hot gruel"换成"hot coffee",国外听众/读者很快就能理解,热咖啡要慢点喝,小心烫着。显然这样符合外国听众/读者习惯的表达方式更易被接受。

(四)以动态模仿为导向

动态模仿是指在翻译中选取以源语为导向的模仿,也可以选取以目的语模仿为导向的翻译策略。选取的标准时是达到翻译最优化目标,即选择以源语为导向的模仿和以目的语模仿为导向各自的长处,加以分析并取得综合效果,达到最佳模仿效果。所以动态模仿也可以称之为综合模仿和最佳模仿。

例3:轿子走到平川旷野,轿夫们便撒了野,这一是为了赶路,二是为了折腾一下新娘。(莫言《红高粱家族·红高粱》)

译语:When the sedan chair reached the plains, the bearers began to get little sloppy, both to make up time and to torment their passengers.

"折腾"是中国北方民间用语。有三层涵义:翻过来倒过去,反复做某事。胡锦涛主席曾在纪念十一届三中全会召开30周年大会上,用北方方言"不折腾"来表明中国坚持"社会主义"的决心。2010年"不折腾"被收入上海译文出版社新编的《汉英大词典》,译为"avoid self - inflicted setbacks"或"don1 stir up turmoil"。但是此处小说源语中的折腾不仅是指反复颠轿让新娘不舒服,更是一种嫉妒心理的表现。看到美丽的新娘要成为别人的老婆,妒忌心理使轿夫们产生的一种挑逗,折磨新娘想法。英文中并没有对应的"折腾"这一说法,因而译者对源语模因分析,取其意义,进行模仿,借用目标语"torture"表达这种复杂的情感,在两种语言中找到动态的效果对等。这样的译语不再仅仅局限于源语模因或目的语模因的模仿,而是取源语和目标语长处,巧妙融合,使得译语更生动达意。

例4:父亲又想起七八年前的一个晚上,我奶奶喝醉了酒……呢呢喃喃地说:大叔……你别走,不看僧面看佛面,不看鱼面看水面,不看我的面子也看在豆官的面子上,留下吧,你要我……我也给你……你就像我的亲爹一样……。

(莫言《红高粱家族·红高粱》)

译语:Then he thought back to a night seven or eight years earlier, when grandma, drunk at the time…not for the sake of the monk, stay for the Buddha. If not for the sake of the fish, stay for the water. If not for my sake, stay for little Dougua. You can have me, if you want…

我们对比原文和译文,发现这两个文本句式一致,都很整齐。中国的俚语谚语大都是很简洁整齐的短句,通常是很难在其他语言中找到对等表达方式。但是这种简洁的表达却具有很强的表达力。因而译者将中文的句式同"不看……面看……面"进行模因复制,同时借助于外国的表达方式"not for …but for…"这样的翻译,既保留了源语简洁明了的句式结构,同时适应了目标语听众/读者的文化理解习惯,朗朗上口。不仅仅将意思呈现给了外国听众/读者,同时也让外国听众/读者了解了中国人独特的文化表达方式。但是这里"not for …but for…"并不是字面的"不看……面,看……面",而是对其意义的释译。这就是我们所说的模因的动态模仿,而不是简单的对源语或目标语复制,而是一种文化负载模因的传承。

运用模因论来分析文化负载词的口译策略不仅仅有助于拓宽文化负载词的口译视角,同时有助于本国文化的传播,达到文化交际效果。

第三节　模因论在口译教学中的应用

英语口译教学是在英汉两种不同的语言之间进行语言模因的传递与转换的过程。语言模因的模拟与传播也与模因理论生命周期的四个阶段相关联,首先应该被语言学习者所接受理解,然后停留在其记忆中,然后通过多种方式表达出来并进行有效地传输复制。对于口译学习者来说,在理解接受的同化阶段就要进行信息的转换,实现英汉两种语言的互相转换。在口译教学中,教师应当有意识的对学生进行引导,让学生在理解理论知识的基础上,对相关信息进行及时输出,从而实现英语与汉语之间的互相转换。

一、模因论视域下的口译教学实践

（一）加强语言基本功的积累和训练

在口译教学中,学生要能够熟练掌握英语表达句式,还要求较好的掌握源语文化模式。老师更要熟练掌握双语语言的基本功,教师要不断训练学生的源语转换效率,从模因的角度来讲就是不断训练口译中的语言的复制与传播。

口译课堂教学一定要让学生不断加强语言基础知识的转化训练,练就一个过硬扎实的语言基本功,这也是对一名合格口译员的最基本的语言要求。口译过程中口译员要不断进行词汇、句法和语法层次的相互转化,这些看似普通的信息需要口译者平时投入大量的时间精力进行反复磨练。译员的现场表现取决于平时的语言基本功训练和跨文化交际能力,也是保证译员的翻译被源语和目的语听众的人们所接受。基于以上原因,我国一些高校在培养口译专业的本科或研究学时,都在课程培养方案中强调加强学生的语言基础训练,这也是保证口译过程中译员实现有效输出的基本手段。

（二）提高口译过程的影子训练效果

根据模因论口译过程也可以被看作是一种模仿训练和记忆,所以口译训练一定要加强学生的知识记忆,训练学生在源语和目标语之间的转换。具体到口译学习就是朗读、陈述、模仿,甚至背诵训练,这样训练的目的就是使学生达到或接近源语言的表达。口译课堂训练环节就是通过模仿和背诵训练学生的记忆能力。训练的方式可以是多种多样,诸如源语信息的模拟转换、新闻语言的记忆陈述等方法都是行之有效的。其实最好的方式是提供口译的现场模拟练习,与口译实际效果可以有效对接。

模拟的目的是实现信息的记忆,朗读和背诵是训练语感的有效途径,教师在课堂训练中可以选取新闻、演讲或电影片段作为模仿记忆的训练内容,需要提出的是所选的联系材料一定要与时俱进。

（三）加强口译的情景训练

良好的口译训练离不开口译场景，也就是我们通常所说的口译情景训练。诚然口译员的基本功必不可少，但是口译的情景训练能够不断加强口译的时间效果。传统的训练方式可能较少融入到口译的实践场景中去，缺乏针对性，译员语言基本功再好，离开了口译的实际场景也难以发挥，通过模因论我们知道任何模仿都离不开口译场景训练。

就口译训练而言，模仿表达离不开场景训练，记忆也离不开场景训练。模因论所说的感染宿主实际指的是模拟后的记忆，如果用信息的编码和解码表示，源语信息只有在具体场景中达到模拟记忆的效果才能做到有效输出，信息的理解、编码、记忆和编码这几个阶段，与上模因论所提到的模因生命周期是一致的。语言的传播过程离不开具体的场景。所以，口译教学的模拟场景训练显得日益迫切。一般的课堂教学难以达到实际口译训练所要求的口译场景，这时教师要想方法创设一些实际口译场景，如新闻发布会的现场口译情景等。这里面的训练手段十分丰富，可以让学生通过背诵后的陈述发言进行现场口译训练，然后教师进行现场评价，不断改进训练效果。当然，口译的同传和交传等内容要交替进行，不能有所偏颇，甚至还可以做符合具体场景的影子训练。

（四）提高口译的跨文化交互训练

口译训练实际是一种跨文化的交互联系，译员的模拟训练离不开创设文化传承的诸多文化因素，因此口译训练要不断加强文化情境下的仿真练习，使得文化传承融入到课堂教学中去。

口译训练从源语到目标语的转换也可以看成是文化因素的模拟传播，课堂的口译训练就应该有意识地进行跨文化模拟训练。口译信息的转换是一种综合性的、复杂的文化交际活动，这里所说的语音、词到句子的传递都是一种文化因素的模因传播，也就是说口译过程是一种文化信息的解码过程，是语言文化的输出。口译的文化交互训练应侧重语言输出是的文化基因的模仿复制，达到输出时的有效传承。成功的口译员在平时训练中十分注重文化内涵的培养，注重文化的模因训练，注重收集包括社会的、宗教的、生活习惯等文化因素,以使口译达到"信、达、捷"的标准和要求。

二、基于模因论的口译教学应用分析

译员只有对英汉两种语言文化背景的熟知,才能做出更好的语言复制与转换。从信息的复制到信息的理解,语言转换与表达,模因论的过程与口译的过程有着相同过程,因此口译教学中要注意培养口译员对译语的有效输出。

在一个商务谈判案例教学中,口译员可以完全理解外商所表达的意思,也能正确地将外商的要求转化为汉语,告知中国商人。但是因为口语不好,发音不标准,外商对中国译员所翻译的内容产生了歧义,最终也可能导致谈判失败。中国译员虽然可以正确而有效的复制出源语信息,但是在输出与表达这部分能力还存在欠缺,因此在口译教学中,教师要有意识地提醒学生注意语音语调,要训练模仿地道的口语表达。

在旅游英语的口译教学案例中,存在译员不熟悉中国本土文化,对于所介绍的旅游景点没有提前做好充分的文化背景准备,在向外国游客介绍时出现了歧义,因此旅游翻译在进行一次口译之前必须做好充分的准备工作。在旅游英语口译教学中,教师要注意提醒学生吸收各个方面的知识,在信息复制后达到有效地输出和理解。

另外要建立一定的口译语境,例如同传演讲,模拟记者招待会,交传采访等等,都可以给学生建立一个良好的英语口语练习的氛围。只有当语言模因在有形的英语环境中得到不断地复制和传播,学生的实际交际能力和口译综合能力也会得到提高。

综上所述,在英语口译教学中,模因论的应用为口译教学提供了良好的指导理论,带来了创新性的教学思路。通过对模因论的认识和分析,教师应当对口译模拟信息有计划、有步骤的要求学生进行练习,从而确保口译实践效果。总之,模因论为英语口译教学提供了新的研究方向和空间,基于模因论的口译教学对于学生的双语使用能力和口译综合能力有一定的促进作用。随着模因论在口译教学中的运用和不断的成熟,口译教学还会有很大的提升空间。

参考文献

[1]Blackmore,Susan. The Meme Machine[M]. Oxford:Oxford University Press,1999.

[2]Chesterman, A. Memes of Translation:The Spread of ideas in Translation Theory [M]. Amsterdam:John Benjamins Publishing Company,1997.

[3] Heylighten F. What Makes a Meme Successful? Selection Criteria for Cultural Evolution [C]. In Proc,16th Int Congress on Cybemetics,1998.

[4] Richard Dawkins. The Selfish Gene[M]. Oxford:Oxford University Press,1976.

[5]鲍川运. 关于翻译教学的一些思考[J]. 中国翻译,2003(2).

[6]陈琳霞、何自然. 语言模因现象探析[J]. 外语教学与研究,2006(2).

[7]陈圣白. 模因论视域下的口译教学实证研究[J]. 外语教学,2011(2).

[8]何自然. 语言中的模因[J]. 语言科学,2005(6).

[9]何自然、何雪林. 模因论与语用学[J]. 现代外语,2003(2).

[10]马萧. 从模因到规范:切斯特曼的翻译模因论述评[J]. 广东外语外贸大学学报,2005(3).

[11]莫言. 红高粱家族[M]. 北京:人民文学出版社,2007.

[12]李明慧. 模因论在高校英语口译教学中的应用研究[J]. 经济师,2012(3).

[13]陕西省翻译工作者协会. 长安译论[M]. 西安:陕西旅游出版社,2000.

[14]谢超群、何自然. 语言模因说略[J]. 现代外语,2007(2).

[15]王雪瑜. 翻译模因论探析. 福州大学学报(哲学社会科学版)[J],2010(1).

[16]张耀平. 拿汉语读,用英文写—说说葛浩文的翻译[J]. 中国翻译,2005(2).

思考题:

1. 翻译模因的基因型策略在口译和笔译中的运用有何不同?

2. 模因论与口译过程的文化负载现象有何关联?

3. 模因论在口译过程是否具有科学性?

第八章

生态理论视域下的口译交际研究

第一节 生态口译理论发展概述

作为一门新的跨学科的翻译理论，尽管生态翻译学的发展只有短短十几年，但它以其新的思路、新的方法、新的视野对翻译的研究起到了重要的指导意义，对口译理论及实践研究起到了积极的促进作用。从生态口译理论的角度对口译的交际策略进行研究，可以提高口译过程的整体性效果。用生态理论重新解释口译过程，可以说明译者在生态口译环境中的适应与选择，进而解决口译过程中出现的问题。

一、生态翻译理论

（一）生态翻译理论的提出

"生态"是指生物的生存环境，即生物的群居地。而生态学则是研究生物与环境以及不同生物之间各种相互关系的学科。生态学的产生最早是从研究生物个体而开始的，如今生态学已经渗透到各个领域，"生态"一词涉及的范畴也越来越广，如现代网络用语"生态厕所""生态农业"等，健康的、美的、和谐的等事物均可冠以"生态"来修饰。这些概念的基本含义就是表达环境中有很多生物存在，从而在某种程度上达到人与自然之间的和谐共存。生态学原理就是生物在其存在的各个水平上的相互关系及其与环境的关系。生态翻译学作为一门新兴的学科,涉及到两门不同的学科"生态学"和"翻译学"的交叉研究。生态翻译学就是从生态学的视角来研究翻译,其发展过程体现了翻译研究是为生态利益服务的。生态翻译学,以生态整体主义为视角,以自然选择原理为基石,是一项探讨生态翻译、文本生态和翻译群落生态及其相互作用、相互关系的跨学科研究。要追溯生态翻译学的起源,就必须要提到翻译生态转向的发展。从20世纪80年代开始,著名翻译学家皮特·纽马克(Peter Newmark)就将翻译的生态特征作为描述翻译文化介入的主要特征。2003年米歇尔·克罗尼恩在《翻译与全球化》一书中还专门提出了关注不同语种之间生态翻译(Ecological Translation)的生态理论,提出在不同语种间翻译要保持健康和谐态(Healthy Balance)(胡庚申,2008)。生态翻译理论是从适应选择论发展而来的,换句话说,适应选择论是生态翻译理论早期发展的理论基础。生态翻译学的理论是以达尔文生物进化论的适应选择为指导,建立在翻译活动和适者生存的自然法则的共同点之上的翻译理论。生态翻译学不同于之前的翻译的文化转向,它是一种以生态学为视角的翻译研究方向,注重生态系统的整体性,充分关照到各个维度的综合翻译观。从生态翻译学的视角,对翻译的本质、过程、评价标准、原则以及翻译现象做出新的描述和解释(胡庚申,2008)。生态翻译学侧重译者为翻译的中心,又从生态学的角度对各种翻译理论与翻译生态系统进行纵观整合。在生态翻译学理论框架下,翻译研究和理论不断发展,对翻译现象和翻译实践的新见解和认识不断涌现。

　　2001年10月,胡庚申教授在香港浸会大学做了题为"从达尔文的适应与选择原理到翻译学研究"(From the Darwinian Principle of Adaptation and Selection to Translation Studies)的翻译学讲座,同年12月他的论文"翻译适应选择论初探"在国际译联第三届亚洲翻译家论坛上宣读。之后,越来越多的国内外翻译界人士开始从生态学视角研究翻译活动,生态翻译学这个全新的术语也开始为越来越多的人所熟知。2010年11月9日~10日首届国际生态翻译学研讨会在澳门理工学院举行,来自丹麦、内地、台湾与澳门的专家、学者一起探讨生态翻译学的研究、实践和发展,国际生态翻译学研究会揭牌仪式也同时举行。这标志着生态翻译学这一具有创新意义的翻译研究途径已经形成,并在逐渐走向理性与成熟。

生态翻译学是由清华大学著名教授胡庚申提出的全新翻译理论,它是在翻译适应选择论基础上发展起来的。它是运用生态理性,从生态学视角对翻译进行综观的整体性研究,是一个翻译即适应与选择的生态范式和研究领域。(胡庚申,2008)这一理论具体阐述了"翻译适应选择论"对翻译文本的解释功能,一是翻译过程中译者适应与译者选择的交替循环过程;二是翻译原则体现为多维度的选择性适应和适应性选择;三是翻译方法的"三维"(语言维、交际维、文化维)转换;四是评价标准的多维转换程度、读者反馈以及译者素质。

翻译生态环境是一个比语境更宽泛的概念,语境仅仅是以使用语言为参照,不包含语言本身或语言使用。而翻译生态环境是译者和译文生存状态的总体环境,范围极其广泛。它是由所涉文本、文化语境与翻译群落及精神和物质构成的集合体(陈圣白,2012)。可以说,译者以外的一切都可以看作翻译的生态环境。翻译生态环境是译者多维度适应与适应性选择的前提和依据。

生态翻译学认为,"适应"与"选择"是译者的本能,是翻译过程的实质。译者不仅要适应生态环境,而且要以生态环境的"身份"实施对译文的选择(胡庚申,2004)。适应的目的是求存、生效,适应的手段是优化选择;而选择的法则是"优胜劣汰"。从这个角度说,翻译可以被描述为译者适应和译者选择的交替循环过程。

"三维"转换就是指语言维转换、文化维转换和交际维转换。语言维转换就是指译者在翻译过程中对语言形式的适应选择转换。这种转换可以发生在翻译过程的不同阶段、不同层次和不同方面。文化维转换就是译者在翻译过程中关注双语文化内涵的传递与阐释。它关注的是源语文化和译语文化在性质和内容上存在的差异,避免从译语文化观点出发曲解原文。交际维转换就是指译者在翻译过程中关注双语交际意图的适应选择转换。它要求译者除语言信息的转换和文化内涵的传递外,把翻译选择转换的侧重点放在交际的层面上,关注原文中的交际意图是否在译文中得以体现。"三维转换"是发生在翻译操作层面的,具体指导译者应如何进行有效翻译。

(二)生态翻译理论的发展

生态翻译学是由清华大学胡庚申教授提出的,经过多年的发展,其理论体系已经愈加完善,有关生态翻译学的理论研究与应用研究不断增加,研究团队也日渐壮大。生态翻译学是一种生态学途径的翻译研究,是在翻译适应选择论研究的基础上发展起来的,或者说翻译适应选择论是生态翻译学发展初期的一项基础性理论研究。胡庚申认为"适应"与"选择"是译者的本能,是翻译过程的实质。译者不仅要适应翻译的生态环境,而且要以翻译生态环境的"身份"实施选择,译文便是其选择的结果。(胡庚申,2008)适应的目的是求存、生效、适应,适应的手段是优化选择;而选择的法则是"适者生存"、"汰弱留强"。在这一理论的指导下,对于翻译本体的理解首先是翻译方法在语言维、交际维、文化维的转换。其次,翻译过程是译者适应与译者选择的交替循环过程。再次,翻译原则是多维度的选择性适应与适应性选择。最后,译文评标准主要取决于多维度转换程度、读者反馈、译者素质,那么整体适应选择度最高的翻译为最佳翻译。因此译者需要从"三维"着手,使译文能够达到多为转化的程度以达到有效输出。

生态翻译学经过十几年的发展,取得了可观的成就,也吸引了越来越多的译界人士的关注。近年来,已有逾百篇有关生态翻译学理论研究和应用研究的文章在海内外发表。可以看出,在生态翻译学研究"范式"之下,以生态翻译学归类和直接以生态翻译学命名的各项研究,在近年来的翻译研究中,有逐年增加的趋势。虽然生态翻译学已经取得了可观的成就,但生态翻译学理论仍有待进一步发展与完善,针对生态翻译学,研究者还有很多事要做。正如胡庚申教授(胡庚申,2009)所说,从总体上看,现有研究的不足和欠缺颇为明显:一是散而不专,从生态视角考察翻译的研究迄今还只有"散论"或"偏论",系统的生态视角的翻译学专题研究尚少;二是"引"而未"发",一些研究还只是停留在引用生态学相关术语或一般概念的阶段,尚未依据生态学的基本内涵对翻译活动给予系统的、深入而一致的描述和阐释;三是狭隘单一,缺乏对更多的问题做出多维度的诠释和概括;四是未成体系,还没有从生态视角对翻译活动进行系统的探讨和描述并建立相应的话语体系,因而学术影响力不大。此外,一些研究还只是就事论事,没有将相关研究放在全球性的生态趋势和学术思潮的时代背景下综观考察和研究。因此总体上看,从生态学视角系统探讨翻译学的系统研究仍显不足。

生态翻译理论以翻译适应性选择论为基本哲学基础,以"译者为中心"为核心翻译理念,即翻译的过程是以译者为中心,侧重翻译过程、翻译方法和翻译评判标准。翻译就是译者对原文翻译生态环境的适应和翻译生态环境对译文的选择。在翻译方法方面"适应选择论"被概括为"三维转换",即在"多维适应和适应性选择"的原则下,侧重语言维、文化维、交际维的适应性选择。该理论明确提出译者中心论,以译者的角度对翻译的本质、过程、标准、原则和方法以及翻译现象等做出解读,同时以生态学视角对翻译理论及翻译生态系统进行整合。更加强调译者的主观能动性,为翻译研究开辟了一个全新的领域。

生态翻译学起步于 2000 年后,2008 年全面展开。这是一种生态学途径的翻译研究,抑或生态学视角的翻译研究,对翻译活动进行了全新解释,把翻译活动放到一个更为广阔的视角下检验,提出译者在翻译的时候要综合考虑语言维、交际维和文化维这"三维"。同时强调译者的适应选择,凸显了译者的中心地位,这对口译有借鉴作用。具体而言,它是由所涉文本、文化语境、源语语篇、译语和翻译群落的集合体,是译员和译文生存状态的总体环境。而国内学者方梦之(2011)则把生态环境定义为影响翻译主体生存和发展的一切外界条件的总和。这里的主体是广义的,即参与翻译活动的一切生命体,包括原文作者、译者、读者、翻译发起人、赞助人、出版商、营销商、编辑等。而外界环境则包括与翻译相关的大环境,小环境,或是内在环境,外在环境。作为翻译的分支,依据生态翻译学,口译是一种译员与选择不断交替循环的过程(方梦之,2011)。因此,口译的特殊性决定口译有着独特的生态环境。

翻译是语言的转换,而语言是文化的一部分,文化是人类活动的积淀,而人类又是自然界的一部分。反过来,人类作为自然界的成员,长期的交际活动形成文化,文化以语言为媒介传播,语言交流不一样就需要翻译。这样看来,生态口译的作用就至关重要。中国传统文化中有许多的经典智慧,以天人合一、中庸之道、以人为本、整体综合为特征,包含着丰富的哲理。中国传统文化价值观念中有先天的整体观、综合观、有机观。正是由于这样的哲学转向,打开了翻译研究从翻译生态视角发展翻译活动的视野和思路,形成了生态翻译学研究路径。

从近几年的发展看,生态翻译学研究采用综合论证和分析例证相结合的方法展开研究,具体方法是协调梳理分项专题研究和注重整体研究的关联互动。在研究中特别注意运用翻译学、语言学、符号学、认知科学、社会学、文化人类学、跨文化交际学、生态学等不同学科的理论和成果,通过跨学科的综合分析论证,从而使所归纳出的结论具有科学性和说服力(胡庚申,2009)。

翻译的过程是由译者主导的适应与选择的交替循环过程。翻译适应选择论是生态翻译学理论体系的基础,其将达尔文生物进化论中的"适应/选择"学说引入翻译研究。对于译者来说,既要适应又要选择;适应中有选择,即适应性选择;选择中有适应,即选择性适应。其强调适应和选择对译者的重要作用。

翻译的核心是以译者为中心,生态翻译学认为翻译是一种以译者为中心的复杂系统的智力活动。这一翻译观表明,翻译的优劣、译品的生存和长存与译者的素质密切相关。翻译原则指的是译者在翻译过程中,原则上在翻译生态环境的不同层次、不同方面上力求多维度的适应,继而依此作出适应性地选择转换。

总之,生态翻译学的基础理论将翻译方法简括为"三维"转换,即在"多维度适应与适应性选择"的原则之下,相对地集中于语言维、文化维和交际维的适应性选择转换。这既要求译者在翻译的过程中不仅要做到语言层面上的转换,还要关注文化的传载和交际意图的传递。最后从"三个参考指标",即多维转换程度、读者反馈以及译者素质中得出最佳翻译,即"整合适应选择度"最高的翻译。

二、生态理论视域下的口译发展概述

(一)生态理论下的口译发展

口译作为沟通中外的纽带和桥梁,在国际政治、经济、文化和科学等领域的交流中发挥来重要的作用。口译研究也随着口译事业的日渐成熟而不断发展,并已经取得一定的成果。口译模式的研究,可以对口译人员在口译过程中的表现和发挥有一定的指导作用。口译模式研究就是对口译过程中某些特定的问题的指导原则,解决手段和方式所进行的研究。纵观口译研究的发展,口译界先后出现了几种较为成熟的口译研究模式,如释意论的研究模式、认知处理的研究模式和功能目的论的研究模式等,这些对目标文本产出研究以及话语篇互动研究等起到一定作用。这些口译研究的模式分别遵循了语言学、认知学心理学、文体学和跨文化交际学等理论研究轨迹,在很大程度上拓展了口译研究的学术视野,丰富了口译研究的学术体系。

近些年来,生态翻译学理论被广泛的应用到各种各样的口译实践和研究中。生态翻译学对开拓翻译学科领域来说是一个重要的贡献,同时译界许多学者也领略到生态理论对口译研究的解释力。口译实践成功的关键在于科学合理的口译模式,生态翻译学重视整个翻译生态系统的完整性。因此,为了使整个口译过程顺利和成功,一方面译者要考虑到语言环境,另一方面译者要考虑到口译双方的文化差异和认知因素等其它问题,使得现代生态口译模式满足和达到口译的生态和谐。"生态学"是一门研究生物体同其它外部环境之间相互关系的学科,生态理论视角下的口译研究就是研究在整个口译过程中,语言、文化以及其它相关因素之间的联系和相互影响。

作为翻译研究中非常重要的部分,口译内容、原则、理论及模式的构建过程可以通过生态翻译视角加以诠释。从生态翻译论角度诠释口译活动,可以促进口译员的内省,同时亦能推动较为完善科学的口译训练模式建立。首先应该强调的是口译研究是翻译研究的重要组成部分。其次口译活动承接源语、译入语双方,源语环境与译入语环境,构成独特的翻译生态环境,作为中介的译员成为口译活动中的关联,连接包含语言、文化、语境等要素,构成口译生态环境。

从生态翻译学视角来看,译员所承担的是口译环境生态平衡的重任,译员在适应过程中遵循"汰弱强留""适者生存"的生态原则,同时译员对口译也发挥主体性调节甚至一定程度上改变口译环境。口译员接受语于信息,通过对源语语言、文化、语境等多元信息的认知并且脱离源语外壳,转化成为译语,完成口译过程。由此口译生态圈可看作由口译生产者、口译消费者、口译分解者以及口译非生物环境组成的口译内部系统。口译生产者主要指口译实践人员,他们用双语知识进行文化传递与转换;口译消费者主要指直接或间接从口译中获得知识与信息的人,即翻译产品的享受者;口译分解者主要指对口译进行再加工的人,供其他成员使用译文知识与信息,即口译的研究者;口译非生物环境是指口译赖以生存和发展的语言系统,包括源语与目标语文化系统,以及知识与信息、资金、物质、时间等资源,我们称之为口译的支持系统。

在千变万化的口译环境中,口译员要具备极强的适应能力。由于口译活动源语和译入语双方的语言操作者语速、语音、语调等无法统一标准,给译员的口译带来挑战。译员一方面要适应语言环境,另一方面协调口译双方的关系,保持口译的生态平衡,完成口译任务,使双方的交际过程从语言、文化及认知等多方面完成生态选择和适应过程。和谐统一的口译生态环境的建立需要口译员具备适应、协调甚至改变口译生态环境的能力,而这种能力的形成一方面是口译生态环境的需求,另一方面需要有仿真性的生态环境模拟的训练,也就是口译技能训练,使口译员了解自身的生态境遇,实现口译生态和谐化效应。

随着口译服务行业的日益职业化、市场化发展的前提下,口译质量的好坏除了译者要具备扎实的双语知识,超强的记忆力,敏捷的思维以外,还要不断增强译员自身跨文化意识的培养和不同文化与异域文化差异的敏感度。认识到自己文化和异域文化间的关联生存关系,以及不同生态环境下源语和译语所呈现的世界和文化内涵,才能更好的促进不同文化间的相互理解,信息的传播和互联互动的有机整体意识,从而使交际活动能够和谐、畅通的开展。同时,可以借鉴市场管理、信息传播、社会交际等相关理论方法或渠道来指导口译职业化的有序发展,实现口译的和谐态发展。

我们都知道口译是跨文化、跨语言的交际活动,所以译员克服种种困难准确地输出信息是很难的。中文和英文是两个不同的语言,它们蕴含了不同国家的历史、文化和价值。口译员将两种语言完全的准确翻译出来是非常难的,因为在两种文化中有很多不同的理解。基于胡庚申提出的"生态翻译理论",译员在翻译活动中需要将文化因素考虑到位。

在口译过程中,译者往往先适应了解源语文化,比如语言文化中的谚语等这些包含文化元素的表达词汇。译者先要了解这些词汇的真正意义,然后选择相对的译入语言,并且语言的思维习惯符合译入语听众,将这些内容翻译出来,才能实现整个口译的适应/选择过程,如下图8-1:

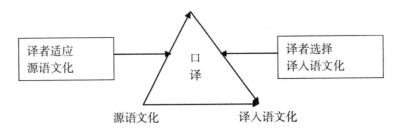

图 8 - 1　口译的译者适应/选择过程

　　因此在口译过程中,译员须充分发挥其主体意识和主导作用,通过接受源语信息并结合对源语语言、文化、语境等多元信息的认知,在脱离源语外壳基础上,将其转化为译语。

（二）生态理论视域下的口译交际性

　　交际策略（Communication Strategies）这个概念是由 Larry Selinker（1972）在阐述过渡语的形成过程时首先提出的,他认为交际策略是过渡语形成的重要因素之一,但没有对交际策略的内涵和外延做出明确的界定。胡庚申（2004）提出译者转换的侧重点应放在交际的层面上,关注原文中的交际意图是否在译文中得以体现。在多维度适应和选择过程中,译者关注两种语言间传递和表达方式是否能够顺利进行,以及须考虑译语听众的理解能力、摆脱源语的语言形式。Tarone（1977）提出社会交互交际策略以及 Faerch 和 Kasper（1984）提出的心理交际策略都比较具有代表性。Tarone（1980）从交互的角度,认为交际策略是弥补交际中二语学习者语言能力不足的一种手段,交际策略是当会话者在没有表达意义所需的语言结构时,试图实现意义相互达成的协议。从心理语言学的角度分析,交际策略是潜藏在具体语言行为中的心理现象,是个人在完成特定交际目的中,遇到无法解决的困难时所采用的潜意识计划。其交际过程结构如下图 8 - 2 所示：

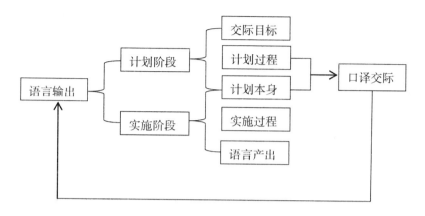

图 8 - 2 口译交际过程结构图

叮见学习者的语言输出过程包括计划阶段和实施阶段。计划阶段由交际目标、计划过程、计划本身构成;实施阶段由计划、实施过程和语言产出构成。交际策略产生在计划阶段,具体地说,在计划过程和计划本身之间。

当学习者无法实现原始交际策略时,即交际中遇到困难时会有两个选择,一是采取简化策略,包括形式简化和功能简化,借此调整原始交际目标;二是采取输出策略设法加以解决,包括补偿策略和检索策略。补偿策略又分为合作策略和非合作策略。合作策略包括直接合作和间接合作两种形式;非合作策略包括语码转换、形式转述、意译、替换、借用、重组及非语言交际策略等因素。

交际策略是二语习得研究的重要概念,对于口译研究和实践有重要的借鉴和指导价值。但决不能把一般意义上的交际策略与口译交际策略完全等同起来,尽管二者在大的范畴内有很多共性的地方,而且具体名称也可能相同。

一般的二语交际只涉及到交际的双方,使用单一的语言,单位信息传递和接受的表现形式是编码—解码的单向过程。

口译作为一种交际行为,其至少涉及到交际三方和两种语言、单位信息的传递和接受,其过程是编码—解码—再编码—再解码的系统过程。口译解码系统过程如下图 8 - 3 所示:

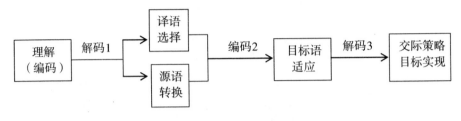

图 8 - 3　口译解码系统过程图

另外,口译虽然是一种跨文化交际,大部分译员使用的译语是一种适应现场语境的过渡语,译员对口译交际策略的场景运用需要避免其过渡语能力的不足,也就是说译员要对整体口译效果进行系统性考虑而主动采取相应的解决策略。比如在处理一些敏感或不宜明言的问题或话题时,译员可以采取回避性策略,但这种回避决不是消极的放弃,相反是一种积极的解决问题的对策。所以,系统性理论的运用对于跨学科的口译研究无疑是一种启示。

在交际策略的系统性及相关理论研究方面,国内已有学者进行了此类研究,不论在交传或同传方面都有一定的体现,如鲍刚、刘和平、蔡小红等根据二语习得交际策略研究与口译的相关联系,将交际策略作为译员翻译能力的重要体现,用以实现过渡语转换、交际目标和语言输出的交际任务,这对于复杂系统下的现场口译无疑具有重要启示。在口译系统中,现场语境信息的交际作用毋庸置疑。在现场口译中源语讲话人与目标语听众构成了口译交际系统的开始和结束,由此口译交际翻译首先要连接说话人与听众,即要求源语文化与目标语文化的结合,搭建起交际的纽带和桥梁。口译的系统性重在实现交际效果,其次才是交际信息的转换。由于口译是从一种语言到另一种语言的多回合双向交际活动,具有闭环性特点,因此口译的系统性除了受口译员自身的语言功底影响外外,还受译员的心理因素、语境和相关领域知识等多种因素的影响,译员需要使用一定的交际策略或技巧来实现语言的输出。

作为交际双方的桥梁,译员应在口译过程中应自觉利用各种方式寻找话语和语境之间的最佳关联,也就是找到话语同语境假设的最佳关联,通过推理推断出语境内涵,最终取得语境效果。再把这种关联性的推理传递给译语接受者,从而实现交际双方成功的理解和沟通,实现口译交际效果的最大化,以指导口译实践。

近年来,生态口译教学研究与实践在中国发展迅速。蔡小红(2007)进行了口译互动式教学模式绩效的研究。张吉良、柴明颎(2008)从国外口译专业概况看到其对我国口译办学的启示,建议采取措施来保障口译专人才培养的质量。陈振东(2008)提出以学生参与为中心,以实战操练为手段,以提高技能为目的口译课程培养模式。张吉良等(2008)认为 ESIT 口译教学模式并不完全适用于我国,口译课已经成为高校翻译专业和外语专业学生的重要课程,口译教学需要根据不同的层次在培养目标,教学评估,课程设置等方面进行调整和改革以适应市场需求。口译生态教学研究肩负着重任,在国内口译生态化教学语境下,我国高校口译课堂应在坚持以语言技能训练为基础的同时,平行发展学生的跨学科知识和交际能力培养,同时根据口译行业和市场的实际需要,将口译训练纳入到口译市场机制中,这些无疑是生态口译理论在口译教学中的广泛应用。

第二节　生态理论视域下的口译应用策略

口译作为一种社交性很强的交际活动,在社交语境中具有很强的实践性。在口译的过程中,口译员处于核心地位,当然这并不意味着口译员可以随心所欲的选择,而是在口译过程需要与其所处的口译生态环境构成一个有机的整体,彼此之间动态地进行适应与选择。由于汉英两种语言所承载包含的文化内涵有所区别,所以在口译时也会有所迥异。从生态翻译学的视角来看,口译可以理解为:译员为适应口译生态环境而进行的多维度适应与适应性选择活动,是指通过口译员对口译生态环境的适应并输出译语的过程。其中,口译生态环境指源语、译员和译语所呈现的社交语境,即语言、文化、社会、交际以及由讲话人、译语、口译员、听者、旁观者等所构成的生态环境。生态翻译学指导的口译研究模式遵循着口译生态学理论,强调口译过程的整体性,目的在于创建和谐共生、动态有序的口译模式,从而使口译活动与自然界和人类活动达到和谐统一的境界,更好地实现口译输出任务。

一、生态翻译学指导下的口译策略

生态翻译学的基础理论将翻译方法简单概括为"三维转换",即"在多维度适应与选择"的原则下,相对侧重于"语言维、文化维和交际维"三方面的适应性选择转换。其中文化负载词的口译实践较能体现三维转换策略,文化负载词的生态口译是指从生态翻译学视角探讨其相关翻译活动。口译员在翻译文化负载词时,应立足于本国文化特点,分析文化背景,分析其所受时间、空间及特点语境的制约因素,采用多种翻译技巧,注重译文的实用性和交际性,在口译过程中做好这三方面的适应性转换,使译文能够实现其目的,最终获取比较理想的翻译。

(一)语言维的适应与选择

语言维的适应与选择是指译员在翻译时,从语言层面对译出语进行合理的适应性选择的过程。Newmark(2001)认为不同的语言因为其自身的独特性,要进行有效的交流就必须尊重各自语言的特征。译者需要随时做出必要的调整把源语的信息用目的语的独特结构表现出来。从语言结构来说,汉语重意合而英语重形合;汉语多依靠句子之间的语意衔接,而英语多用连接词将句子各成分连接起来;汉语多用主动句而英语多用被动句;汉语多用成语或排比句而英语不讲究对偶。

因此,考虑到文化负载词自身的地域性,口译员在翻译过程中应充分考虑翻译效果,不能根据字面逐字机械对译,而应该在语法结构和用词方面做相应的语用调整和转换,从而使其更加自然并贴近原文,也让听者充分领会其中的内涵。

例1:恐怕是要眼观六路、耳听八方、胸怀大局、处置得当。(2009年3月7日杨洁篪外长在十一届全国人大二次会议就外交政策和对外关系答记者问)

译语:Seems that we should be receptive to all sources of information and knowledge and always keep the big picture in mind.

评析:源语中的四个成语——眼观六路、耳听八方、胸怀大局、处置得当都属于具有中华民族特色的文化负载词,对于此类词语的翻译,译员避繁就简,用简洁的语言传达出四字格的整体内涵,翻译出了意义群,而不是文化词的逐个翻译。因此,从语言维层面来讲,译员不必增加重复冗余的信息,而是要领会语言之下所要表达的准确意思,做到既快又简明易懂,成功沟通双方就行。

(二)文化维的适应与选择

源语和译语属于两个完全不同的文化环境,来自不同国家的人必然存在文化上的差异,很多中国人看来习以为常的概念,对于不熟悉汉语的外国人而言往往不知所云。文化维的适应与选择需注重双语文化内涵的传递与解释,在进行传递的过程中,不仅要将源语的文化背景恰当准确的表达出来,还要适应目标语背后的整个文化系统。因此,译员要注意克服由于文化差异造成的障碍,以保证信息交流的顺利实现。

例2:亦余心之所向兮,虽九死其犹未悔。(2010年3月14日温家宝总理在十一届全国人大三次会议中外记者见面会上回答记者提问时的引用)

译语:For the ideal that I hold near to my heart, I would not regret a thousand times to die.

温家宝总理的这句话是出自屈原的《离骚》,意思是"为实现我心中美好的理想,即使死掉九回我也绝不后悔"。其中"九死"并不是说"死掉九次",而是用"九"来表达数量很多,但在外国文化中却并没有这种说法。因此,现场口译张璐用"a thousand times to die"来翻译九死,较好地实现了文化内涵的传递与解释,实现了信息的沟通。

(三)交际维的适应与选择

交际意图能否完整实现取决于译语的整体效果,也就是听者能否听懂和接受。交际维所要表达的意图主要由文化维和语言维的转换来体现,口译的最终目的就是希望听众能够完全理解说话人的交际目的,使源语达到预期目标。

例3:相传三国时期,吴淞江的北岸就建起了一座寺院,后易名为静安寺。

译语:Legend has it that during the Three Kingdoms Period, a temple was built on the north bank of Wusong River, and it later adopt its present name of Jing'an Si or Jing'an Temple. The temple has existed more than 1300 years prior to the birth of William Shakespeare.

此处译例中,译员不但保留了中国文化,而且针对英美听众对中国文化历史时期知之不多的现实情况,通过加译,进行解释,使听众了解了静安寺的悠久历史。这里后加的一句"The temple has existed more than 1300 years prior to the birth of William Shakespeare",可谓点睛之笔。如果没有这句解释,恐怕听众听得云里雾里,不知道所说的"三国"究竟是什么,更不要提是在什么时候了,当然对静安寺的悠久历史无就无从知晓了。由此可见,这里译员的解释就是为了实现更好的交际效果,从交际维出发做出的口译策略选择,交际效果十分理想。

此外,还有一些表示中国特色的词语,在翻译的时候也要尽可能的让目的语接受者接受并明白源语所要表达的意思,达到交际的目的。

例4:福娃

译语:Fuwa, the five mascots of the 2008 Beijing Olympic Games. They are Beibei, Jingjing, Huanhuan, Yingying and Nini, which means "Beijing welcome you" in Chinese.

此例中对"福娃"的解释有效地实现了口译的交际与传递信息的效果,使外国听众容易理解源语所表达的文化内涵。

例5:"三严三实"

译语:Three Stricts and Three Steadies(Be strict in cultivating one's moral character, preventing abuse of power and disciplining oneself. Be steady in planning matters, starting undertakings and conducting oneself).

习近平总书记于2014年3月提出了"严以修身、严以用权、严以律己,谋事要实、创业要实、做人要实"的重要论述,被称为"三严三实"讲话。根据媒体的解释,"三严"(严以修身、严以用权、严以律己)中的"严"的含义比较明确,主要是指"严格"之意:严以修身,是指在党性修养和理想信念问题上要严格,要树立正确的人生观、价值观;严以用权,是指要严格按规章制度办事,不搞特权;严以律己,就是要对自己有严格的要求,自觉远离低级趣味,自觉抵制歪风邪气。因此,"三严"中的"严"英语可译为"strict"。

如何理解"三实"?根据媒体的解释,"三实"(谋事要实、创业要实、做人要实)中的"实"的含义则比较宽泛,主要是指"诚实、务实、踏实"之意:谋事要实,就是要一切从实际出发,符合客观规律、符合科学精神,不好高骛远,不脱离实际;创业要实,就是要脚踏实地、真抓实干,敢于担当责任,善于解决问题;做人要实,就是要对党、对组织、对人民、对同志忠诚老实,做老实人,说老实话,干老实事。因此,"steady"应该比"honest"和"earnest"更接近符合"三实"中"实"的含义,即不管是谋事、创业还是做人,我们都应该做到踏实、坚定、不屈不挠。同时为了达到交际的目的译员还应该对上述内容进行解释以达到对源语的传播效果。

在口译过程中这三个维度并不是绝对的区分开来的,彼此之间没有明确的界限。本文中在一个维度中所用到的例子,也可以用到其它两个维度中去分析讨论,同一个例子在不同维度出现也是正常的,只是这三个维度所聚焦的特点不同。因此,译员在进口译活动时,不能只局限于其中一个层面,而要从不同的角度、不同的维度分别进行分析,通过三维(语言维,文化维,交际维)转换的适应性选择,促进英汉语言文化的多元共存和口译生态系统的整体平衡。

二、口译过程的文化维策略研究

(一)口译文化维策略

随着口译职业服务行业的日益职业化、市场化发展的前提下,口译质量的好坏除了译者要具备扎实的双语知识,超强的记忆力,敏捷的思维以外,还要不断增强译员自身跨文化意识的培养和异域文化差异的敏感度。认识到自己文化和异域文化间的关联生存关系,以及不同生态环境下源语和译语所呈现的世界和文化内涵,才能更好的促进源语文化和译入语文化间的相互理解,信息的传播和互联互动的有机整体意识,从而使交际活动能够在不同生态环境下和谐、有效的开展。同时,可以借鉴市场管理学、信息传播学、社会交际学等相关理论方法或渠道来指导口译职业化发展的有序发展。我们都知道翻译是跨文化,跨语言的交际活动,所以译者要克服种种困难来达到相对准确翻译是很重要的。中文和英文是两个不同的语言,它们蕴含了这个国家的历史、文化和价值。将两种语言完全对等的翻译出来是非常难的,因为在两个文化中有很多不同的理解。就胡庚申教授提出的生态翻译理论而言,文化因素将成为译者在翻译活动中需要优先考虑的范畴。

文化维的适应性选择转换要求译者在翻译过程中关注双语文化内涵的传

递与阐释。由于是两种语言隶属不同的文化环境,如何巧妙的传递源语文化内涵,保证文化生态和谐就成为译员的重要任务之一。

例1:实现全面建成小康社会、建成富强民主文明和谐的社会主义现代化国家的奋斗目标,实现中华民族伟大复兴的中国梦,就是要实现国家富强、民族振兴、人民幸福。(节选自2013年3月17日习近平主席在十二届全国人大一次会议闭幕式上的讲话)

译语:To achieve a comprehensively well-off society, to build a prosperous, strong, democratic, civilized and harmonious modern socialist country and to attain the Chinese dream of the great renaissance of the Chinese nation is to achieve prosperity, revitalize the nation, and bring about the happiness of the people.

"中国梦"是2012年11月29日习主席首次提出的,在国内外已经成为一个热词。此处译语将"中国梦"翻译成"the Chinese dream"体现了口译的文化维策略。"China"是个国家概念,"Chinese"是个民族概念。"中国梦"的经典定义是"民族振兴"和"伟大民族的复兴",它是攸关普天之下所有炎黄子孙的功业,包括海内外的所有华人,所以只有"Chinese Dream"才能准确表达出其文化核心意思。

另外,"中国梦"的翻译是根据"美国梦"的翻译来处理的,而"美国梦"的英文为"the American Dream",而不是"the America Dream"。英文里"America"(美国)对应于"China"(中国),都是指的国家;"American"(美国人)对应于"Chinese"(中国人),都是指的属于这个国家的人。所以,只有"Chinese Dream"才与"American Dream"的翻译能够对应起来,两者的表达才平行。这种译入语的文化维翻译策略符合源语信息的有效输出,体现了文化维的翻译策略。

例2:对待不同文明,我们需要比天空更广阔的的胸怀。(节选自2014年3月27日习近平主席在巴黎联合国教科文组织总部发表的演讲)

译语:Indeed, we need a mind that is broader than the sky as we approach different civilizations.

传统中国文化中常说"胸怀""胸襟"指的是容人之量,能包容异已。显然在英语国家中,很少用诸如"chest, breast"这样表达。这里译员选择了与中文

"胸怀"意思对等的概念"mind"和"broader"搭配非常适合跨文化转换的信息传递,使译语意思明确、行文流畅。

例3:但是茶和酒并不是不可兼容的,既可以酒逢知己千杯少,也可以品茶品味品人生。(摘自2014年4月1日习近平主席在布鲁日欧洲学院的演讲)

译语:When good friends get together,they may want to drink to their heart's content to show their friendship. They may also choose to sit down quietly and drink tea while chatting about their lives.

在中国的文化传统中,酒除了可以在失意时借酒消愁外,也多和朋友分享。现在人们饮酒时常说"感情深、一口闷",这表明和朋友饮酒更加畅快淋漓。然而在英语国家文化中,人们从不强迫他人饮酒,饮不饮酒、饮多少是自己的事情,和朋友、感情没有多少关系。在酒文化上两个生态环境不同,这时译员翻译出字面意思还不够,还需要将译语生态文化内涵补充进来。

例4:我们将坚定不移地贯彻"一国两制"、"港人治港"、"澳人治澳"、高度自治方针,严格依照宪法和基本法办事。(节选自2015年3月5日李克强总理在十二届全国人大三次会议所作的政府工作报告)

译语:We will steadfastly carry out the principles of "one country, two systems", "the people of Hong Kong governing Hong Kong, the people of Macao governing Macao", and both regions enjoying a high degree of autonomy, and we will strictly comply with the Constitution and the basic laws of these two regions.

我们不难看出,源语中有很多具有中国特色的词语,这些对于外国人来说是完全陌生的,英文译语通过直译将这些中国特色的词语含义表达出来,使得外国人能够理解源语文化维内涵。

例5:……具有三城五优的显著特点,成为中外朋友投资的理想宝地。

译语:With a reputation of being a famous city in terms of culture,tourism,industry and featuring superior characteristics in environment,resources,policy,service and benefit,this city has become an ideal promising land for investors,domestic as well as international.

如果将"三城五优"直译出来,外国人一定是听不懂的,此处译员结合具体语境,将这个词语分开解释翻译出来,使得源语文化清楚明白。

由此可见在生态翻译理论下进行口译研究还有很大的发展空间,值得我们对此继续研究。

(二)生态理论视域下口译文化维策略应用分析

源语环境和译语环境属于两个不同的文化环境,来自不同国家的人必然存在文化上的差异,文化因素是译者在翻译过程中不能忽视的一个因素,必须要关注两种语言文化内涵的传递与解释。东西方文化存在着较大的差异,从价值观、社会习俗到社会关系都有所不同。根据生态翻译学翻译过程中的适应选择论,译员应根据听众的接收程度考虑到文化信息的传递与转换。在具体的口译过程中,可以采取如下策略:

1. 类比法

英汉两种语言中有些表达形同意合,汉语中的表达在英语中有类似地道的表达,在这种生态环境下,译员就可以用类比法来进行翻译。

例1:这是一个梁山伯与祝英台式的爱情悲剧。

译语:This is a tragic love story,just like Romeo and Juliet.

"梁山伯与祝英台"是中国传统文化中爱情悲剧的典范,但是对西方人而言并不熟悉。但是在西方文化中有类似的表达,那就是广为人知的莎士比亚著名爱情悲剧中的罗密欧与朱丽叶(Romeo and Juliet)的故事。将类似的两物进行比较,将源语中陌生的事物用译语听众熟悉的事物表达出来,则可以对译语听众产生积极的影响,从而体现了口译文化维的转换效果。

2. 解释法

不同的历史孕育着不同的文化,文化传统不同,其相应的文化背景知识就会有差异。源语中很多文化负载词在译语中很难找到相关的表达,这时译员在翻译过程中可以根据这一客观的翻译生态环境,运用解释法进行翻译。采用音译或者直译法译出词语,并附加解释,适当补充相关知识或词语的起源,便于口译的译语听众了解源语的相关文化,下述例句以内蒙古旅游景点导游口译(安冬,2014)作为案例来具体分析一下文化维在口译信息转换中所起的作用。

例2:同时,还会向您献上"哈达",敬上美酒。

译语:As a way of showing respect to his distinguished guest,your host will present you with a "Hada" (a piece of silk used as a greeting gift) , together with a glass of local wine.

向客人献哈达是内蒙古的传统礼节,表示对客人的欢迎和尊重。如何翻译"哈达"有不同的版本,如果直接将其音译为"Hada"并不能传递出其中的文化意蕴,口译的接受者也不能理解这个专有词的概念,此时需要译员对"Hada"来进行解释处理,即加注"a piece of silk used as a greeting gift"后将信息补充完整。同时译语开始增加"As a way of showing respect to his distinguished guest"这样的附加解释性的话语,让口译接收者能更直观的理解其中的文化意义,达到口译文化维的信息传递效果。

例3:来到草原,不吃手扒肉,那才叫遗憾呢!

译语:While you are here on the grassland, it will be a great pity if you do not try "Shouba Lamb" (boiled meat which is eaten with a knife and your hands)。

同样"手扒肉"又是一个文化意蕴很强的专有名词,仅仅通过音译成"Shouba Lamb"也是不够的,因为口译听众得到的信息只是羊肉,而不能理解菜肴的文化特色。通过解释性说明,源语中的别样的文化意蕴就表达出来了。

3. 意译法

由于英汉两种语言文化的差异,源语中许多表达法在译语中找不到对应形式,而采取解释法有时会出现晦涩难懂的情况。在这种生态环境下,对于一些带有民族文化特征的表达,译员可以通过适应选择策略采取意译法进行翻译,将源语的基本意思和文化精髓表达出来,通过简洁易懂的方式来传递信息,使译语的意思不过分拘泥于源语又能表达出源语的含义。

例4:根据《史记・匈奴列传》记载,早在唐尧、虞舜时,匈奴的祖先就居住在"北地"。

译语:According to the historical records of the Huns, an ancient ethnic group, their ancestors lived in the Northland long ago.

该例中源语选自对勒勒车的历史介绍,很多词语都涉及相关文化知识,对熟悉本民族文化的源语者而言,理解起来不会有很大困难,但是译成英语后,译语接受者很难理解。史记,唐尧、虞舜,匈奴这些与中国历史相关的文化负载词解释起来不容易懂,如果直接将这些词翻译出来,译语接受者不但不能理解其中的文化内涵,解释起来更加晦涩难懂。在这种特定的口译环境之下,译员应做出适应性选择,采取意译法进行翻译,用"historical records"代替史记,用"long ago"代替唐尧、虞舜时代,因为原句并不是想介绍《史记》或是唐尧、虞舜,是想通过历史资料说明蒙古包的创始人匈奴人出现的年代,继而强调蒙古包历史悠久的观点,这些简单易懂的意译处理方式也能传达源语文化所要体现的意思。

例6:手扒肉是把洗净的全羊切成大块放在清水里煮,开上两滚,高火起锅,持蒙古刀,边割边吃。

译语:The lamb is first cut into big slices and then put into boiling water to cook. When it is half done, you cut it into smaller pieces with the Mongolian knife and eat it.

此例中"开上两滚"如果直译成"boil twice"信息并不对等,译语接收者也不能理解要表达的意思,更不了解源语中包含的文化因素,因为蒙古族的习惯是不把肉煮到熟透的程度。这就要求译员根据翻译的生态环境,通过文化维进行适应性选择,将源语意译处理译成"it is half done"才能更准确传达源语要表达的文化意蕴,同时也符合译语接收者的逻辑信息转换思维。

三、口译交际维策略研究

(一)口译过程的交际维策略

中西方的思维方式的不同,因此也就产生了不同的语言表达方式。汉语句子为意合,依赖于语境、语义关系的理解,主要根据逻辑和时间顺序,呈线性表达。而英语句子偏重形式,靠形态或形式来衔接各种要素之间的关系,形成立体构建。所以译员在选择翻译策略时以语言结构为重要选择标准,以达到最佳适应与选择效果。十八大报告中,多次出现译员在翻译过程中对文化形式的适应性选择转换,产生了不同凡响的翻译效果。以下例子运用生态翻译理论中的交际维策略针对十八大报告中的同传英译文本进行研究。例如:

例1:……加强对"一府两院"的监督……

译语:… in stepping up their oversight of people's governments, courts and procuratorates …

例2：开展"扫黄打非"，抵制低俗现象。

译语：We should crack down on pornography and illegal publications and resist vulgar trends.

由于中西双方文化底蕴不同，在例1中若将"一府两院"翻译成"a house and two chambers"，很难使译语准确表达其真实含义，更不会呈现出"一府两院"所能行使的政治权利，所以在这里译者使用了增译的手法，展示了该词语中的内在含义，例如：人民政府、人民法院、人民检察院等增译方法既达到精准无误的翻译又能让西方听众理解。

在例2中，源语"扫黄打非"属于执法活动，此词属于文化市场管理范围的专业术语。如果仅仅按照字面意思做出翻译，有碍于目的语接受者的正确理解。因此，译者在此处却采用了意译处理法使其具体化为"crack down on pornography and illegal publications"，即打击色情和非法出版物，将源语中隐含的内容表达完整，从而达到不同文化交际的目的。

例3：城乡居民收入显著提高，基本公共服务水平明显改善

译语：The income of urban residents has increased substantially and basic public services have improved markedly.

"基本公共服务水平"在此句子被处理成了"basic public services"，并没有直接译成"the basic public service level"。这里译者简洁明地阐释了源语信息，因为这句话本意是改善了基本公共服务，如果翻译出"水平"二字，实属画蛇添足。另外，西方的目的语接受者会认为"level"一词具有明显的等级观念，会对中国的基本公共服务产生误解，而源语也没有传达等级性的意图，它是指基本公共服务的整体水平，因此译者所采取的省略策略达到了信息的有效传递。

例4：坚持为人民服务、为社会主义服务的方向，坚持百花齐放、百家争鸣的方针。

译语：We should adhere to the goal of serving the people and socialism, the policy of having a hundred flowers bloom and a hundred schools of thought contend.

党的《十八大报告》中，常有一些特殊提法，例如本句中所使用的"百花齐放、百家争鸣"。诸如此类简洁四字词汇的表达方式是中国特色的文化表达，其目的是为了报告通顺流畅，增加报告的政治宣讲力度。在翻译此类文化特

色词汇时,要将隐含的信息表达出来,展现给译语接受者。此处译者使用了解释性翻译"having a hundred flowers bloom and a hundred schools of thought contend"来展现"百花齐放、百家争鸣"蕴含的意思,只有这样才能表达出四字句式的源语言表达效果,使目的语接受者更加准确地获取信息,从而达到交际的目的。

例5:解决好农业农村农民问题是全党工作重中之重。

译语:Resolving issues relating to agriculture, rural areas and farmers is the number one priority in the Party's work.

源语中农民没有译成"peasants"而是"famers",因为"peasants"在西方人观念中是指生活在贫穷的国家从事农业劳动的社会底层群体,他们没有受过良好的教育,且收入低、举止粗鲁。而"farmers"一词则指从事农业劳动并从事农场种植业的人。中国农民与所有其它社会阶层的人群一样享受着同等的社会地位和受教育的机会,因此将农民翻译成"farmers"可以使源语的交际意图在译语中得以很好的体现。

作为一项具有跨学科性质的研究,生态翻译为口译模式的研究提供了新的理论基础,实现了生态翻译学本身的文化与交际意义。生态口译模式涉及的因素很多,要求译员适应口译生态环境,不断进行语言维、交际维和文化维多维转化。翻译过程中译员还应关注双语文化意图的适应性选择转换,使目的语接受者能最大程度地领会源语的传递信息,达到有效交际目的。

(二)口译交际维策略应用分析

口译是一种通过听取和解析原语所表达的信息,随即将其转译为目标语的语言转换行为,进而达到传递信息目的的言语交际活动。然而口译并非单纯意义上的言语行为,而是一种涉及诸多知识层面的跨文化交际行为(钟述孔,1999),所以口译人员在口译过程中应采取各种策略或技巧,确保口译任务的顺利完成。仲伟合(2003)认为口译应对策略是指译员在理解阶段遇到理解困难时,适度使用省略、询问、推理等手段;在传达阶段遇到困难时,通过使用信息重组、鹦鹉学舌、解释等手段完成任务。口译员在翻译过程中更要注意现场的情况,如果说话人不了解听众,或者听众不了解说话人国家的文化、地理等等,亦或是换个译法更适合说话者的风格,或者帮助说话者传达没有用语言而是用肢体语言或其它方式想传达的意图,这时译员就要对译语适当做出选择性调整,以达到交际的目的。下面我们来看一些实例。

例1:不管前面是地震还是万丈深渊,我将勇往直前,义务反顾,鞠躬尽瘁,死而后已。(节选自1998年3月17日朱镕基总理在九届全国人大一次会议举行的记者招待会上答记者问)

译语:No matter what is waiting for me,in front of me,being,lying a landmine or an abyss,I would blaze my trail and I have no hesitation and no misgivings,and I will do all my best and contribute,devote all myself to the people and the country until the last day of my life.

"勇往直前"在字典上的解释是"advance bravely"、"义务反顾"是"be duty-bound not to turn back"、"翰躬尽瘁,死而后已"在字典上的解释是"give one's all till one's heart stops beating"。如果硬把这几个成语的英译拼凑在一起,虽然能够表达基本意思,但失去了朱镕基总理讲话要表达的豪情壮志和真诚决心,不符合当时的情景语境。现场译员朱彤女士的口译处理通俗易懂,真诚之意溢于言表,令人感动,堪称是经典之作,译员采用了灵活的处理方法将其译出,完全表达了朱总理的意思,达到了交际的目的。

温家宝总理在全国"两会"期间举行的记者招待会上答记者问时引经据典,而现场口译员张璐女士的口译译文也很精彩。

例2:我们要坚定信心,华山再高,顶有过路。(节选自2010年3月14日温家宝总理在十一届全国人大三次会议举行的记者招待会上答记者问的讲话)

译语:No matter how high the mountain is,one can always ascend to its top.

译员将"华山再高,顶有过路"译成"No matter how high the mountain is, one can always ascend to its top."既省去了"华山"这个地理概念,又清楚的表达了温总理的意图,采用了"mountain"这个模糊化词汇,这样译员就不必向听众进一步解释"什么是华山",因为不影响意思的交际理解。

例3:亦余心之所向兮,虽九死其尤未悔。(节选自2010年3月14日温家宝总理在十一届全国人大三次会议举行的记者招待会上答记者问的讲话)

译语:For the ideal that I hold dear to my heart,I'd not regret a thousand times to die.

此句出自屈原《离骚》里面的诗句，译员将"亦余心之所向兮,虽九死其尤未悔。"意译成"For the ideal that I hold dear to my heart, I'd not regret a thousand times to die."。"九死"的意思是很多次,中文里也有"九死一生"这个成语,因此将"九死"翻译成"thousand times",虽然数值上的确是相差了很多,但是意思的表达很地道,也符合西方人的习惯。如果直接将"九死"翻译成"nine times"则无法贴切地表达出温总理的讲话决心,也不能达到口译的交际维目的。

例4:兄弟虽有小忿,不废懿亲。(节选自2010年3月14日温家宝总理在十一届全国人大三次会议举行的记者招待会上答记者问的讲话)

译语:Differences between brothers can not sever their bloodties.

将"兄弟虽有小忿,不废懿亲。"译成"Differences between brothers can not sever their bloodties."。"小忿"在中文中有愤恨的意思,而在英文中对应可选的词语是"hate"或者是"angry",但是这句话想表达的更确切意思是"摩擦"或者"争执"而不是"愤恨"、"愤怒"的意思,用"differences"(分歧),而不是用"angry"等表示愤怒的词,显得非常智慧,表达了兄弟之间的分歧是无法割断他们的血脉亲情的意蕴,从而达到了源语与译入语的有效交际目的。

例5:知我罪我,其惟春秋。(节选自2012年3月14日温家宝总理在十一届全国人大五次会议举行的记者招待会上答记者问的讲话)

译语:There are people who will appreciate what I have done but there are also people who will criticize me. Ultimately, history will have the final say.

而在2012年温家宝总理答记者问中,温总理引用"知我罪我,其惟春秋"来表达一名为国家呕心沥血服务整整四十五年的政府官员的情感和心声。该句通过解释性信息将源语译为"There are people who will appreciate what I have done but there are also people who will criticize me. Ultimately, history will have the final say."。该句是孔子在编写完《春秋》后道出,语出《孟子·滕文公下》。温总理引用该句意指他为国家和人民倾注了全部的热情、心血和精力,后人对于他任职期间所做的工作可能会有不同的看法,他敢于面对人民、面对历史。现场译员根据上下文的语境淡化了源语中"春秋"所表达的文化意象,结合外国听众的理解能力等具体情况,译员采取符合交际目标的解释性翻译方式,从而使译语交际整体更加流畅、和谐。

这几个实例都体现了译员的翻译主体性以及译员在交际维上的适应性选择,口译员需根据听众的身份、说话者的身份、听众的知识面和程度等现场因素处理译入语,以达到最好的交际效果。生态口译交际维的适应性选择还要适应翻译的语境,更好地表达讲话者的交际意图,既"忠实"于源语,又"适"情"应"景,有效实现口译交际的目的,生态口译交际策略的研究对解决现场口译困难、提高口译效率是一项行之有效的对策研究。

第三节　生态理论视域下的电影翻译

随着国际化进程的不断加快,电影作为一种深受世界各国人民广泛喜爱的艺术形式,其翻译也变得愈加重要,尤其在电影产品交流迅猛发展的情势下,电影片名和电影字幕翻译对目的语观众更好地理解影片起着越来越重要的作用,如何运用生态口译理论分析电影影片口译也成为一项研究课题,将对以后电影片名和电影字幕同传或交传口译的出现和发展提供借鉴。

一、基于生态理论下的电影片名翻译

（一）生态翻译学与电影片名的联系

翻译生态环境是源语和译语所呈现的世界,即语言、交际、文化、社会以及讲话人、听众、委托者等互动的整体,是制约译者最佳适应和优化选择的多种因素的集合。一部好的电影,必然少不了精彩片名的润色,只有简洁明亮的片名才能引人注目,尽最大可能打动潜在的观众。好的片名不会冗长乏味,而是凝练直观、生动形象地揭示主题,不仅要符合语言的规范,体现原片的语言风格,还要考虑到观众欣赏层次的多样性,帮助观影者更好地理解电影。

很明显,电影片名翻译有着显著的"翻译生态环境":在翻译之前译者需要同时兼顾源语与译入目标世界,深入体会两国在语言、文化及社会方面的异同,并处理好源语与译名使用者之间的关系。翻译过程中,译者在"翻译生态环境"的基础上,还要分别从语言维、文化维和交际维等方面认真地对译名进

行推敲摘选,合理妥善处理文化差异,得出能够成功传达交际意图"整合适应选择度"最高的译名翻译,使其与原片内容贴近、流畅和通顺,符合目的语观众的特点。在翻译的最后阶段,电影片名的翻译需要根据"优胜劣汰"的原则接受检验,保留并推广好的译名,改译或重译不好的译名。

这样看来,不管从翻译的方法、翻译的原则、还是翻译的评判标准来看,电影片名翻译的整个过程都能使用生态翻译学进行合理的阐释,所以生态翻译学与电影片名翻译之间存在着紧密的联系,生态翻译学作为一种新的理论模式对电影片名翻译必然有着一定的指导作用。

生态翻译学提出的三维转换的翻译方法意味着译者要在语言维、文化维、交际维三方面进行整体考虑,不仅要做到语言层面上的转换,还要关注文化的传达和交际意图的传递。适应翻译生态环境,使译语达到多维转化的程度,并实现多维度的选择性适应。如电影《北京遇上西雅图》的英译名"Finding Mr. Right"无论是在语言维,还是文化维,抑或是交际维,都体现出很高的整体适应选择度。从语言维看,"Finding Mr. Right"很容易就可以让人联想到这是一部主题为找寻生命中那个"合适的人"的爱情片,言简意赅的句式结构也达到了以优美的语言愉悦观众、帮助观众理解影片的作用;从文化维角度分析,这一片名可能会使观众对剧中主人公选择"Mr. Right"的标准产生好奇,而影片正是探索了人性和社会的冲突,讴歌了善良美好的人性,突出男女主人公的相互吸引并非基于爱情,而是因为彼此读到了对方的善良。这种"价值观"体现了中国文化的内涵,传递了文化信息,也提高了观众的认知意识和观看兴趣乃至价值观的思考;从交际维角度来分析,《北京遇上西雅图》是一部关于价值观的爱情片,翻译成"Finding Mr. Right"不仅能很好地传达该影片的内涵和主题,又能修正原片名内容的晦涩,引起观众的观看欲望。这一译名受到的广大好评也证明了了生态翻译学理论在电影片名翻译过程所起的三维转换作用。

(二)从生态口译视角分析电影片名

下面结合生态翻译学理论,分别从语言维、文化维和交际维的角度对电影片名的口译进行举例分析。

1. 语言维

语言维适应性选择转换指译者在翻译过程中对语言形式的适应性选择转

换,这种语言维的适应性选择转换是在不同方面和不同层次的语言中进行的。例如,电影《金陵十三钗》片名的几个英译版本:第一种采用直译"The 13 Women of Nanjing"十分符合中文语言模式,但是"women"却过于直白,缺少形象与生动;第二种是完全脱离了中文原文意译成"Nanking Hero","Hero"虽然表达了影片中不畏牺牲的民族精神,但却体现不出"钗"的内涵;第三种是译成"The Flowers of War"则弥补了以上两种翻译的不足,既能够在突出原文的基础上增添美感和韵味,又表述了电影所想要强调的中心意义。又如英语影片"Ghost",如果直译为《鬼魂》难免会令人感到有些毛骨悚然,并且完全脱离了影片的内涵,但译成《人鬼情未了》这一片名不仅暗合了阴阳两隔,"情未了"三字也是对故事情节的完美体现。以上对源语片名语言维的转换处理不仅点明了电影的主题,更使译者摆脱了源语形式的束缚,达到了生态翻译的处理效果。

2. 文化维

文化维适应性选择转换就是译者在翻译过程中有效实现源语与目的语文化内涵的信息传递。这种文化维的生态适应性选择转换在于辨析源语文化和译语文化在性质和内容上存在的差异,有效进行文化信息的传递,译者在文化语境下进行源语语言转换,实现意义的传承。例如,电影"Avatar"在中国上映时译名为《阿凡达》。"Avatar"来源于印度神话,在印度教中"Avatar"特指主神下凡化作人形或者兽形的状态。译名"阿凡达"就蕴含了"下凡"和由天上"抵达"人间之意,与影片主题也正好吻合。此片名翻译短小精悍,既保持了原片名的文化内涵及异域色彩,同时带有"天上人间、神仙下凡"的中国文化元素,极大地激发了观众的好奇心。

3. 交际维

交际维的适应性选择转换是指译者在翻译过程中对源语信息交际意图的适应性选择转换。电影片名的交际意图通常是以突显影片内容,传达主题信息,吸引观众,增加票房为终极目的。例如,《叶问》的英文译名"IP Man"在电影上映之初的首映发布会上便引起了不小的争议,一些影迷对此译名一头雾水。"IP"就是"叶"(yip)字的粤语读音,"Man"则接近于"问"字的粤语读音。但是该片名译语最大的成功之处在于它充分地考虑了电影片名的交际意图,因为"IP Man"会使西方观众联想起"Spider-Man"和"Superman",十分迎合西方的审美趣味。再看另一部影片"Waterloo Bridge",该片名被意译为《魂断蓝桥》,堪称译界之经典。译者将"滑铁卢桥"意译为"蓝桥",不但点明了爱情的主题,还借"魂断"二字,将影片的悲剧结局表现得淋漓尽致,使中国观众一看译名便大体知晓故事的感情基调,实现了信息的传递,达到了有效交际的目的。

电影作为一种有声形象艺术,观众可以通过片名意义很快获知大意,进而被故事情节所吸引,从而达到电影内容与观众的交际互动。所以电影片名好比电影的钥匙,既要打开影片的精髓之门,还要实现简短、新奇的效果。随着电影字幕的同传发展,正确恰当的电影片名口译译名则能有效发挥其各项功能并成功传达电影的交际意图。因此,在电影片名的口译翻译中,译员更需要灵活运用语言维、文化维及交际维的转换,以适应不同文化背景下的双语交流,最终实现"整合适应选择度"最高的译名,从而达到电影片名对票房市场的促进作用。

二、从生态口译角度看电影《一九四二》的字幕翻译

电影《一九四二》的官方发行版也采用了中英双语字幕,该片改编自刘震云原著小说,汇聚了国内外众多知名演员,讲述 1942 年河南旱灾背景下,老范家为逃避饥荒,妻离子散家破人亡的故事,从独特的角度再现了一九四二年那个特殊历史时期的真实情况。《一九四二》于 2012 年底上映,赢得了不错的反响,在第 32 届香港电影金像奖中,获得最佳两岸华语电影。即便目前字幕翻译是一种无声的翻译,其英文字幕从生态口译的三维转换角度也值得深入探讨,可以为今后的电影字幕同传口译的出现提供实践借鉴。

(一)语言维层面的适应性选择转换

胡庚申教授在《从术语看译论—翻译适应选择论概观》(2008)一文中对此作出了详尽解释,即译者在翻译过程中对语言形式的适应性选择转换。这种语言维的适应性选择转换是在不同方面、不同层次上进行的。

例1:一九四二年冬至一九四四年春,因为一场旱灾,我的家乡河南发生了吃的问题。

译语:From the winter of 1942 to the spring of 1944, a terrible drought starved my home province of Henan.

例1中的译文没有完全按照源语的顺序进行逐字翻译,第一句翻译过程中注意到了英汉两种语言在时间表述方法上的差异,中文表达时间一般是表明年份,再注明这一年的某一个时间段,如例1中,先说一九四二年,再表明是冬天。英文的时间表达顺序则是由小的时间单位到较大的时间单位,所以采用适应性转换译作"the winter of 1942",以此达到生态翻译转换的目的。

例2:赤地千里,饿殍遍野。

译语:The land is barren, and the corpses of those who have starved are everywhere.

例2中译者照顾到西方观众的表达习惯,英语中没有对称的句式与源语呼应,译者采用具体解释的办法帮助观众理解原句,较好地实现了源语与译入语的生态转换。

(二)文化维层面的适应性选择转换

文化维层面的适应性选择转换即译者在翻译过程中要有文化意识,认识到翻译是跨越语言、跨越文化的交流过程,注意克服由于文化差异造成的障碍,以保证信息交流的顺利实现。

例3:家小、细软、还有账,都挪到村西老葛家了。

译语:We moved all the valuables and the ledgers to Mr. Ge's home in the west end of the village.

源语中"细软"是中国传统文化中对贵重物品的一种叫法,译语中用"the valuables"表达,充分照顾到了中西文化差异,达到了文化维层面的有效信息转换,使西方观众可以领会到这一文化内涵。

例4:蒋司令率威武之师奔赴前线,河南三千万民众箪食壶浆

译语:As Commander Jiang prepares to lead his forces to the front, the 30 million people of Henan greet your troops with food and drink.

例5:咱开门见山,找我什么事?

译文:Let's get straight to the point. What can I do for you?

分析例4和例5中的译语,这两句话都用了四字成语,具有一定的文化内

涵,译者采用直接翻译这几个词以表达源语所蕴含的真正意思,实现文化维的转换,让观众一目了然理解源语意思。

例6:早死早托生。

译语:She can move on to her next life.

例7:老天爷!

译语:God!

分析例6、例7中传达出的中国文化中的宗教色彩对于西方观众而言有可能是陌生的,译者充分照顾到了西方观众的文化理解方式,采用文化维的对等转接策略,实现生态翻译的有效信息传递,这也是克服中英两种语言的宗教文化差异所采取的生态翻译策略。

例8:妮,你叫我一声爷,咱俩就算认识了。

译语:Sweetie. You can call me Grandpa. And we will know each other then.

电影主人公老范是地道的河南人,他按照地方风俗把小辈里和自己亲近的女孩称作"妮",译文翻译为"sweetie",观众则不难理解电影中主人公使用这个称谓所要表达的文化韵味。

(三)交际维层面的适应性选择转换

交际维层面的适应性选择转换,即译者在翻译过程中关注双语交际意图的适应性转换。这种交际维的适应性选择转换,要求译者除语言信息的转换和文化内涵的传递之外,把选择转换的侧重点放在交际的层面上,关注源语中的交际意图是否在译语中得以体现。电影的字幕翻译要做到帮助观众在短时间理解到人物表达的意思,在电影放映过程中字幕的播放速度是很快的,很多时候译者会以传达源语的交际目的为首位。

例9:祝司令长官马到成功,旗开得胜。

译语:We wish you and your soldiers a swift,decisive victory.

"马到成功"和"旗开得胜"都是预祝胜利的意思,译语翻译为预祝胜利的意思,简洁明了地传达了源语的交际意图。

例10:贼人来了! 都到寨墙防贼!

译语:The bandits are coming! Every man to the village walls!

译语中虽然省略了源语的"防贼"一词,但并没有影响观众对这个片段的理解,译语处理采用了交际维的有效转换策略。

例11:那你再走几百里,到豫北和豫南你就是灾民了。

译文:Turn around and walk a few hundred miles,north or south,it doesn't matter.

这句话的译语无需深入解释豫北和豫南这两个地名,通常用"north"和"south"就可以清楚表达源语中所指的方位,观众也能快速理解源语所表达的主要内容,可以达到有效的交际目的。

例12:留下,留下,赶马车。

译语:You can stay.

电影中老范说这句话的意思就是告诉对方可以留下,所以这里采用省略信息译为"You can stay"就足以达到有效交际的目的。

从生态口译的角度看,电影《一九四二》的官方发行版字幕翻译是比较成功的,因为它满足了"三维"的适应性转换,影片所获得的口碑和获奖情况也从侧面说明了这一点。

参考文献

[1]Faerch,C&Kasper,G. Two Ways of Defining Communication Strategies[J]. Language Learning,Volume(34),1984.

[2]Tarone,E. Conscious Communication Strategies in Interlanguage:A Progress Report [J]. TESOL,Volume(77),1977.

[3]Tarone,E. Communication Strategies,Foreign Talk and Repair in Interlanguage [J]. Language Learning,Volume(30),1980.

[4]Newmark,P. A Textbook of Translation[M]. Shanghai:Shanghai Foreign Language Education Press,2001.

[5]Selinker,L. Interlanguage[J]. International Review of Applied Linguistic in Language Teaching,1972(10).

[6]安冬. 生态翻译学视角下的导游口译策略研究——以内蒙古旅游景点导游口译为例[D]. 内蒙古大学,2014.

[7]鲍刚. 口译理论概述[M]. 北京:中国对外翻译出版社,2005.

[8]鲍晓英.中国文化"走出去"之译介模式探索[J]. 中国翻译,2013(5).

[9]蔡小红.以跨学科的视野拓展口译研究[J].中国翻译,2001(2).

[10]蔡小红.口译评估[M].北京:中国对外翻译出版集团,2007.

[11]陈圣白.口译研究的生态学途径[D].上海:上海外国语大学,2012.

[12]陈振东.口译课程培养模式探索[J].中国翻译,2008(4).

[13]丁岚.电影片名翻译的生态翻译学视角[J].影视翻译,2011(4).

[14]杜海宝.生态翻译学研究综述[J].辽宁教育行政学院学报,2012(3).

[15]方梦之.论翻译生态环境[J].上海翻译,2011(1).

[16]郭继东.交际策略视角下的口译研究[J].语言与翻译,2009(2).

[17]郭兰英."适者生存"翻译的生态学研究[D].上海外国语大学,2011.

[18]胡庚申.译论研究的一种尝试[J].外语与外语教学,2004(4).

[19]胡庚申.生态翻译学解读[J].中国翻译,2008(6).

[20]胡庚申.从术语看译论—翻译适应选择论概观[J].上海翻译,2008(2).

[21]胡庚申.生态翻译学:译学研究的"跨科际整合"[J].上海翻译,2009(2).

[22]李晓燕.异化策略与中英文电影片名的翻译—从电影《阿凡达》谈起[J].作家,2010(22).

[23]刘和平.口译理论与教学[M].北京:中国对外翻译出版公司,2005.

[24]刘乃美.师范院校英语专业学生交际策略认识研究[D].南京:南京师范大学,2004.

[25]刘宓庆.口笔译理论研究[M].北京:中国对外翻译出版公司,2004.

[26]唐祥金.英汉公示语及其语义信息的传递[J].南通大学学报(社会科学版),2013(3).

[27]王丽萍.谈生态翻译学视角下《非诚勿扰Ⅱ》的字幕翻译[J].长春教育学院学报,2011(3).

[28]王明新等.生态学视角下的语言服务产业链研究[J].中国科技翻译,2013(4).

[29]张立峰、金文宁.试论生态翻译学及其生态三维度—兼与胡庚申教授商榷[J].上海理工大学学报,2011(12).

[30]张丽云.口译研究的新视角—生态口译模式[J].外语电化教学,2011(2).

[31]张吉良、柴明颎.国外口译专业概况及其对我国口译办学的启示[J].解放军外国语学院学报,2008(11).

[32]张威.中西口译研究的差异分析[J].语言与翻译,2008(3).

[33]钟述孔.实用口译手册[M].北京:中国对外翻译出版公司,1999.

[34]仲伟合.译员知识结构与口译课程设置[J].中国翻译,2003(4).

思考题：

1. 生态口译的文化维与笔译文化维所呈现过程有何异同？

2. 生态口译的适应选择过程是如何表现出来的？

3. 口译过程中译员的主动适应性与笔译过程译员的顺应有何异同？

4. 生态口译的交际性选择在现场口译交际中如何体现出来的？

5. 生态口译的源语转换和译语选择对目标语信息的实现有何作用？

第九章

认知理论在口译中的应用研究

第一节　认知口译理论的概述和发展

认知理论是研究由经验引起的变化是如何发生的一种学习理论。它强调机体对当前情境的理解,认知学派把人的心理功能看作是信息加工系统。认知理论重视人的心理内部过程的研究,并以适应认知为根本目标。随着认知理论不断地发展以及完善,认知理论逐渐开始应用于口译实践中,并在口译实践中发挥着巨大的作用,指导口译实践更好地进行。口译是一种通过口头表达形式将所听到的信息准确而又快速地由一种语言转换成另一种语言,进而达到传递与交流信息之目的的交际行为,是人类在跨文化、跨民族交往活动中所依赖的一种基本语言交际工具。从认知学角度来看,口译是对源语信息的听辨、组合、理解、产出等一系列认知环节的处理过程,记忆是译员在口译过程中首先要应对的挑战,对译员提出了很高要求,因而研究认知口译理论具有重要的现实意义。

一、认知口译理论

（一）理论综述

认知理论确切地说就是认知心理学理论,它是研究人怎样学习知识、储存知识和运用知识的学科,它研究与人的认知活动有关的全部心理活动,包括注意、知觉、记忆、言语、情绪、推理、思维、问题解决、表象、决策、创造性、概念形成和思维在内的错综复杂的现象。

认知思想最早可追溯至古希腊的柏拉图和亚里士多德,古希腊神庙的"认识你自己"的警言早就为西方人所熟知。20世纪50年代中期认知心理学逐渐形成,其中1956年是关键的一年,在美国麻省理工学院的一次会议上,N. Chomsky的关于语言理论的论文、G. A. Miller关于短时记忆容量的论文、A. Newell&H. Simon的"通用问题解决模型"的提出等都对认知心理学的产生起了关键性的作用。到1967年,Ulric Neisser发表了《认知心理学》标志着认知心理学这门学科的正式诞生。70年代以Gerver、Morse和Mossarco等人为代表的口译研究者以"口译是一个信息处理过程"为中心进行了一系列的基础研究。Gerver(1976)曾明确提出用心理学的行话来说,译员的任务是人类一个复杂的、包括语言信息的感知、存储、提取、转换和传送在内的信息处理任务。

Gile(1995)从认知科学理论的角度出发,提出了口译的认知负荷模式,将口译过程视为一个同时完成多项任务、处理源语或源语信息并产生译文的过程,阐述了口译中译员如何分配精力,处理听、理解、记忆、输出等几乎同时发生的任务。因此Gile将口译看作一个动态的过程,涉及信息输入、信息分析、处理和加工,信息的记忆理解和吸收,信息重组并表达。这些模式所涉及的操作大都需要译员同时付出许多方面的努力,每项操作都有与翻译任务相关的加工能力要求。

而在我国,认知心理学是由H. A. Simon于1983年介绍到中国来的。这以后在我国先后出版了几部认知心理学著作:陈永明和罗永东的《现代认知心理学—人的信息加工》(1989)、彭聃龄的《认知心理学》(1990)、王甦和汪安圣的《认知心理学》(1992)、郑昭明的《认知心理学:理论与实践》(1993)。进入90年代以后,有关认知口译研究的课题和文献逐渐涌现出来,刘和平等人关于"口译理解过程的思维模式"等研究课题论文的出现,是我国口译研究理论化的发端。进入21世纪以来,我国认知口译研究才多了起来,相关研究中用的最多的方法是跨学科借鉴法,学科涉及认知心理学、心理语言学、神经语言学等。到目前为止,我们无法对人脑思维进行考察,只能对译员思维的外在表现进行观察,只能间接地研究译员的智力机制,目前来看实证法研究代表着未来

口译研究的方向,我国口译认知理论与实践研究中有代表性的研究成果可概括如下:

刘和平在《口译—思维科学与口译推理教学法》(2001)中阐述了翻译过程中语言处理和信息贮存的关系,提出翻译思维中的语言理解过程是借助记忆中存贮的信息对语言、语法、言语结构进行整合、联想和逻辑推理的过程。

鲍刚在其《口译理论概论》(2005)中对认知理论中的记忆三环节(识记、保持、回忆或再认)在口译过程中的运作原理及方式进行详尽阐述,认为"识记"环节与口译中译员的听辨、理解相对应;"保持"环节与译员对原语信息的储存相对应;"回忆"或"再认"则与译语输出所应做的准备工作相对应。

张威在其博士论文的基础上完成的专著《口译认知研究:同声传译与工作记忆的关系》(2011)中对同声传译与工作记忆的关系进行了全面的考察和分析,并在此基础上提出同声传译中工作记忆的运作模型。该专著为我国同声传译与工作记忆的关系提供了非常积极、具有开拓性的实证资料,为口译研究做出了贡献。

综上所述,从20世纪70年代起,国内外口译学者们开始将研究领域延伸到译者的心理活动范畴,科学地结合了心理学和口译。随着人们在该领域的不断进步和深度探索,翻译(包括口译)过程中的认知活动越来越受到学者的重视。20世纪80年代,认知成为口译研究的理论基础之一。刘宓庆(2006)认为语言能力是一种认知能力,不研究认知科学不可能真正地、彻底地了解语言科学……,认知科学家为翻译学提供的思想武器和理论手段是极其可贵的。20世纪90年代口译研究的另一个重要方面是跨学科研究,尤其结合认知心理学。这样翻译具有了两重意义,一是静态意义,指翻译结果;二是动态意义,指翻译的过程。翻译研究应该加强对翻译过程的动态研究。认知机制的研究其实就是将口译的研究从静态转到了动态,是研究理论与方法上的一次革命。刘和平在《口译理论与教学》(2005)指出翻译(包括口译)的静态研究有助于提出翻译的标准和原则,但无法解释译者成功的真正原因,更无法指导翻译教学,对翻译的动态研究有助于认识翻译的整个过程,从而揭开译者成功的奥秘……。口译的理解、分析和翻译的三个步骤,构成了包含各种变量的动态过程,而语言和文化这两个层面也体现了口译过程的动态认知特点。

（二）认知口译理论基本内容

口译学者将心理学与口译研究结合起来研究译者的心理活动可以追溯到20世纪70年代。随着研究的深入，翻译中的认知机制及认知心理学也越来越受到关注，学者们也逐渐认识到他们对翻译的影响。到了20世纪80年代认知心理学成为口译研究的理论基础，主要展现的是译者在设定的口译环境下如何通过认知机制实现双语转换。当时根据心理语言学家和认知语言学家的研究，安德森（1983）提出了思维到语言生成的三段式认知模式，即思维构建阶段（说话者要确定表达的思想）、思维转换阶段（说话者要将思想转换成语言形式）和思维外化阶段（说话者的言语和形式表达）。这和释意派口译理论提出口译过程的三步骤（源语的理解、脱离源语语言外壳和有意识的再表达）在原则上不谋而合，证明口译过程就是认知过程。90年代法国教授 Daniel Gile（1995）凭借认知理论提出了口译认知负荷模型，有效地解决错译和漏译问题。后来学者们把它和语言学学科结合，形成了认知语言学翻译观，又提出了口译认知加工过程的相关理论。这些理论认为人类的认知是一种信息加工过程，而从认知角度研究口译应侧重从人类处理信息的方法方面来解释译者进行双语转换时的认知心理过程。

以认知为理论基础进行口译研究具有可行性的根本原因在于口译过程本身就是认知过程。根据语言心理学家和认知语言学家的实验分析研究，安德森论述了从思维到话语全程的三段式认知程序模式，其认知口译理论的第一阶段为思维构建阶段，说话者要确定表达的思想；第二阶段是思维转换阶段，说话者要将思想转换成语言形式；第三阶段是思维外化阶段，说话者要将言语形式进行表达。正如刘宓庆（2006）所言，安德森这个言语生成的三段式认知模式可以作为翻译的语言生成模式的认知依据。从另一个角度讲，在认知程序模式中确定要表达的思想和目标是把握 SLT 全部意义和整体理解的关键；将思想转换成言语形式是将 SLT 意义转换成 TLT 形式的对应关键；最后将言语形式加以表达，也就是实现了 TLT 言语形式为交流目的服务的翻译行为。

由此可见，认知理论是研究由经验引起的变化是如何发生的一种学习理论。它强调机体对当前情境的理解，然而人和动物具有不同程度的理解力。在人们日常生活交流活动中，有交流便会有认知。信息发出者向我们传达一句话,一个表情或是一个动作,当我们接收到信息之后,我们的大脑会自觉对信息发出者所传达给我们的信息加以分析。例如当我们听到别人对我们说"You are the best!"这句话时,我们会通过一系列因素分析出其到底是在夸我们还是在进行讽刺挖苦,而当我们分析得出了结论,这个过程便是对语言的认知理解过程。所以一种语言形式可以指向不同概念,但在一定的形式之下,一种语言形式便只能表达一种概念。

在交流过程中,语言是一个具有导向性的系统,但是其有具备非规定性的性质,这就是为什么一句话会产生多种意思,而每个意义所蕴含的真正信息可能差之千里,所以人的语言认知能力便在交流中显得尤为重要。发话人往往用自己的方式将自己想要传达的信息表达出来,而受话人则需要根据实际情况、条件、语气等对听到的语言进行认知处理来推断其真正意图与所表达信息。

也就是说,离开了人的认知,看似平常的语言交流活动便难以进行下去,更不要说具有一定专业性质的商务,文化与经济活动了。而对于一个译员来说,能否向客户传达有效精准的语言信息,认知理论的重要性便凸显其中。

二、认知口译理论发展

(一)口译认知负荷模式

口译认知理论确切地说就是口译认知心理学理论,它是研究人怎样学习知识、储存知识和运用知识的学科,它研究与人的认知活动有关的全部心理活动,包括注意、知觉、记忆、言语、情绪、推理、思维、问题解决、表象、决策、创造性、概念形成和思维在内的错综复杂的现象。

20 世纪 70 年代,口译学者的研究对象转向译者的心理活动,从而将心理学与口译研究结合起来。而随着认知科学的兴起,以翻译过程中所蕴含的认知机制和它们相互间作用方式为研究目的的认知心理学逐渐在译学中起到越来越重要的作用。到了 20 世纪 80 年代,认知心理学开始成为口译研究的理论基础,其研究以揭示译员在特定口译环境下认知机制的运作模式为主要目的。刘宓庆(2006)认为语言能力是一种认知能力,不研究认知科学不可能真正、彻底地了解语言科学,认知科学为翻译学提供的思想武器和理论手段是极其可贵。自 20 世纪 90 年代,口译的跨学科研究,尤其是认知心理学研究成为口译研究成为最为流行的研究视角。针对口译中错译和漏译现象,法国的 Daniel Gile 教授借用认知科学创立了口译认知负荷模型(Effort Model)。按照这一模式,Gile(1995)认为口译任务所需要的注意力总量必须小于译员大脑能够提供的注意力总量。口译过程中每一步骤所需要的注意力也必须小于大脑所能提供的注意力,即 TR 注意力总量(Total Requirement)必须小于脑力总量 TA(Total Capacity Available)。当 TR 大于 TA 时,错译和漏译必然会发生。在他看来,口译中有三个基本的认知负荷,分别为"听辨与理解"(Listening,L)、"语言表达"(Production,P)和"记忆"(Memory,M)。在口译实践中,听辨与理解、语言表达和记忆分别影响着口译的进行以及口译的质量。

记忆在最常见的口译形式交传(Consecutive Interpreting)中起着十分重要的作用,是影响口译准确性的关键因素之一。直到现在依旧有许多学者认为,口译过程不只是理解—转换—表达,而是理解—记忆—转换—表达,这是有一定道理的。Gile(1995)教授提出的口译认知模式认为,在短时间内人的记忆力总是有限的,人的记忆可以分为瞬时记忆(Short-time Memory)和长期记忆(Long-term Memory)。由于口译的即时性,我们强调更多的便是瞬时记忆。而认知负荷模式又深深影响着口译员的记忆力,因为在口译的过程中由于各方面的压力以及现场紧张气氛,译员注意力总有分散的时候,信息的遗忘总是不可避免的。更好地理解和了解口译认知负荷模式对于口译实践有很大的帮助作用,也能够提高口译实践的质量。

法国的 Daniel Gile 教授提出了口译的操作过程,这就使围绕着大脑加工处理能力的要求和加工能力的限制去建立一个口译模式有了一定的基础,也从另一方面解释了为何要把认知理论应用到口译活动中去。

为了有效地解决口译中错译和漏译问题,Gile 借用认知科学创立提出了认知负荷模型或称精力分配模式(Effort Model),其潜在深层的基本原理一是表现在口译要求某种脑力能量(Mental Energy),而这种能量的供给有限;二是口译占据几乎全部的此类脑力能量,而且有时需求量甚至超过可用量,此种情况将导致口译表现的质量不断下降。

还有学者认为口译员表现不佳和"负荷过重"以及译者的短期记忆有关。

有学者从认知心理学角度出发来解读这种现象,他们主要将注意力、大脑自动操作和非自动操作(Automatic and Non-automatic Operations)联系起来,即直觉获得的想法和实证研究联系在一起了,从另一个角度对口译认知负荷模式做了进一步分析和研究。

(二)口译认知记忆

1. 口译中的认知记忆

自 20 世纪 90 年代以来,认知记忆与口译的关系已成为口译认知领域所热衷研究的焦点话题。口译工作的要求对于口译员的苛刻程度也体现了口译工作的科学性与严密性、科学的记忆方式和严密的逻辑推理。在记忆机制中,瞬时记忆、短时记忆和长时记忆都与口译工作有关联性。刘宓庆(2006)总结道,"感觉记忆"是口译的前提,"短时记忆"是关键,"长时记忆"则是口译的基础。

感觉记忆是对于来自外界刺激的真实反映,它接受到的信息大部分都会自动的消失,只有一些受到注意的信息保持下来。短时记忆所保持的信息是经过筛选的,心理学家发现如果对所要记忆的信息编码、组块或者复述,那么短时记忆属于较难记忆的信息。长时记忆是人脑长期保持信息的主要手段,长时记忆的编码一般是按照信息的意义予以归类,而且分为情景记忆和语义记忆。在认知记忆的基础之上,口译的几项常见的训练途径就被提了出来,虽然这些常见的口译训练途径是以一定的语言干扰为背景的训练,但在训练过程中所运用到的记忆机制却是至关重要的。

根据半个世纪以来的研究,认知科学家认为记忆有三个系统。这三个记忆系统成为了人脑中三种经验信息的贮存机制:

(1)感觉贮存(Sensory Store)

它是所有信息进入大脑的第一通道,它是外界刺激的真实拷贝或转录,其保持的时间很短。短时记忆是贮存人的感官前沿所获得的感性信息,这时人脑要进行大量的筛选工作,大约持续二秒钟(Atkinson and Shiffrin,1968),筛选出值得注意的信息并将它立即转入短时贮存中,感觉贮存(或瞬时记忆)已由实验结果所证实,它虽然短暂(0.25~2.0 秒),但容量很大,而且信息内容如果受到注意就会转入短时记忆(Sperling G.,1968)。可见西方认知心理学研究是人类对记忆认知研究的重要标志。

（2）短时贮存（Short Term Store，简称 STS）

STS 贮存感觉记忆信息，贮存时间在一分钟之内（One-minute Memory Retention，简称 OMMR），短时记忆有显著的功能特征 - 操作性。事实上，人类的很多行为都是由 OMMR 驱动完成的，如口译、秘书的听写、电脑打字等，因此也被称为"工作记忆"（Working Memory）。实验证明，短时记忆的容量是 7 加减 2，例如"The cat and the dog fight frequently."一句中，一共包含 7 个组块（Chunks），也就是对 7 个有意义的信息单元的贮存。

高芬（2007）认为短时贮存对译者来说至关重要，原因是这一分钟实际是口译进行高强度脑力活动的关键时期。事实证明，在对源语的语法结构和语义结构仍然十分清楚地留在脑海中的这一时期，趁热打铁进行关联和双语对应转换，正是所有译员所期待的，这也正是短时记忆的"源语效应"（SL Effect）中枢极诱因（Positive Inducement）起作用的最佳时期。

（3）长时贮存（Long Term Store，简称 LTS）

长时记忆如一个经验知识库，储存的信息需被激活才能被提取到短时记忆中参与对新信息的加工。当言语链发布时大脑会迅速激活长时记忆，提取以前存储的相关知识，并启动瞬时记忆和短时记忆对现场的信息进行分析加工，充分理解言语所承载的意义，从而使交际有效的进行。长时记忆的信息贮存量大的惊人，心理学研究后估计可以达到 1015 比特（Bit）信息量，其尝试贮存的职能集中于语义的范畴化编码（Categorical Encoding），因此它是一个人经验知识的宝库。

2. 口译中的长时记忆与瞬时记忆

根据认知心理学理论，记忆过程为识记、保持和回忆三环节，在口译过程中（无论是同传还是交传），与此三环节相对应的则是译员的听辨理解、译员对原语信息的贮存以及译语输出所做的准备。

译员接收到源语信息后对信息进行辨识、加工处理并对处理信息进行输出。在信息加工过程中，通常有三种记忆参与：瞬时记忆（又称感觉贮存）、短时记忆、长时记忆。瞬时记忆是原语信息（包括纯语言信息和副语言信息）进入大脑的第一通道，是口译的前提，但保持时间非常短；短时记忆是连接瞬时记忆和长期记忆的纽带，起承上启下作用；长时记忆则是一个经验知识库，在其信息经过激活后提取到短期记忆中参与新信息的加工处理,并启动瞬时记忆和短时记忆对接收到的信息进行及时加工,然后以一种译语的形式输出。认知心理学认为在口译过程中,三种记忆过程发挥的作用虽有所区别,但缺一不可,并且三种记忆协调配合、优势互补,使口译工作得以顺利有效完成。

虽然口译过程的三种记忆缺一不可,并在口译过程中各自发挥着不可或缺的作用,但相比之下,瞬时记忆是前提,短期记忆是关键,因此口译实践者和口译理论研究者更倾向于对瞬时记忆和短时记忆的提高或研究,忽略了长时记忆的重要性。因此从认知理论的角度对长期记忆的工作机制、特点以及在口译过程中的作用进行研究有助于提高口译实践者的记忆能力。

在口译过程中,长时记忆与瞬时记忆和短时记忆的首要区别在于,长时记忆先于瞬时记忆和短时记忆存在于口译过程中,换言之,长时记忆是存储各种类型知识的场所,是口译理解的前提基础,是口译能够顺利完成所必须的和不可缺少的条件。

(1)长时记忆对于短时记忆所起的促进和弥补作用

短时记忆机动灵活,可以方便快捷地暂时保留各种凌乱的信息,但其具有容量小、存储时间短的缺点,根据心理学实验表明,语言交际中语音信息在短时记忆中最多可以保持一分钟时间,而且在高度紧张的口译现场,短时记忆中的信息可能因为客观或主管因素无法被激活而导致信息调取失败,故长时记忆在此种情况下可起到弥补和促进作用。艾瑞克森和德拉内(Ericsson, K. A. & Delaney, P. F. ,1999)认为针对某项任务,工作记忆中可使用的形式与保持的信息量没有固定的容量限制。作为获取扩展技能的一部分,为了保持一个非常高水平的技能表现,专家在获取知识和技能的过程中,快速地把信息编码进长时工作记忆中去并用来完成相关的任务时,该信息就可以通过提取线索得到使用。因此在口译过程中,当无法从短时记忆有效提取信息时,长时记忆所贮存的信息(包括译者译前准备所存储的各种与口译有关的语言知识或主题知识及译者平时所积累的百科知识)会对短时记忆起到激活作用,并有效地输出译语信息。

(2)长时记忆帮助增加组块信息量

组块是一种信息组织或再编码,而信息组织则是人们利用贮存在长时记忆中的知识对进入短时记忆的信息加以组织,使其构成人们熟悉的有意义的较大单位。根据认知心理学原理,一个人的记忆槽道与一个任意形式的组块储存相关联,如果组块数超过槽道数,新的信息就无法被槽道所接纳和吸收,因此为了加大短时记忆的容量,就必须增加每个组块的容量。而短时记忆的组块数约为 7±2(Galotti,2005),如果人们可以加大每个组块本身的信息量,短时记忆容量也将随之扩大。而译员加大组块容量的最有效办法就是在平日知识积累和译前准备中尽量熟悉更多领域知识以加大各领域知识的信息量,利用长时记忆中的语言文化等知识将各类对于外行看似不相干的独立组块组合成大容量组块,以扩充短时记忆容量。

(3)长时记忆促进口译的理解过程

源语信息经瞬间记忆进入短期记忆后,将进行加工处理过程,信息加工处理过程实则为对于语言内及语言外信息的理解和重组过程。理解是口译活动中至关重要的一步,如未成功理解,信息重组以及信息输出都将无法顺利进行。口译的理解包括语音听辨、语法语义分析、文化分析社会心理分析、意义推断和综合(刘和平,2005)。理解过程并不是一个被动接受信息的过程,而是利用已有知识进行分析加工的过程。在对于新信息的理解加工,人脑把译者大脑中储备的语言知识、百科知识、以及与口译现场相关的背景知识进行综合并提取。Pochhacker(2004)和鲍刚(2005)都曾提到人脑已有的知识以及译者自身的经历、社会经验、常识和专业知识、百科知识都会帮助译者对源语语言发布产生一种期待和预判,起到提示源语意义、帮助源语理解的重要作用。

(三)认知记忆与口译笔记

根据认知心理学理论,人脑的记忆体系由短时记忆和长时记忆组成。短时记忆是一种操作性的暂时记忆;长时记忆属于储存性的永久记忆,相当于人们平时积累的知识、经验等。记忆是人脑的自然属性,是一个心智正常者的天赋能力。但是,不是所有的人都具有相同的记忆能力。

从记忆的过程来看在进行听力理解活动中,特别是口译过程中的听力主要依赖的是短时记忆。短时记忆不仅因人而异,而且容量有限。一般认为,在语言理解中,言语信息可在短时记忆中保存约几秒钟,如不进行复述,就会在30秒内丧失。由此可见,有限的短时记忆容量根本不能满足人们倾听和理解长篇大论的话语的需要。因此,在口译过程中记笔记就显得十分重要。

译员在听源语言时进行记录,然后再回答相应的问题或者完成口译任务。听力笔记似乎是一心两用的心理过程,首先是在听的过程中做笔记,然后利用笔记来完成翻译。在这里笔记做得好与否,对于完成翻译内容将起到决定性的作用,尤其是对笔记符号的熟悉程度和编码解码速度。口译中解决问题的重点在于译者首先对听到内容的理解,然后迅速熟练地利用大脑中存在的译者自己熟悉的一套"特殊语言"进行书面编码,即笔记。在翻译过程中,译者因为熟悉这些记录下来的"特殊语言"所表达的意义,迅速进行解码,转换成为译入语。运用信息加工的术语解释,笔记就是人脑对外界输入的信息进行编码、存储和提取解码的过程。整个笔记过程如图 9 - 1 所示:

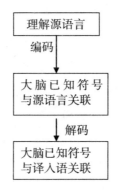

图9-1 认知记忆与口译笔记关联图

作为口译工作中的重要一个环节,口译笔记的重要性与之为译员提供的帮助早已被大家所认可和接受。一般情况下发话者单句停顿时间是 30 秒,而 30 秒对于大多数译员来说也较为合适,但在多数场合,译员往往不能左右发话人的说话时间,有时甚至出现 2 ~ 3 分钟都不停顿的情况,这就需要译员充分运用笔记,结合自己的记忆来进行口译。而作为对语言记忆的引导与线索,口译笔记的作用不容置疑。

1. 口译笔记的有效性

在进行口译笔记记录时,由于发话人语速原因且一般不会对自己说过的话进行重复,所以译员一般不可能记录下全部的信息点,甚至可以说记录下的信息非常有限,有时可能只是几个简单的符号。但在非常有限的时间之下,译员到底该如何记录笔记,如果让自己所记录的笔记帮助自己输出信息?译员在记录笔记时应尽可能的记录发话者话语中的关键信息点与其传达的主要内容。如一句话中可能会有很多修饰语等,但作为译员应正确认知发话人所传达的真正信息,将其记录,从而使自己的笔记简介,具有有效性。

人们在理解、吸收、输入信息时,需要将输入信息与知识信息(即背景知识)联系起来。对新输入信息的解码、编码都依赖于人脑中已存的信息图式、框架或信息网络。输入信息必须与这些信息图式相匹配,大脑图式才能起作用。而译者如果临时随意发挥,在笔记本上记录一堆对自己很陌生的东西,那么在口译时译者不可能将之与脑海中已有的东西迅速构建并联系进行正确解码,以至于出现"字认识人、人不认字"的尴尬现象。所以,译员在平时必须积累大量的常用符号和缩略语及其代表意义,而且要熟记于心,做到随手拈来,一看即懂。例如:上升为↑、那么下降为↓,越来越强就是↑↑、越来越弱就是↓↓等等。

2. 笔记中的认知过程

要做到笔记的有效性,离不开对于发话人言语的认知理解,只有译员结合环境等因素,充分理解发话人所传达的信息后将信息进行加工,才能选取关键的信息点做笔记记录。在翻译过程中通过阅读自己记录的信息点,译员方能认知还原发话者的真正意图与传递出的信息,进行翻译加工,最终传达给受话者。比如当译员在翻译句子"My mother was so selfish, because she never gave her love to anyone but me."时,译员在听到这句话后,应在第一时间认识到说话人并不是在真正批评其母亲,而是在赞美他妈妈对他的爱。所以在认知分析过后,译员应提取句中信息点如"My mother","love"等进行记录。在翻译过程中,译员通过阅读笔记关键信息点,回想起"妈妈的爱"这一语句,从而忽略"自私"等修辞信息,完成有效信息的翻译输出。

3. 口译笔记的个性化

个人记录习惯导致每个人在笔记本上所记录的内容或符号在别人看来过于简单、潦草和模糊,其中的谋篇和逻辑也一头雾水,但是这些别人看不懂的东西译者一看却了然于胸,甚至能够迅速解码。因为这些符号与源语言和译入语的联系已经在译者脑海中进行了图式模型的构建,并在一次次的记忆和使用训练中得到了强化。所以受时间限制,每个译者在做笔记时完全没有必要中规中矩地遵循某个模板,苛求字迹清晰,甚至一字一句将内容全部记录下来。如果这样记笔记的话既不可取也不现实,例如有些译员习惯将字体写大但笔画或符号简单,整个笔记本文字占了一大半却没有太多信息内容,甚至译者自己也不能快速解读自己笔记的内容;而有的译者习惯把字写小,记录的信息符号内容相对较多,却同样也能快速、准确地进行解码和有效地信息输出。我们不能断定这两种笔记方式的优劣更不能照搬,因为这是译者自己的习惯使然,最适合的口译笔记一定要适合译员本人的使用。

最重要的一点,译员必须经常进行听力笔记练习和实践,只有这样才能通过一次次强化笔记内容和形式对大脑的编码和解码进行输入和输出的协调,也只有当译员熟悉了这种协调模式后才不会在口译过程中由于紧张出现手忙将乱、大脑一片空白的现象,以至于最后记录一堆译员自己都不知所云的东西。相反,当我们对自己很熟悉的汉语进行笔记时,准确率和速度都会相对英语略胜一筹,因为我们平时理解、阅读和记录汉语的机会特别多。在进行汉语笔记时,我们心理上就很轻松,也充满自信不会很紧张,加上大脑对汉语的熟悉程度和手写流畅度,不管是编码还是解码,整个笔记使用效率就会提高。由此可见,口译笔记的日常训练还要兼顾译员的心理素质训练,这样才能达到口译实战中信息输入和输出的协调

第二节　认知口译策略的应用

口译具有即席性和现场性,要求译者在较短的时间内将说话人的语言信息转换成听话人所能理解的话语,这就需要译者能够在短时间内尽可能记住源语言的所有内容,进而理解、再表达,因而对译者的记忆能力要求非常高。尽管译者提前做好充分准备,但也不可能百分百准确记住说话人的原文。为最大化再现说话者的言语内容以减轻译者的记忆负担,口译认知策略在口译实践中的应用愈发重要,也是近几年研究的重要话题。

一、口译记忆策略

（一）研究背景

认知心理学认为,口译过程的信息处理牵涉了二种不同的记忆方式,即瞬时记忆(Instant Memory)、短时记忆(Short-term Memory)和长时记忆(Long-term Memory)。它们各不相同又相互作用,同时参与整个口译过程。瞬时记忆保存信息时间非常短暂,最多不过 2 秒时间,但能够将信息全部复制下来。瞬时记忆为口译活动提供了可能,是口译的先决条件。短时记忆的时间稍长,储存容量也稍大,可以保存 7 个组块或 7 条有联系的短信息。在口译活动中,短时记忆起着承上启下、承前继后的作用,处于主导地位。短时记忆一方面进行短时信息的加工和存取,一方面根据已知信息激活长时记忆中已有的相关知识,然后将二者结合起来再次对话语信息进行加工并储存,构建语篇意义。长时记忆保存信息时间最长,有些信息可保存一生,容量也最大,是译员的知识仓库。但在口译中,长时记忆需要被新信息激活,才能更好地参与到语篇意义的构建、命题网络的形成中来。因此,当大脑接受到新的言语信息时,背景知识图式会被激活,以前存储的相关知识会参与到瞬时记忆和短时记忆对信息的分析加工中,进而使交际更有效地进行。基于认知理论三段式认知模式,按照心理学对记忆的分类,口译中的记忆可从以下几个方面进行切入:

1. 组块记忆法

组块就是对几个零散的小的信息单位进行逻辑分析、归纳整理而形成一个较大的信息单位的过程。一段讲话在未经组块前可能包含数十个小的信息单位,远远超过人的短时记忆的容量(7 ± 2 个信息单位),而组块后可能只有 5 个,或者更少。译者将说话人的言语通过组块的方法组合之后,相当于译者对源语言的第二次理解,译者只需按照模块的分类及顺序记住内容,进而将说话人言语形式进行表达,整个口译过程随之简单化。

2. 联想记忆法

口译过程分为译前准备和口译过程两部分,译者在口译活动开始之前,尽可能获取与口译内容相关的背景知识,有条理地输入自己的大脑记忆库中。在口译时,译者发挥自我主动性,除了联想记忆库中的为此次口译准备的语料外,还可扩展到之前口译活动中存储的相关知识,最大化再现说话人的言语意图。

3. 图示记忆法

译者可把源语话语信息以某种图示储存,通过对语篇所描述的事物建立一个情景模型,将说话人的言语图示化,同时,将自己置于图示化的情景中体验,结合自身的体验来开展口译过程。

4. 预测记忆法

预测记忆法要求译者在说话人言语的语境中,把握语言整体主旨的前提下,预测说话人接下来要发言的内容,以便译者提前做好心理准备。

以上记忆方法并非孤立使用,译者在进行口译活动中可能会涉及到两种或者多种以上的记忆方法。

(二)口译记忆策略的应用

下面以杨澜在美国的社交网络媒体 TED 上《重塑中国的一代》为题的演讲作为案例进行分析。

例 1:My generation has been very fortunate to witness and participate in the historic transformation of China that has made so many changes in the past 20,30 years. I remember that in the year of 1990, when I was graduating from college, I was applying for a job in the sales department of the first five-star hotel in Beijing, Great Wall Sheraton— it's still there. So after being interrogated by this Japanese manager for a half an hour, he finally said, "So, Miss Yang, do you have any questions to ask me?" I summoned my courage and poise and said, "Yes, but could you let me know, what actually do you sell?" I didn't have a clue what a sales department was about in a five-star hotel. That was the first day I set my foot in a five-star hotel.

译语:我这个年代的人是幸运的,我们目睹并参与了中国历史性的变化。在过去的二、三十年里中国发生了很多变化。我还记得1990年的时候我刚好读完大学,我当时申请了一个营销的工作,地点是北京的一个五星级宾馆,这个宾馆现在还有,叫喜来登长城饭店。在被一位日本经理询问了半小时之后,他在面试要结束时说,"杨小姐,你有问题要问我吗?"我鼓起了勇气,镇定地问，"你能不能告诉我，你们卖什么的？"因为我当时完全不知道一个五星级饭店的销售部要做什么，那是我第一次走进一家五星级饭店。

译员在听完本段内容后，有意识将信息进行如下组块"My generation—many changes in the past 20,30 years—a job interview—Japanese manager—question about hotel."，组块构建可帮助译者把握本段的主要内容，用自己的语言形式重新构建源语内容，将说话人主要意图传达出来。

例 2：And sometimes I have young people approaching me say，"Lan，you changed my life，"

译语：有时候年轻人会对我说，"杨澜姐，你改变了我的人生。"

源语中的"Lan"显而易见是指杨澜，但是译员在口译认知过程中要充分了解整个语境，将自身处于当时的语境下。根据理解和记忆背景，译者认知到说话人是在演讲，对象是大学生，在这种情况下，将其处理为"杨澜姐"，既不失源语内容，又拉近了说话人和听话人的距离，信息传递十分贴切。

例 3：Guess who was the performing guest? Susan Boyle. And I told her，"I'm going to Scotland the next day." She sang beautifully，and she even managed to say a few words in Chinese. So it's not like "hello" or "thank you，" that ordinary stuff. It means "green onion for free."

译语：知道特别嘉宾是谁吗？ 苏珊大妈。我告诉她，"我明天要去苏格兰。"她不但歌声非常动听，还学会了说几句中文。她说："送你葱。"这句话的意思不是"你好"、"谢谢"那类的话，"送你葱"意思是"免费的大葱。"

Susan Boyle 是 2009 年英国达人秀参赛者，其貌不扬，衣着平平，却因一副好嗓子，艺惊四座。无独有偶，2011 年中国达人秀的舞台上，来自安徽农村靠卖菜为生的"大妈"蔡洪平，同样以嘹亮的嗓音博得了评委的认可，网络上迅速走红，经典歌曲"送你葱"成为网络流行语。译者在听到"Susan Boyle"时，联想到记忆库中的以上背景信息，结合语境，将其译成"苏珊大妈"同样达到了跨文化信息的有效传递。

例 4：But anyway，the public still doesn't buy it. It is still boiling.

译语：尽管如此，公众愤怒仍未平息，热论还在进行中。

若从源语字面上理解，口译则无法进行下去。译者结合上文中存储的记忆片段,译为"尽管如此,公众愤怒仍未平息,热论还在进行中。"听起来符合演讲的语篇逻辑,易于听众的认知理解。

口译是一种跨语言的双语转换活动,口译记忆作为一个核心环节,起着至关重要的作用。口译记忆并不是对储存信息的简单恢复,而是对输入信息进行编码之后的储存和提取。只有及时、准确地理解新信息,有效地结合记忆策略,懂得记忆方法,才有可能更好地减轻译员的记忆压力,把"译"和"忆"有机结合起来,使口译效果最佳化。

二、认知理论与口译中语言的选择

(一)语言选择与口译的认知加工

口译过程中语言的选择体现了相关社交功能的认知加工过程,涉及语言发生的整体性、过程性及在场性。因此,在口译现场无论是交替传译还是同声传译,从理想化的认知模型角度来说,人类在交际过程中所积累的一切语言系统成分,包括词语、句式、篇章,都可能是从离线状态经由长时工作记忆,被调取到当下在线的短时工作记忆中进行加工、处理,然后形成译语进行输出。因此,口译译者的语言选择过程可以被认为是有交际动机驱使和制约的认知选择过程,是由工作记忆支撑下发生推进的。译者在口译过程,不仅要适应源语的语言环境,还要适应译语听众所处的语言环境,包括译语语言的词语选择、句式表达习惯、文体表达技巧等,因此在整个口译过程,译者在接收源语声音信息后,紧接着需要进行的最关键任务则是积极迅速调动其长时记忆,包括百科知识、语言积累等贮存信息,进行语言的加工处理,选择合适的词语、句式,然后输出译文。

例如,美国总统奥巴马于 2015 年 3 月 14 日在每周讲话(Weekly Address)中就如何更好地理解和管理美国大学生贷款解释说明中提出了对实现高质量、低成本高等教育的规划,详细阐述了他对于降低教育成本的愿景和规划。在讲话中,奥巴马总统呼吁只有大家都团结起来,才能确保为获得大学文凭而努力学习的学子们不会在毕业的时候就背负沉重的债务压力。在短短的三分钟讲话中,奥巴马总统用了四次"affordable"来表达自己对于实现低成本高等教育的决心。但译者在处理这四个"affordable"时并未采用相同的翻译方式,而是根据词语所出现的上下文采用了不同的词语。这个语言处理过程则需译者积极调用自己长期工作记忆的信息贮存进行甄选,最终选出既忠实源语信息又符合译语语言习惯的表达方式。

例1:I visited with students at Georgia Tech to talk about the importance of higher education in the new economy,and how we can make it more affordable。

译语:我在佐治亚理工学院与同学们谈论了新经济环境下高等教育的重要性,并介绍了我们为让高校学费更亲民所要做的事情。

例2:That's why my Administration has worked hard to make college more affordable。

译语:本届政府一直致力于降低高校学费。

例3:It says that every student deserves access to a quality,affordable education.

译语:该法案声明每个学生都有权获得高质量、低成本的教育。

例4:Every borrower has the right to an affordable repayment plan.

译语:每一个借款人都有权利获得可承担的还款计划。

"affordable"在汉英词典中的解释为"支付得起",在网络免费词典(Free Dictionary)中的解释为"having the financial means for",如果译者在接收到包含"affordable"的语句后只是简单的进行语言输出,这四个"affordable"的译语则分别为"让它更支付得起""让大学更支付得起""获得高质量、可支付得起的教育"和"可支付得起的还款计划",如此处理的译语则显得单调乏味、不符合汉语的表达习惯和译语输出时的丰富多样性,其接受度也大大降低。因此在对于信息的处理加工过程中,译者通过调动自己的长时工作记忆积累贮存的语言和百科知识信息并进行搭配组织。第一个"affordable"出现在讲话起始句中,而对于仅有三分钟的简短演讲,奥巴马需要开门见山提出自己的演讲初衷,以表示竭力实现全民得以享受低成本高等教育的美好愿景,所以译者巧妙地选用了"更亲民"的翻译方法,清晰地表达了奥巴马及其美国政府的决心。

第二个例句中"affordable"与"college"搭配,奥巴马整个演讲旨在想方设法解决美国高学费问题,所以在美国每年有70%的大学毕业生背负学费贷款的情况下,保证大多数民众可支付得起的大学学费其实就是降低学费,因此在第二句中译者通过长时工作记忆采用了"降低高校学费",译语不仅达到语句通顺,更明了地解释了政策的具体实施方向。

第三个"affordable"出现在抽象名词"education"前,如果译者简单地使用"可支付得起"一个表示具体行动的行为动词,句式搭配会显得生涩别扭,所以译者在对记忆信息处理之后选用了"低成本教育",保证了词语的合理搭配,句子通顺达意,达到了口译"信、达、捷"的处理效果。

最后一个"affordable"与"repayment plan"搭配,还款对于任何大学毕业生来说无疑是一个沉重的负担,所以借款数目的还清与否必须保证在借款人可承担范围内,因此译者根据上文的大脑记忆在此处使用了"可承担的还款计划",以达到译语语篇的有效关联。

从以上四个例句中对"affordable"的不同翻译方法可以看出,认知中的长期记忆贮存信息对于口译信息的处理加工起着至关重要的作用,因此对日常长期记忆的训练提高和长期记忆信息的贮存显得尤为重要。

(二)口译过程的语言认知与选择

译员将源语语言传入大脑,经过推理、视觉和听觉反应、逻辑分析、理解以及现场应变能力来完成此阶段的译语输出过程。理解阶段是在心理作用的基础上完成的,大体上讲当听到语篇时,首先应进行逻辑推理和语言的选择。

例1:近20年的时间已经充分证明,我们进行改革开放的方向是正确的,信念是坚定的,步骤是稳妥的,方式是渐进的,取得的成就是巨大的。

译语A:The practice in the past 20 years has eloquently proved that the directions of our reform opening up is right, our conviction is firm, our steps are steady, our approach is gradual and our achievements are huge.

译语B:The practice in the past 20 years has eloquently proved that we are right in direction, firm in conviction, steady in our steps and gradual in our approach when carrying out the reform and opening up and have achieved tremendous success.

与译语A比较而言,在上句译语B中译员利用已有知识进行认知逻辑推理,选择了先说明结果,然后叙述原因的语言方式,与汉语的语序完全相反,但是达到了较好效果。

所以,在认知的过程中理解阶段会导致译员最后得出不同的翻译版本。因为在理解过程中,会有源语的输入、记笔记的过程以及大脑和心理认知的过程。

例2:We must pursue financial sector development that creates in each country a diverse and competitive financial services industry that fosters innovation and growth of national economies as they become increasingly integrated in the global economy.

译语A:我们必须推动金融部门的发展,以使每个国家创造出多元化、竞争性的金融服务行业,促进国民经济的创新与增长,而各国的经济正日益与世界的经济融为一体。

译语B:我们必须推动能在每个国家创造出多元的、竞争性的金融服务行业的发展,而这一行业能够促进日益与经济融为一体的国民经济的创新和增长。

在理解过程中,译员意识到了源语中一个定语从句中包含另一个定语从句和状语从句的情况,与译语B相比较而言,此处译语A的处理采用了简化源语句法的方式,其译语逻辑性更强,同样能够表达出源语的语篇含义。

所以,在认知理解过程中,译员的语言选择能力以及对复杂句和长句的处理应变能力,需要译员有扎实的语言功底和基础,才能使口译过程事半功倍。

三、认知理论与口译文化维策略的应用

(一)认知口译的文化性

口译是把一种语言(源语)转换成另一种语言(译入语)过程,既是语言文字符号系统的转换,同时也是两种文化之间的交流与碰撞,所以口译人员在口译过程中应采取各种策略或技巧,确保口译任务的顺利完成。仲伟合(2003)认为,口译应对策略可以指导译员在理解阶段遇到理解困难时,适度使用省略、询问、推理等手段完成任务;在传达阶段遇到困难时,通过使用信息重组、鹦鹉学舌、解释等手段完成任务。

口译活动中,译者作为认知活动的主体,他已有的知识结构在认知过程中起着重要作用。在言语理解的认知过程中,译者已有的文化知识和经验能对

语言输入进行感知、领会、吸收与综合,只有当输入的言语信息与记忆中所存储的有关信息相整合,源语信息才能得到理解和释放。如果缺乏相关文化信息,或者未能激活记忆中的有关文化信息,就不能或难于实现对源语语言的理解,更不用说用译语来进行再创造了。口译文化认知过程如下图 9 - 2 所示:

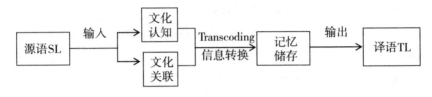

图 9 - 2 口译文化认知过程图

由上图可以看出,口译过程中译员必须同时具备双语语言能力(Bilingual Competence)和双语文化能力(Bicultural Competence)才能完成源语信息的输出。

(二)认知口译的文化策略分析

口译员在翻译过程中要注意现场的情况,口译过程中经常遇到说话人不了解听众,或者听众不了解说话人国家的文化、地理等等,有时译员换个译法可能更适合说话者的风格,或者帮助说话者传达没有用语言而是用肢体语言或其它方式想传达的意图,这时译员就要综合文化信息记忆对译语适当做出选择性调整,以达到交际的目的。下面我们来看一些实例。

例 1:My country's greatest symbol to the world, the Statue of Liberty, was designed with great care. As you look closely, you will see that she is holding not one object, but two. In one hand is the familiar torch, the light of liberty. In the other is a book of law.(节选自 2002 年 2 月 22 日美国总统小布什在清华大学的演讲)

译语:对于世界来说,美国最伟大的象征是自由女神。自由女神是经过精心设计的,不知道你们看到过没有。如果仔细看的话,你会发现,女神手持两样东西,而不是一个。她的一只手高举着自由明灯,另一只手拿的是法典。

译员在听到句子后(源语输入),大脑进行信息转换—自由女神像(Statue of Liberty),又称"自由照耀世界"(Liberty Enlightening the World),是法国在 1876 年赠送给美国独立一百周年的礼物。自由女神穿着古希腊风格服装,头戴光芒四射的冠冕，七道尖芒象征七大洲。女神右手高举象征自由的火炬，左手捧着刻有 1776 年 7 月 4 日的《独立宣言》，脚下是打碎的手铐、脚镣和锁链，她象征着美国自由和民主的发展历程。此时译员用目的语向听众表达（输出），这个过程最困难的部分是信息转化，如"Statue of Liberty, torch, the light of liberty, a book of law"等文化信息都是中国文化里不存在的，议员需发挥主观能动性，积极进行大脑思维，刺激出大脑里关于美国文化专有名词的记忆储备，将中美两国文化进行转码，从而得出符合中文文化习惯的翻译。其中特别重要的一个环节是，要预测译语听众的知识和期盼以及对译语的接受能力，才能用适当的译语来重构源语文化信息，从而实现对源语文化涵义的挖掘、词义的选择、意义的补全、延伸、限定、阐发、待释以及修辞的重组，用适当的译语来重构源语文本中的跨文化信息，达到准确与生动的表达。

例2：All political power in America is limited and temporary, and only given by a free vote of the people. We have a Constitution, now two centuries old, which limits and balances the powers of the three branches of our government: judicial, legislative and executive.（节选自 2002 年 2 月 22 日美国总统小布什在清华大学的演讲）

译语：美国所有的政治权力都不是无限的和永久的，权力只能通过公民自由选举产生。我们有一部宪法，已经有两百年的历史，它限制和平衡三个权力机构之间的权利，这三个权力机构是司法、立法和行政当局。

译员在通过源语输入听到句子后，大脑记忆迅速对"the powers of the three branches"进行信息转换，结合源语文化向听众表达和输出。美国等西方国家运用三权分立的权力运行规则是有其历史性的，因此译员需要加以解释：美国选择三权分立作为其政体的缘由、三权分立的核心内容是美国的立法权、行政权、司法权，三种权力相互制衡，这些都是与中国文化所不同的地方，译员在口译中需进行一定的解释说明。

这两个案例都体现了译员的主体性，以及译员在文化维上的选择适应性。口译员需根据听众的身份、说话者的身份、听众的知识面和程度来进行认知策略的文化转换，达到有效的跨文化交流效果，同时要考虑目的语听众的文化因素对译语做出相应的选择，从而转达发言者的跨文化意图，既"忠实"于源语，又"适"情"应"景，以实现跨文化交际的目的。

四、认知理论与口译训练

在认知记忆的基础之上,口译的几项常见的训练途径就被提了出来,虽然这些常见的口译训练途径是以一定的语言干扰为背景的训练,但在训练过程中所运用到的认知记忆机制却是至关重要的。

(一)影子训练(Shadowing)

影子练习要求译者在倾听源语讲话的同时,以落后于讲话的人二至三秒的时差如影随形般的用同一种语言将讲话内容完整准确的复述出来。随着熟练程度的提高,译者可以将时差逐渐拉大到落后于讲话人半句到一句,复述的材料也宜从母语发言转为外语讲话,方式则应从对源语讲话所有字词的忠实复述改为对讲话内容的概括和综述。影子训练的实质是强迫译者将所译内容从瞬时记忆向短时记忆转换的过程。由于译者在听源语的过程中,其源语的瞬时性以及其信息量的丰富使得译者来不及分析源语信息的主次,而要通过大脑记忆机制中的瞬时记忆一一记录下来。随着练习程度的加深,译者有了一定程度的分析与加工源语的能力后即可通过大脑分析瞬时记忆中的信息来概括出源语要表达的内容。影子训练是初级译者训练其记忆能力与提高注意集中度的重要手段之一。

(二)倒数训练(Backwards Counting)

1. 译者听一段讲话录音或合作伙伴的现场发言,同时从一个百位数或十位数(300 或 80)由大到小匀速地倒数下去。训练过程中若源语讲话还未结束但已数完,译者应该接着从某个数开始继续倒数,直至讲话完毕。

2. 待一段讲话结束后,译者随即复述刚刚听到的讲话内容,复述应力求准确详实,为了便于核实倒数是否有误以及复述是否完整准确,译者可将上述过程录音或请他人见证。

根据源语的长度,译者在训练的过程中大脑一边计数(语言干扰)、一边分析和概括源语的大意,实质这个过程是短时记忆转换为长时记忆的过程。译者的认知记忆机制不断处于归纳源语与抗语言干扰的过程中,因此对译者的要求较高,对其认知记忆能力与注意力集中度要求更高。倒数训练一般适用于训练中级和高级译员的现场口译输出能力。

（三）视译训练（Sight Interpreting）

1. 译者手持讲稿，边默读边连贯的大声说出译语，做到看到哪一行说到哪一行，中间最好没有过多的犹豫和停顿。

2. 合作者和译者各执一份讲稿，前者朗读文稿，后者根据前者的朗读速度和节奏对照着文稿轻声译出讲话人已说出的内容。

3. 待上述练习做得比较熟练后，合作者在朗读过程中可提高难度，故意偏离讲稿适度临场发挥，为译者的听辨和阅读过程设置障碍，译者则随机应变，尽力译出。

（四）广播电视同传训练（Radio and TV Interpreting）

广播电视同传训练即译者对正在播放或事先录制的广播电视节目进行口译的训练方式：

1. 在广播口译训练中，译者收听到如 BBC、VOA 或 China Radio International 等电台的广播节目，边听边口译。

2. 在电视口译过程中，译者对正在收看或事先录制的电视节目进行口译训练，如美国的媒体网络演讲节目 TED 的视频口译训练。视译训练和广播电视同传训练皆属于信息视觉化训练，其目的是提高大脑对源语信息的敏感程度，训练译员通过将源语信息视觉化来加强记忆信息的能力。视觉化训练对于译者来说是将所看到的源语转换成图片或场景存储在大脑中，然后在译出的时候将大脑中所形成的图片或场景用自己的语言表达出来，因此信息视觉化训练对于译者来说更灵活一些，其对语言的处理因人而异，但大体意义保持不变。此种训练方法的综合性较强，对于译者的反映速度也相对要求较高。

由以上口译的特点可知，认知记忆的分析为口译员具备出色的记忆能力和抗干扰能力提供了科学的依据。通过几种常用的口译训练途径，认知口译理论为口译教学和实践训练提供了一定程度的理论指导。

五、认知理论与口译笔记

（一）认知理论与口译信息

口译中译员所理解的逻辑信息是口译笔记的基础，那么认知理论对加强译员的逻辑信息有何作用呢？

1. 利用信息视觉化扩大组块容量

译员在口译过程中,短时记忆尤为重要,是译员进行口译的关键,译员需要利用联想和想象的视觉化技巧,把听到的信息形成思维导图,通过信息视觉化把听到的信息关键点激活,从而扩大信息组块负荷量。

例 1:It was pouring outside. The kind of rain that gushes over the top of rain gutters,so much in a hurry to hit the earth,it has no time to flow down the spout.

译语:外面下着倾盆大雨,雨水溢满了檐槽,来不及排走,就迫不及待地涌涨上地面。

我们听到这样的句子,首先在大脑里就构建了一幅雨图,"gush over","rain gutter","flow down"这些关键词可以通过视觉化激活听到的信息,从而扩大组块容量。

2. 利用信息逻辑化扩大组块容量

译员在翻译的过程中,由于发言人身份、地位、背景差异,语言内容不同,有时很难将信息视觉化,如果接收到的信息是杂乱的则很难记忆,这时就需要译员对信息进行逻辑化,根据逻辑来提高帮助记忆。

例 2:沃尔玛在卡特里娜飓风期间运输了 2500 个集装箱的货物,用于销售与救灾。该企业共提供价值 350 万美元的产品用于飓风救援与恢复。为了援助灾区,沃尔玛派出卡车与司机,运送其他地区及组织捐献的救灾物资、水、食物与衣服。不仅如此,沃尔玛还建立了卫星联络通道,提供电话和因特网服务,以解决通信问题。此外,沃尔玛还向灾区捐献资金,为救灾做出贡献。早在飓风到来之前,沃尔玛就宣布向救世军捐献 100 万美元,帮助其进行灾前准备。

这段文字较长,主要是讲沃尔玛救灾,译者的逻辑记忆模式应该是:

沃尔玛——运输了 2500 个集装箱——提供价值 350 万美元的产品——用于飓风救援与恢复——不仅如此——此外。

这些关键的逻辑点可以帮助译者进行记忆,并将有效信息串联起来,增强译者的短时记忆,提高翻译质量。

例 3:The move is expected to unleash a potential inflow of about 2 trillion yuan ($310 billion) into the nation's equity market,said China Business News citing official estimate, totaling 30 percent of the pension funds' net assets.

该段文字的逻辑信息模式是:2 trillion yuan—equity market—30%—pension funds,这些逻辑视觉关键词就可以帮助译者形成记忆,扩大信息组块容量,做好口译笔记并进行有效的信息输出。

(二)认知理论与口译笔记

笔记可以帮助译员对语言内容进行逻辑化处理,也有助于增强译者的记忆时间。当然笔记要适合译者的风格,能有效帮助译者串联有效信息,从而提高口译质量,达到准确的译语输出目的,减少失误。

例1:在"洋泾浜英语"时期,出现在汉语中的另一个词是"马路"。1851年,英国伦敦西部的布里斯托尔(Bristol)出现了一条新型公路。这条路的特点是路面略高于地平面,在路基上先铺设碎石和炉渣,然后再铺设夯土,路面中间稍高,两侧偏低。遇到雨水时,这样的路面不积水,便于通行。这种路面的设计者是英国人马卡丹(John McAdam,1756 – 1836)。后来,人们把这种路称为"马卡丹路",简称"马路"。

这段文字的记忆认知可概括记录为:洋泾浜英语——1851 年——布里斯托尔——英国人——马卡丹——马路,从而达到认知信息的有效衔接。

例2:Coretronic Corp, a Taiwan-based company that manufactures panels for United States tech giant Apple Inc, is halting production at one of its mainland factories due to dwindling iPad sales. The plant, located in Nanjing, Jiangsu province, has stopped operations and filed applications to liquidate its assets, the National Business Daily said on Tuesday.

这段英文的认知记忆笔记可概括地记录为:Coretronic Corp—halting production—dwindling iPad sales…,总之,通过笔记可以有效帮助译员延长记忆,促进认知。同时帮助译员贮存相关信息并进行编码,增强译员短时记忆,达到得体的语言选择。

随着口译的快速发展,口译领域和内容创新性大,译员只有通过大量的学习与实践,才能充实自己的认知与理解能力。而作为口译辅助的笔记记录,因为每个人都具有自己记录笔记的习惯,所以笔记记录方法不能一概而论,但无论如何,想要养成具有成效的口译记录方法,需要译员无数次的练习、实践与总结,这也是一名合格的口译员所应付出的努力和具备的素质。

参考文献

［1］Anderson J R. The Architecture of Cognition［M］. Cambridge：Harvard University Press,1983.

［2］AtKinson R. C. & Shiffrin R. M. Human Memory：A Proposed System and its Control Process［M］. New York：Academic Press,1968.

［3］Daniel, Gile. Basic Theoretical Components in Interpreter and Translator Training ［A］. Dollerup C,Loddegaard A. Teaching Translation and Interpreting：Training, Talent and Experience［C］. Amsterdam：John Benjamins,1992.

［4］Daniel,Gile. Basic Concepts and Models for Interpreter and Translator Training［M］. Amsterdam&Philadelphia：John Banjamins Publishing Company,1995.

［5］Ericsson, K. A. & Delaney, P. F. Long Term Working Memory as an Alternative to Capacity Models' Working Memory in Everyday Skilled Performance［M］. New York,NY：Cambridge University Press,1999.

［6］Galotti,K. (Translated by Wu Guohong). Cognitive Psychology［M］. Xi'an：Shaanxi Normal University Press,2005.

［7］Gerver, David. Empirical Studies of Simultaneous Interpretation：A Review and A Model ［A］. Brislin R. Translation：Applications and Research［C］. New York：Gardner Press,1976.

［8］Nida , E. A. Language, Culture and Translation［M］. Shanghai：Shanghai Foreign Language Education Press,1993.

［9］Pochhacher,Franz. Introducing Interpreting Studies［M］. London：Routledge,2004.

［10］Shah,Priti. et Miyake, Akira. In Models of working Memory, Mechanisms of Active Maintenance and Executive Control［C］. Cambridge：Cambridge University Press,1999.

［11］Sperling, G. Phonemic Model of Short‐term Auditory Memory［A］. In Proceedings, 76th Annual Convention of the American Psychological Association,1968.

［12］Ulric, Neisser. Cognitive Psychology［M］. Upper Saddle River, NJ：Prentice Hall, Inc. ,1967.

［13］鲍刚. 口译理论概述［M］. 北京：中国对外翻译出版公司,2005.

［14］陈兴圆. 认知三段论在口译中的应用［J］. 文学与艺术,2010(3).

[15]陈永明、罗永东. 现代认知心理学——人的信息加工[M]. 北京:团结出版社,1989.

[16]范晓彦. 论连声传译中的短时记忆[D]. 广东外语外贸大学,2006.

[17]高芬. 口译教学中记忆的认知分析[J]. 陕西师范大学学报(哲学社会科学版),2007(S2).

[18]韩小明. 从认知机制看口译教学中记忆能力的培养[J]. 重庆工学院学报,2004(6).

[19]李国防. 口译笔记的必要性[J]. 考试周刊,2007(40).

[20]马英迈. 口译中的记忆与理解[J]. 宁夏大学学报(人文社会科学版),2004(4).

[21]刘和平. 口译技巧——思维科学与口译推理教学法[M]. 北京:中国对外翻译出版公司,2001.

[22]刘和平. 口译理论与教学[M]. 北京:中国对外翻译出版公司,2005.

[23]刘瑾玉. 口译过程中记忆的认知分析[J]. 语文学刊,2006(10).

[24]刘宓庆. 口笔译理论研究[M]. 北京:中国对外翻译出版公司,2006.

[25]彭聃龄. 认知心理学[M]. 哈尔滨:黑龙江教育出版社,1990.

[26]王英莉. 口译认知记忆简述[J]. 海外英语,2010(12).

[27]王甦、汪安圣. 认知心理学[M]. 北京:北京大学出版社,1992.

[28]徐盛桓. 话语含意化过程[J]. 外国语,1997(1).

[29]许明. 西方口译认知研究概述[J]. 同文译馆翻译资讯,2009 - 04 - 13.

[30]杨晓华. 即席口译的理解过程[J]. 西安外国语学院学报,2003(1).

[31]张发勇. 从认知心理学角度看长时记忆和工作记忆在口译理解中的作用[J]. 外语电化教学,2010(9).

[32]张倩倩. 论口译中文化的传达和口译员异文化理解能力的培养[D]. 北京外国语大学,2015.

[33]张威. 口译认知研究:同声传译与工作记忆的关系[M]. 北京:外语教学与研究出版社,2011.

[34]郑昭明. 认知心理学:理论与实践[M]. 南京:桂冠图书公司,1993.

[35]仲伟合. 译员知识结构与口译课程设置[J]. 中国翻译,2003(4).

[36]周红民. 认知语境在翻译中的作用[J]. 外语与外语教学,2002(11).

[37]口译训练方法[J]. 百度文库,2011 - 12 - 14.

思考题:

1. 认知理论下的口译记忆机制及其影响有哪些?

2. 口译认知过程中译员如何选择语言进行有效输出?

3. 如何提高译员的双语语言能力和双语文化认知能力?

4. 认知理论在口译笔记中如何体现出来?

5. 认知理论对口译教学与口译训练有何作用?